KB146420

뿌리
한자

어원으로 읽는 150 문화어휘

뿌리한자

어원으로 읽는 150 문화어휘

저자 하영삼(河永三)
발행인 정우진
표지 디자인 김소연
펴낸곳 도서출판3

초　판 1쇄 발행 2015년 03월 01일
개정판 1쇄 발행 2019년 12월 25일

등록번호　제2018-000017호
주소 서울특별시 강북구 솔샘로 174, 133동 2502호
전화 070-7737-6738　전자우편 3publication@gmail.com
팩스 051-751-6738
홈페이지 www.hanja.asia

ISBN: 979-11-87746-34-8(93710)

이 도서의 국립중앙도서관 출판예정도서목록(CIP)은 서지정보유통지원시스템
홈페이지(http://seoji.nl.go.kr)와 국가자료종합목록 구축시스템(http://kolis-net.nl.go.kr)에서 이용하실
수 있습니다. (CIP제어번호: CIP2019050279)

뿌리 한자

어원으로 읽는 150 문화어휘

하영삼 지음

도서출판

한국어, 중국, 일본어, 베트남어
논술, 취업, 승진이 쉬워지는 필수 150 한자어

글쓰기 말하기 실력을 높여주는
대한민국 필수 150 한자어

『부수한자』와 『연상한자』가 한자를 기초에서부터 체계적으로 공부하고자 하는 독자를 위한 것이라면, 『뿌리한자』는 한자를 보다 흥미롭고 깊이 있게 공부하고자 하는 독자를 위한 것이다. 한자를 체계적으로 공부하기 위하여 『부수한자』가 그 뿌리가 되는 기초자의 의미를 체계적으로 파악하는 데 초점을 두었고, 『연상한자』가 어원과 문화를 따라 꼬리에 꼬리를 물면서 연상하며 학습하는데 중점을 두었다면, 『뿌리한자』는 일상생활에서 널리 쓰이는 단어를 중심으로 그 단어가 어떻게 결합하고 어떻게 모여서 하나의 의미 단위로 쓰이게 되었는지, 그 배경의 이야기를 탐구해보는 데 초점을 두었다.

따라서 『뿌리한자』는 『부수한자』와 『연상한자』보다는 좀 덜 체계적이지만 일상에서 쓰이는 단어를 대상으로 했기에 좀 더 재미있고, 한자에 대한 기본적 지식이 있는 독자에게는 더 유용할 것이다. 그러나 그렇다고 해서 한자 학습의 기본적인 방식에 있어서는 두 책이 크게 상이한 것은 아니다. 두 책 모두 한자의 어원을 중심으로 풀고 소리부의 의미적 연관성을 강조하고 있기 때문이다.

『뿌리한자』는 다음과 같은 원칙에서 만들어지고 구성되었다.

첫째, 한자는 그림이다. 그러나 그림과는 다르다.
초기 한자는 상형자이기 때문에 기초자는 그림에 가깝다. 하지만 표기 기호로 사용되기 위해서는 구체적인 사물을 담고 있는 그림과 똑 같아서는 곤란하다. 최초의 글자인 갑골문은 비교적 그림과 비슷

1

하지만 문명이 점점 발달하면서 그림이 추상화되고 가능한 한 단순화된 기호가 되어야 했기 때문이다. 따라서 이 책은 기본 단어를 중심으로 그 글자들이 최초로 형성될 당시의 모습을 보여주고, 거기서 어떻게 의미가 파생되고 변화되었는가에 초점을 두었다.

둘째, 오늘날 매체에 가장 많이 등장하는 핵심 어휘 150개를 중심으로 엮었다.

한자는 기초자부터 공부해야 한다. 맞는 말이다. 하지만 21세기 우리가 현재 살아가고 있는 사회는 이전의 어떤 사회보다 복잡한 사회다. 사회가 변하면 사용되는 어휘도 변한다. 이것이 기초가 되는 가장 단순한 한자와 그 파생자만으로 한자 공부가 부족해지는 이유이다. 따라서 이 책에서는 매체에 가장 자주 등장하는 핵심 어휘들을 대상으로 삼았다. 매체에 가장 많이 등장하는 어휘는 일상생활에서 많이 쓰이는 어휘이기도 하지만 세계화 국제화 시대의 흐름을 가장 많이 담고 있는 곳도 바로 매체이기 때문이다.

셋째, 한자는 평소에 사용하던 단어의 정확한 의미를 일깨워준다.

예를 들어, 책임(責任)이라는 단어가 그렇다. 책임(責任)의 責(꾸짖을 책)은 가시나무(朿·자)와 조개(貝·패)로 구성되었다. 조개가 옛날에 화폐로 사용되었다는 것을 기억한다면 책임이 주로 '돈(貝)'과 관련된 일에서 발생한다는 것을 쉽게 추측할 수 잇을 것이다. 그래서 책(責)은 "돈(貝)이 많이 관계되는 일일수록 여러 문제들이 가시나무(朿)처럼 자라서 우리를 찌른다."는 말이다. 또 상생(相生)이란 단순히 "다 같이 잘 살자"란 뜻이라기보다는 "상대를 끊임없이 배려하여 함께 잘 살 수 있도록(生) 보살펴주다(相)"는 뜻이다. 공업(工業)에서 공(工)은 건축술이 공업의 근본이었음을 말해주며, 음양의 이치를 말할 때 우리는 양(陽)은 하늘이고 음(陰)은 땅이라고 생각하지만 자원으로 봤을 때 음(陰)은 구름에 가려 햇빛이 들지 않는 응달을, 양(陽)은 햇빛을 받는 양달을 말한다.

넷째, 한자는 우리가 사용하는 언어 속에 숨겨져 있는 무의식의 단편들을 보여준다.

우리가 습관적으로 사용하고 있는 단어에는 과거 몇 천 년 동안 선인들의 숨결이 담겨 있다. 예를 들어 해석(解釋)은 들짐승의 발자국을 분별한다(釋)는 뜻에서 출발했으며, 독(毒)은 비녀를 꽂은 여염집 아낙네(毎·매)가 지나치게 화려하게 치장을 한 모습이다. 이렇게 한자는 우리가 습관적으로 사용하는 단어 속에 숨어있는 발생단계의 의미를 일깨운다. 예를 들어 민족(民族)은 흔히 생각하듯 혈연 공동체나 지연 공동체를 의미하는 것이 아니라 공동체의 이념에 동조하는, 보다 구체적으로는 같이 전쟁을 할 수 있는 사람들의 모임이란 뜻을 지녔다. 民(백성 민)은 백성을 의미하고 族(겨레 족)은 화살(矢·시)을 가지고 깃발(㫃·언)아래에 모여든 사람들을 의미하기 때문이다. 그렇다면 민족은 우리가 생각하는 것보다 훨씬 이데올로기적인 개념인 셈이다.

이러한 한자풀이 방식은 2004년 한 해 동안 "동아일보"의 "한자뿌리 읽기"에 연재하면서 시도되었던 것으로 그간 큰 호응을 받은 바 있다. 이 책은 그간의 연재물을 모아 체계화하고 빠진 것과 잘못된 곳을 보완하고 바로잡았으며, 한자의 체계적인 습득을 위해 여러 자료들을 덧붙인 결과물이다. 책에 담긴 한자 해석에는 사실 필자의 독특한 해설이 많이 담겼다. 보는 시각에 따라서는 일면 위태해 보일 수도 있겠지만, 해당 한자를 통해 창의적인 상상력을 자극하는데 큰 도움을 줄 것이다. 한자가 여러 가지 해석을 가능케 하는 열린 부호 체계임에는 분명하지만 자원이나 문헌의 용례에 근거하고 관련 한자들의 의미 지향을 바탕으로 삼아 추론함으로써 상상이 가지는 위험을 극복하려 노력했다. 그래도 부족한 부분은 독자 여러분들의 아낌없는 질정을 바란다.

2007년 4월 19일
도고재(渡古齋)에서 하영삼

한번 익히면 절대 잊을 수 없는,
무한으로 확장하는
한자 습득의 기술

01 기초자를 익혀라

기초자는 합성자를 구성하는 더 이상 분리되지 않는 의미를 가진 최소 단위이다. 현행 옥편에서는 이를 214개로 보았고, 최초의 한자 자원 사전인 『설문해자(說文解字)』에서는 540개로 보았다. 이 기초자들이 결합해 합성자를 만들고, 이렇게 만들어진 한자는 형태 변화 없이 단어를 만들어 나간다. 그러므로 최소 200자 정도만 철저히 익힌다면 중국어에 사용되는 단어들이 거의 모두 해결된다는 말이다. 중국어는 대표적인 고립어여서 단어만 알면 문장 해독이 쉽게 이루어진다.

02 기초자의 자원을 이해하라

한자는 기초자일수록 그림에 가깝지만, 그림은 아니다. 따라서 최초의 그림이 어떻게 그려졌는지를 이해하라. 예를 들어, 目(눈 목)은 갑골문에서 ▱▱으로 사람의 '눈'을 그렸으며, 木(나무 목)은 ⅄으로 가지와 뿌리를 가진 '나무'를 그렸고, 水(물 수)는 ⑃로 흐르는 '물길'을 그렸고, 宀(집 면)은 ⑁으로 황토 지대에서 살던 고대 중국인들이 만든 동굴 '집'을 그렸다. 예가 너무 쉬운가? 하지만 출발은 여기서 부터이다. 그 이상도 이하도 아니다.

03 합성자는 기초자를 단위로 분리해 그 의미적 관련성을 이해하라

姓(성 성)은 女(여자 여)와 生(낳을 생)으로 분리되어, 여자(女)가 낳았다(生)는 뜻을 담았다. 아버지 쪽의 성을 따르는 오늘날에는 이해하기 쉽지 않겠지만, 인류는 모계사회에서 출발했다는 것을 상기해보라. 그러면 성(姓)이 왜 '여자가 낳았다'는 뜻이 되는지 이해할 수 있을 것이다. 또 進(나아갈 진)은 隹(새 추)와 辶(辵·쉬엄쉬엄 갈 착)으로 분리되고, '새(隹)가 가다(辶)'는 뜻에서 나아가다는 뜻을 담았다. 새가 가는 모습을 유심히 관찰해 본 적이 있는가? 새는 앞으로만 걸어가지 뒷걸음질을 칠 수는 없다. 그래서 진(進)은 '앞으로 나가다'는 뜻을 가지고, 진보(進步)는 새의 걸음처럼 앞으로 한 걸음(步) 한 걸음 나아가는 것을 말한다.

v

04 기초자를 중심으로 관련된 글자를 그룹으로 묶어서 이해하라

예를 들어, 谷(골 곡)은 계곡을 뜻하는데, 口(입 구)와 水(물 수)의 생
략된 부분으로 구성되어, 골짜기 입구(口)로 물이 반쯤 나오는 모습
을 그렸다. 산과 산 사이로 형성된 계곡은 물이 흐르는 곳이기도 하
지만 사람이 쉽게 텅 빈 큰 공간이기도 하다. 그래서 浴(목욕할 욕)
은 계곡(谷) 물(水)에서 하는 '목욕'을, 俗(풍속 속)은 계곡(谷)에 사람
(人·인)들이 모여 목욕하며 놀던 봄 축제의 '풍속'을, 裕(넉넉할 유)는
옷(衣·의)이 계곡(谷)처럼 크고 '여유로움'을, 容(담을 용)은 계곡(谷)이
나 큰 집(宀)처럼 모든 것을 '담다'는 의미를 담았다.

05 한자 속에 깃든 문화를 이해하라

한자는 발생에서 수천 년간 사용되어 오면서 그간의 생활과 문화를
고스란히 담아 놓았다. 예컨대, 規(법 규)는 성인(夫·부)의 견해(見·견)
가 바로 법임을 보여 준다. 그것은 정착 농경을 일찍부터 시작했던
중국에서 경험주의가 무엇보다 중시되었고, 그래서 경험 많은 나이
든 사람의 견해가 바로 '법'이 될 수 있었음을 반영한다. 따라서 자
신의 머리칼을 갈무리하지 못할 정도로 나이가 들어 머리를 길게
풀어헤친 사람을 그린 長(길 장)이 길다는 뜻이 외에도 '우두머리'의
뜻을 가질 수 있었던 것이다.

이런 식으로 기초자를 한데 묶어서 연상하고 익히면 한자 공부에 재미를 느낄 수 있을 뿐만 아니라 한자의 이해는 더욱 세밀하고 체계적으로 발전할 것이다.

한자가 중요한 것이고 반드시 배워야 하는 것이라면, 가장 중요한 문제는 "한자를 어떻게 배울 것인가"이다. 예전처럼 '천자문'을 달달 외우고 옥편을 통째로 암기하는 것만이 한자 공부의 왕도는 아니다. 물론 공부에는 왕도가 없다. 한자가 아니더라도 영어, 중국어, 일본어, 다른 어떤 외국어도, 학문도 마찬가지이다.

완전히 익어서 체화되지 않은 지식은 머리와 몸이 따로 노는 것이요, 대부분 돌아서면 잊어버리고 만다. 이것은 머리가 나빠서가 아니다. 오늘 공부한 것을 하룻밤 자고나서 모두 기억해 낼 수 있는 사람은 아무도 없다. 아무리 기억력이 좋은 사람도 50% 이상을 기억해 낼 수는 없다.

그래서 공부에는 '어떻게'가 중요하다. 적어도 이런 정도라면 한번 해볼 만하지 않을까? 더 늦기 전에 시작해 보자.

이 책은 어떻게 구성되었는가?

01 이 책은 『동아일보』에 2004.1.1.~2004.12.31까지 1년간 연재된 글에 기초하여 작성한 『한자야 미안해』(어휘편)(랜덤하우스코리아, 2007)를 수정 보완한 것이다. 다만 시간이 흐르면서 필자의 생각이 일부 바뀐 것도 있지만, 가능한 한 연재 당시의 아이디어를 그대로 보존하고자 했다. 이후 변화된 통계와 오탈자 등 극히 일부만 수정하였다.

02 이 책은 한자 어휘를 중심으로 어원 중심으로 풀어가면서 이에 반영된 문화의식을 풀어내고자 기획되었다. 우리 생활 속에 널리 쓰이는 150개의 주요 한자 어휘를 통해 어휘를 더 깊이 보는 방법을 습득하고 거기에 닮긴 삶의 지혜를 찾을 수 있도록 노력하였다.

03 이를 위해 (1)해당 한자의 자형표, (2)본문 출현한자 제시, (3)관련 한자로 구성된 한자군의 풀이, (4)관련 내용의 사진 자료와 설명 등으로 구성된다. 내용은 주제에 따라 차례에 반영했다.

04 "부수한자"의 경우, (1)해당 한자의 대표 자형표(갑골문→금문(전국문자)→소전→예서), (2)관련 주요 한자표, (3)출현 한자의 등급(한자능력시험의 급수) 부여, (4)관련 내용의 사진 자료와 설명, (4)주요 한자의 소리부 중심 거래표 등으로 구성됩니다. 출현 한자는 한자능력시험 1급 수준인 3500자가 되도록 많이 포함되도록 설계되었다.
또한 효과적인 한자 학습을 위해 해당 글 내에서 출현하는 두 번째 한자부터는 한글을 병기하지 않았다.

05 이 책은 출판된 "부수한자"(『어원으로 읽는 214부수한자』, 도서출판3)와 『연상한자』(도서출판3)와 함께 한자 학습 삼부작으로 구성될 수 있도록 기획되었다.

즉 "연상한자"는 기초자(약 500자)를 문화적 시각에서 어원 중심으로 풀어 한자를 통한 중국 문화읽기에 초점이 맞추어져 있다.

"부수한자"는 3500자 이상을 214부수 중심으로 풀이하여 효과적인 한자 학습에 중점을 두었다.

"뿌리한자"는 "부수한자"와 "연상한자"에서 확장된 심화 단계의 한자를 주요 대상으로 하되, 자주 쓰이는 한자 어휘를 분석대상으로 삼았다. 특히 여기서는 소리부의 의미 표현 기능을 중심으로 해당 한자의 의미 파생과 문화적 함의를 파악하는데 중점을 두었다.

06 이상 삼부작 모두는 가능한 한 최근 출토된 정확한 자형과 학자들의 합리적 해석을 활용하고자 노력하였다. 어원이 불분명하고 이설이 많은 경우는 주된 학설을 참고하되 다른 관련 글자 군들과의 형체, 의미, 소리 등의 연관 관계를 따지고, 문화학적 시각에서 풀이하였는데, 합리적이면서도 지금까지 시도되지 않은 독창적인 해석도 상당 부분 반영되었다.

07 좀 더 다양한 한자 어원은 『한자어원사전』(도서출판3)을 참조하면 되며, 약 5200자의 한자를 대상으로 대상 다양한 출토 자형(갑골, 금문, 간독, 석각, 화폐, 도장문자 등 출토 자료와 및 문헌 자료), 어원, 의미의 파생(본의-파생의-가차의) 과정, 주요 용례 등을 제시했다.

08 한자학 전반에 대한 지식은 필자의 『한자의 세계: 기원에서 미래까지』(신아사), 『사진으로 떠나는 한자역사기행』(도서출판3)을, 개별 한자에 반영된 문화의식은 『100개 한자로 읽는 중국문화』(도서출판3)와 "한자 키워드로 읽는 동양문화"(『월간중앙』 2017.12~2019.11)를 참조하면 도움이 될 것이다.

09 이 책을 만드는데 많은 사람들의 도움이 있었다. 일일이 거명하여 감사를 표하진 못하지만, 특히 개정판에서 한자 겨레표를 만들어 준 이예지 조교에게 고마움을 표한다.

차례

1. 민족과 국가

2. 정치

3. 보건과 복지

4. 경제

5. 윤리와 관습

6. 군사

7. 문화 코드

8. 음식

9. 주거

10. 생태환경

11. 세시풍속

12. 오락

13. 예술문화

제1장

민족과 국가
民族과 國家

민족(民族): 겨레(族)를 이루어 함께 사는 백성들(民)

民 백성 민
臧 착할 장
族 겨레 족
矢 화살 시
鏃 살촉 족
簇 조릿대 족

앤더슨(Benedict Anderson, 1936~2015)은 民族을 '상상된 공동체'라고 설파했다. 이 주장은 그간의 민족에 대한 개념을 다시 한 번 생각해 보게 하는 계기를 주었다. 民族, 한자의 어원으로 본 民族의 개념이란 어떤 것일까?

民은 금문에서 예리한 침 같은 것에 한쪽 눈이 찔린 모습을 했다. 옛날 전쟁에서 포로를 잡을 경우, 남자면 한쪽 눈을 찔러 노동력은 보존하되 반항능력은 줄여 노예로 삼았다. 이러한 모습은 臧(착할 장)이나 童(아이 동)에서도 그 흔적을 찾을 수 있다. 그래서 民의 원래 뜻은 '노예'이며, 이후 지배자의 통치를 받는 계층이라는 의미에서 '백성'이라는 뜻이 나왔고, 다시 '사람'이라는 일반적 의미로 확장되었다.

族은 갑골문에서 나부끼는 깃대(㫃·언) 아래에 화살(矢)이나 사람(大·대)이 놓인 모습인데, 간혹 두개씩 그려 그것이 여럿임을 강조하기도 했다. 화살은 가장 대표적 무기이기에 전쟁을 상징한다. 그래서 族은 '화살'이라는 의미로부터 함께 모여 전쟁을 칠 수 있도록 같은 깃발 아래에 함께 모일 수 있는 공동체를 뜻하게 되었다. 그러자 원래의 화살이라는 의미는 金(쇠 금)을 더한 鏃으로 '화살촉'의 의미를,

竹(대 죽)을 더한 簇으로 '화살 대'를 구분해 표현했다.

이렇게 볼 때, 民은 통치자의 통치력이 미치는 영역에 살고 있는 사람들이며, 族은 그 통치자의 명령에 자신의 생명을 내 놓을 수도 있는 사람들, 즉 전쟁터에 나가 싸울 수 있는 사람들을 의미한다.

따라서 民族이라는 개념은 혈연이나 지연과 같은 어떤 생물학적이고 자연적이며 지리적인 특성에 의해 생겨난 고정된 개념으로 보기는 어렵다. 오히려 통치자의 지배력이 행사될 수 있는 영역 내에 살고 있는 사람들과 그 지배 이념에 동조하거나 어떤 형식으로든 종속되어 있는 사람들을 의미한다.

이렇게 볼 때, 고대 사회에서 한 민족에 소속되느냐 아니냐를 따지는 기준은 생김새의 유사성이나 출신 지역의 동일성이라기보다는 다분히 이데올로기적인 것이었다. 즉 통치자의 이념, 혹은 공동체의 지배 이념에 동조하는 사람들만이 같은 민족의 성원으로서의 자격이 있다는 믿음이 民族이라는 두 글자에 반영되어 있음을 볼 수 있다.

民族이라는 두 글자에 반영되어 있는 이러한 고대 사회의 집단 무의식, 이는 보다 복잡한 현대를 살아가고 있는 오늘날에도 때로는 자민족을 구분하는 유효한 잣대가 될 때도 있다. 이 개념에 의하면, 독일인 사업가인 이한우 씨는 다른 대륙 출신자 임에도 한국 민족으로 귀화 입장을 표명함으로써 우리 민족의 성원이 된다. 이에 반해 군 복무를 거부하고 미국 땅으로 건너간 유승준 같은 사람들은 우리와 꼭 같이 생기고 같은 피를 나누었다 하더라도 암묵적으로 합의된 우리 민족의 이념을 위배하였기에 더 이상 우리 民族이 아닌 것으로 간주될 수 있다.

● 갑골문과 금문에 보이는 '族'의 다양한 모습. 씨족이나 부족을 상징하는 깃발 아래 화살이 그려진 모습으로, 대외 전쟁을 위해 동족의 깃발 아래 집결한 공동체를 뜻한다.

族 겨레 족	← 깃발(㐅·언) 아래 모인 화살(矢)
鏃 살촉 족	← 族+金: 청동이나 쇠(金·금)로 만든 화살촉(族)
簇 조릿대 족	← 族+竹: 화살대(族)를 만드는 데 쓰이는 대나무(竹·죽)
● '族'으로 이루어진 글자들	

002
개천(開天): 하늘(天)이 열리다(開)

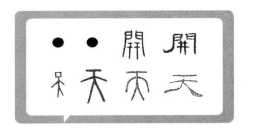

開 열 개
閉 닫을 폐
關 빗장 관
闢 열 벽
閃 번쩍할 섬
天 하늘 천

開는 고문자에서 두 손(廾·공)으로 대문(門)의 빗장(一)을 여는 모습을 그렸다. 이로부터 '열다'는 뜻이, 문을 밖으로 열어젖힌다는 의미에서 開放(개방)의 뜻이, 다시 開闢(개벽)에서처럼 시작이라는 의미가 나왔다.

開와 유사한 구조를 가진 한자들은 대단히 많다. 예컨대 開와 대칭적 의미를 가지는 閉는 금문에서 門(문 문)과 나무 자물쇠를 걸어 둔 모습으로써 문을 '잠그다'는 의미를 형상화 했으며, 關은 문(門)에다 빗장을 걸고 다시 실(幺·요)로 묶어 둔 모습을 그렸다.

闢은 의미부인 門과 소리부 겸 의미부인 辟(임금 벽)으로 이루어졌는데, 辟은 원래 형벌 칼(辛·신)로 몸(尸·시)의 살점을 도려낸 모습으로써 사형의 의미를 그렸다. 그러한 형벌을 내릴 수 있는 사람이라는 의미에서 辟에는 '임금'의 뜻이 담겼다. 또 도려낸 살점이라는 의미에서 갈라내다나 壁(벽 벽)과 避(피할 피)에서처럼 어떤 것으로부터 '분리되다'는 뜻이 담겼다. 그래서 闢은 두 쪽으로 된 문(門)이 활짝 열리듯 하늘이 갈라지는(辟) 것을 뜻하여, 하늘이 처음 열림을 형상화한 글자이다.

또 閃은 문(門) 사이로 사람(人·인)이 언뜻 스쳐지나가는 모습을, 鬪

(들을 문)은 문틈으로 귀(耳·이)를 대고 엿듣는 모습을, 間(사이 간)은 문틈으로 비추어 들어오는 햇빛(日·일)을 그렸으며, 閒(틈 한)은 문틈으로 스며드는 달빛(月·월)으로부터 틈이라는 의미를 형상화 했고 다시 시간적 의미의 '여가'로 발전한 글자이다.

하늘을 말하는 天은 뜻밖에도 갑골문에서 사람의 정면 모습(大·대)에 머리를 크게 키워 놓은 모양이다. 다른 여러 민족들이 '하늘'의 개념을 그리면서 실존하는 하늘의 모습을 그린 것과는 매우 다른 모습이다. 사실 갑골문에서의 天은 '하늘'이라는 의미보다는 天刑(천형·정수리를 뚫는 고대의 형벌)에서처럼 '정수리'라는 뜻으로 쓰였다. 이후 天이 '하늘'이라는 뜻으로 쓰이자 '정수리'라는 원래 뜻은 독음이 비슷한 顚(꼭대기 전)으로 분화해 나갔다.

정수리를 뜻했던 天이 하늘을 뜻하게 된 것은, 사람이라는 잣대를 통해 자연물을 관찰할 때 사람의 제일 꼭대기인 정수리에 이어져 있는 존재가 바로 하늘이었기 때문이다. 사람의 정수리와 맞닿아 있는 존재로 그려진 하늘이었기에, 고대 중국에서 하늘은 인간과 대립적 존재가 아니라 언제나 사람과 맞닿아 있고 연계되어 있는 친 인간적인 존재였다. 그 때문에 하늘은 늘 인간과 연계되어 있다는 천인관계가 중시되었던 전통도 여기에서 실마리를 찾을 수 있다.

광복(光復): 빛(光)을 되찾다(復)

光 빛 광
火 불 화
复·復 돌아올 복
腹 배 복
覆 뒤집힐 복
襾 덮을 아

光復은 잃었던 영광(光)을 되찾음(復)을 말한다. 光은 갑골문에서 불(火·화)이 사람(人·인) 위에 놓인 꼴인데, 奴僕(노복·종)이 등불이나 횃불을 받쳐 든 모습을 그렸다. 사람의 모습으로 등잔 받침대를 만든 고대중국의 많은 청동기물들이 이러한 사실을 실물로 증명해 주고 있다.

그래서 光은 불을 밝히다나 光明(광명)처럼 빛을 뜻한다. 이후 빛이 있어야 어떤 모습도 볼 수 있다는 의미에서 風光(풍광·경치)라는 뜻이, 다시 光陰(광음)처럼 시간이라는 뜻이 생겼다.

復은 彳(조금 걸을 척)과 夏으로 이루어졌는데, 夏은 소리부도 겸한다. 夏은 갑골문에서 아래쪽은 발(夂·치)의 모양이고, 위쪽은 긴 네모꼴에 양쪽으로 모퉁이가 더해졌다. 여기서 발(夂)은 오가는 모습이고 나머지는 통로라고 해, 통로를 오가는 모습을 그린 것이 復이라 풀이하기도 한다.

하지만 夏은 청동을 제련할 때 쓰던 발풀무의 모습을 그렸다는 설이 더욱 적절해 보인다. 발풀무는 손풀무에 비해 용량도 크고 효율성도 훨씬 높다. 상나라는 청동기의 제작이 가장 활발하게 이루어졌고 수준 높은 작품들이 많이 나왔던 시기이다. 따라서 대용량의 효율적인 풀무의 사용이 필수적이었을 것이다. 다만 풀무의 몸통이 네모꼴로 그려진 것은 딱딱한 거북딱지에다 칼로 글자를 새기는 갑골문의 필사 특징 때문이며, 금문에서는 실제 모습처럼 원형으로 표현되었다.

그래서 复은 포대 모양의 대형 풀무를 발(夂)로 밟아 작동시키는 모습을 형상화한 글자이다. 풀무는 빈 공간을 움직여 공기를 내뿜게 하는 장치다. 그래서 풀무는 밀었다 당기는 동작이 反復(반복)되는 특성을 가진다. 그래서 复에는 오가다나 反復의 의미가 생겼고, 갔다가 원상태로 돌아온다는 回復(회복)의 의미도 생겼다. 그러자 彳을 더한 復을 만들어 '돌아오다'는 동작을 더욱 구체화했다. 다만 '다시'라는 부사어로 쓰일 때에는 復活(부활)처럼 '부'로 읽힘에 주의해야 한다.

따라서 复과 肉(고기 육)이 결합된 腹은 풀무의 자루처럼 부푼 사람의 '배'를 말한다. 또 複은 옷(衣·의) 위에 옷을 다시(复) 입는 '겹옷'을 말하며, 이로부터 複數(복수)라는 의미가, 다시 複雜(복잡)의 뜻도 생겼다.

한편 復은 한쪽으로 갔다가 다시 돌아와 復舊(복구)되는 것을 回復이라 하듯, 반대로 되다는 의미도 갖는다. 그래서 覆은 거꾸로(復) 뒤집힌 덮개(襾)를 말하여, '뒤집히다'는 뜻으로 쓰인다.

이처럼 光復은 잃었던 영광(光)을 되찾기(復) 위해서는, 우리의 앞길을 밝혀줄 (등)불(光)을 원래 위치에 되돌려 놓아야(復) 함을 보여주고 있다.

갑골문	금문	전국문자	소전	예서

● '復'의 자형 변천표.

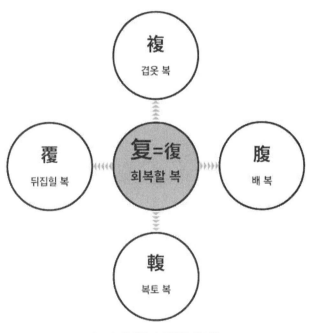

[표-1] '复(復)'과 관련된 글자들

● 한나라 때의 등잔. 사람이 등잔을 받든 모습인데, 光의 옛 모습을 연상하게 한다.

유산(遺産): 남겨진(遺) 귀한 재산(産)

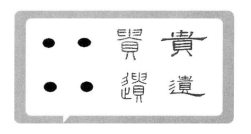

遺 끼칠 유
貴 귀할 귀
辵 쉬엄쉬엄 갈 착
産 낳을 산
生 날 생
彦 선비 언

한국은 그 어느 나라보다 기록 유산이 풍부하다. 2017년에만 해도 세계기록유산에 '국채보상운동 기록물', '조선왕실 어보와 어책', '조선통신사에 관한 기록—17세기~19세기 한일 간 평화구축과 문화교류의 역사' 등 3점이 등재되었다. 쾌거가 아닐 수 없다.

2017년 현재 등재된 한국의 세계 기록유산을 보면, 총 17점(일본과 공동 1점, 북한 1점 포함)이 등재되어, 40점에 이르는 동아시아(베트남 포함) 전체의 42.5%를 차지하여 단연 독보적이다. 아시아 1위는 물론 전 세계적으로 따진다하더라도 독일, 영국, 폴란드를 이은 세계 4위이다.

遺는 貴와 辵으로 구성되었다. 貴는 갑골문에서 두 손과 광주리와 흙(土·토)을 그려 흙 속에서 뭔가를 파거나 건져내는 모습을 그렸다. 광주리는 종종 생략되기도 했으며, 이후 흙(土) 대신 조개(貝·패)가 들어가 지금처럼 변했다. 복잡한 자형의 변화만큼 貴에는 여러 가지 뜻이 함께 들어 있었다.

갑골의 자형에 의하면, '흙 속에서 어떤 것을 파내다'가 貴의 기본적인 뜻으로 추정된다. 고대인들의 문명은 큰 강을 중심으로 이루어졌기에, 흙이나 갯벌에서 파내는 것들은 고대인들의 주요 먹거리인 동시에 생필품의 조달에 반드시 필요한 것들이었을 것이다.

따라서 흙이나 갯벌에서 파낸 것들은 조개(貝)와 마찬가지로 아주 귀한 것들이었을 것이다. 그래서 貴하다, 가격이 높다는 뜻이 생겼다. 그리고 여기서 확장되어, 파내어 다른 곳으로 옮기다나 파낸 곳이 '무너지다'는 의미도 함께 생겼다. 또 조개 등을 건져내는 광주리에 주목하여 그 도구인 삼태기도 지칭했다.

이렇게 여러 뜻을 가진 貴는 이후 새로운 의미부를 더하여 각각의 새 글자로 태어났다. 貴하다는 뜻은 가장 중심된 의미였기에 그대로 남았지만, 다른 곳으로 옮기다는 뜻을 나타낼 때에는 辵을 더하여 遺로 분화했다.

무너지다는 뜻을 나타낼 때에는 阜(언덕 부)를 더하여 隤(무너질 퇴)나 水(물 수)를 더하여 潰(무너질 궤)로, 삼태기를 나타낼 때에는 竹(대 죽)을 더하여 簣(삼태기 궤) 등으로 분화했다.

産은 금문에서 生(낳을 생)이 의미부이고 彦(선비 언)의 생략된 모습이 소리부로 구성되어, 낳다나 生産(생산)하다가 원래 뜻이다.

生은 싹(屮·철)이 땅위(一)로 돋아나는 모습을 그렸다. 彦은 금문에서 의미부인 文(무늬 문)과 弓(활 궁)과 소리부인 厂(기슭 엄)으로 구성되어, 文武(문무)를 겸해야만 才德(재덕)이 출중한 사람이 될 수 있다는 의미를 그렸다. 그러나 이후 弓이 광채를 뜻하는 彡(터럭 삼)으로 변해 지금처럼 되었다. 그렇게 됨으로써 선비들이 갖추어야 할 덕목에서 武는 줄어들고 文이 강조되었다.

遺産이란 貴한 것을 남겨 준 財産(재산)이라는 뜻이다. 선조들이 '남긴 貴한 財産'들이 우리만의 것이 아닌 세계인들의 文化遺産으로 지정되어 韓民族(한민족)의 긍지를 세울 수 있길 기대한다.

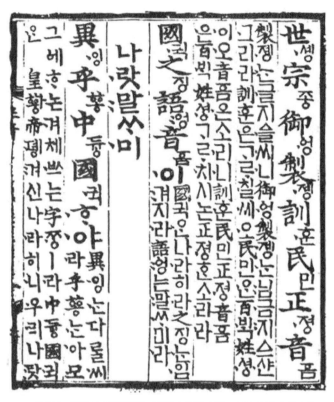

● 세계의 기록유산 '훈민정음'. 1977년 『왕조실록』과 함께 한국 최초의
세계기록유산으로 등재되었다.

[표-2] '貴'로 구성된 글자들

한류(韓流): 한국(韓) 유행(流)

韓 나라 이름 한
幹 줄기 간
榦 담 곁 기둥 간
韋 에워쌀가죽 위
流 흐를 류
㐬 깃발 류

韓은 원래 榦과 같은 글자인데, 榦은 소전체에서 나무를 그린 木과 나머지 깃대를 그린 부분으로 구성되어 '담 곁에 대는 나무'를 의미한다. 고대 중국, 특히 황토로 이루어진 중원지역에서는 담을 쌓거나 성을 만드는 방식이 독특했다. 그곳의 황토는 돌절구로 단단히 다져 쌓아 놓으면 마른 후 벽돌처럼 단단한 담으로 변한다. 황토를 다져 담을 쌓는 방법을 版築法(판축법)이라 불렀는데, 그것은 황하의 황토가 대단히 높은 밀도를 가졌기에 가능했다.

榦은 바로 황토 담을 다질 때 양쪽 곁으로 대던 큰 나무로, 황토를 다칠 때 황토가 밖으로 빠져 나가지 못하도록 판을 대는 나무의 축이 되는 나무를 말한다. 그래서 榦은 담 쌓기에서 사용되는 나무들중 '중심이 되는 큰 나무'를 말한다.

이후 榦을 구성하는 木은 干(방패 간)이나 韋로 바뀌기도 했는데 의미는 별 차이가 없다. 다만 干은 木에 비해 중심 되는 나무라는 뜻이, 韋는 담을 쌓을 때 나무로 황토를 둘러싸는 중국 전통의 담 쌓기 기법이 강조되었을 뿐이다.

韓은 바로 榦에서 木이 韋로 대체되고 획이 줄어 만들어진 글자이며, 몸체, 근간, 중심, 크다 등의 뜻을 가진다. 그래서 韓國은 큰 나라이자 중심 되는 나라라는 뜻이 담긴 이름이다. 한겨레에서처럼 '한'은 아주 크다는 의미의 순수 우리말이지만 우리 조상들은 이러한 우리말의 의미를 구현해 줄 수 있는 대응 한자를 아주 잘 찾은 것 같다. 中國(중국)이 단순히 중심이라는 의미밖에 가지지 못하지만 韓國의 韓은 중심 이외에도 대단히 크고 위대하다는 뜻을 가지기 때문이다.

流는 水와 㐬로 구성되었는데, 㐬는 소전체에서 거꾸로 된 아이(子·자)의 모습에 양수가 흘러내리는 모습을 그렸다. 아이가 어미의 뱃속에서 태어날 때의 모습을 생동적으로 그린 글자이다. 그래서 㐬는 흐르다는 뜻을 가진다.

流는 『설문해자』에서는 지금의 流에 水가 하나 더 더해진 모습으로써 물의 흐름을 강조하기도 했으나, 지금은 하나가 생략되어 물(水)이 흐르는(㐬) 것을 말한다.

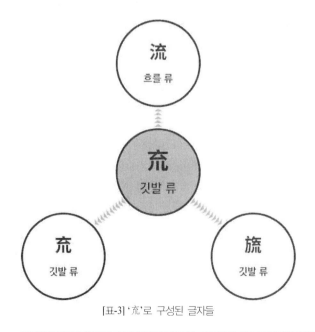

[표-3] '㐬'로 구성된 글자들

최근 들어 동남아는 물론 중국과 일본에까지 韓流, 즉 한국 유행이 열풍처럼 번지고 있다. 하지만 韓流가 '寒流(한류)'가 되지 않기 위해서는 열풍처럼 뜨거울 때 내실을 다지는 것이 필수적이다. 그리하여 韓流의 글자 뜻 그대로 위대한 한국의 열풍이 큰 물결처럼 도도하게 퍼져 나가길 기대해 본다.

● 방탄소년단(BTS). 한국의 7인조 보이그룹. 전 세계에 걸친 거대한 팬덤을 바탕으로 각종 경제적, 문화적 신드롬을 일으키면서 K-POP 역사를 넘어 한국의 대중문화 역사를 새롭게 쓰고 있는 세계 최정상급 아이돌 그룹이다.

화하(華夏): 꽃(華)을 토템으로 삼은 중국(夏)

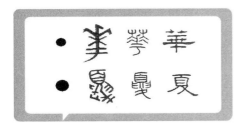

華 꽃 화
帝 임금 제
蒂 꽃꼭지 체
花 꽃 화
夏 여름 하
廈 큰 집 하

중국을 지칭하는 대표적인 말의 하나인 華夏는 어떻게 만들어진 것일까?

華는 금문에서 華奢(화사)하게 핀 꽃이 흐드러져 있는 모습을 그렸으며, 이로부터 '꽃'이라는 의미가 나왔다. 하지만 지금은 中華(중화)에서 볼 수 있듯 '꽃' 보다는 중국인들이 자신을 지칭하는 말로 더 많이 쓰인다.

정착농경을 일찍부터 시작했던 중국에서 곡식은 그들의 생존을 가능하게 하는 생명과도 같은 존재였기에 꽃에 대한 숭배는 자연스레 이루어졌다. 쟝쑤(江蘇)성의 한 신석기 유적지에서 발견된 암각화를 보면 사람 얼굴을 한 꽃을 피운 그림이 등장하는데, 이는 꽃이 그들의 조상이라는 꽃 토템을 극명하게 형상화한 것이다.

씨방이 부푼 모습을 그린 帝(蒂의 본래 글자)가 지고지상의 天帝(천제)는 물론 皇帝(황제)를 지칭하게 된 것이나, 英(꽃부리 영)이 최고의 英雄(영웅)을 지칭하게 된 것도 모두 이러한 의식에서 연유하고 있다.

花는 華가 일반적인 '꽃'에서 중국인들의 숭배 대상이 되어 자신들을 지칭하는 개념으로 변하자 일반적인 꽃을 지칭할 목적으로 다시 만들어진 글자이다.

夏는 금문에서 크게 키워 그린 얼굴에 두 팔과 발이 그려진 사람의 모습을 했다. 크게 그려진 얼굴은 고대 한자에서 일반적으로 분장을 한 제사장의 모습이며, 두 팔과 발은 율동적인 동작을 의미한다. 그래서 夏는 춤추는 제사장의 모습이며, 그것은 祈雨祭(기우제)를 위한 춤이었다. 그래서 '춤'이 夏의 원래 뜻이며, 따라서 『禮記(예기)』에서 말한 象武(상무)가 武舞(무무)를 뜻한다면 夏籥(하약)은 文舞(문무)를 뜻한다.

祈雨祭는 神(신)을 즐겁게 하기 위한 盛大(성대)한 춤을 필요로 한다. 그래서 夏에 다시 '크다'는 뜻이 나왔고, 祈雨祭가 주로 여름철에 이루어졌기 때문에 '여름'도 뜻하게 되었다.

중국인들이 자신들이 세운 최초의 국가를 夏라고 불렀던 것은 바로 '큰' 나라라는 의미에서였다. 마치 우리 민족을 '한' 민족이라 불렀던 것처럼.

夏에 집을 뜻하는 厂(기슭 엄)이 더해진 厦는 '큰(夏) 집(厂)'을 뜻한다. 그래서 중국어에서는 빌딩(building)을 '따샤(大厦, dàshà)'라 번역했다.

●‘人頭器口彩陶甁(인두기구
채도병)’. 1973년 감숙성
진안현 앙소문화 유적지
출토. 진흙으로 빚은 붉은색
도기(紅陶). 높이 31.8㎝
구경 4.5㎝, 감숙성 박물관
소장. "사람 얼굴의
호리병"은 크기가 작고,
아가리의 사람머리의 눈과
입이 모두 조소로 처리된
구멍으로 만들어져 있어 물을
담는 기능을 할 수 없도록
되어 있는데, 이것은 바로
호리병박에서 인류를 비롯한
만물이 나왔다는 중국인들의
신화적 의식을 형상적으로
보여주는 작품이다.

● 강소성 連雲港(연운강) 將軍崖(장군애)의 암각화. '풀에서 피어난 꽃이되 꽃이 아닌 사람의 얼굴을 한'특이한 모양을 했다. '사람 얼굴'이 아래편의 '식물'에 선으로 연결되어 있는 것은 바로 식물에서 사람이 탄생하였다는, 그래서 꽃을 그들의 토템으로 삼았던 당시의 원형의식을 형상화한 것으로 추정된다.

왜곡(歪曲): 옳지 않게(歪) 곡해함(曲)

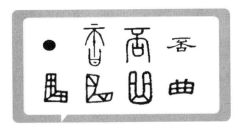

歪 비뚤 왜
不 아닐 부/불
正 바를 정
止 발그칠 지
丕 클 비
胚 아이 밸 태

어느 시대든 역사의 歪曲(왜곡)은 있어왔지만 21세기 세계화 시대를 살아가는 우리들에게 더욱 심각하게 다가온 주변국들의 역사 歪曲은 우리의 가슴을 더욱 아프게 한다.

歪는 소전체부터 출현하는, 비교적 늦게 만들어진 글자이다. 뜻은 글자 그대로 '바른 것(正)이 아니다(不)'로 풀이할 수 있다.

正은 갑골문에서 성(□·국)과 발(止)을 그려 성을 치러 가는 모습을 그렸는데, 이후 성곽을 그린 □이 가로획(一)으로 변해 正이 되었으며, 征伐(정벌)이 원래 뜻이다. 정벌은 그 옛날에도 최후의 수단이어야 했고 언제나 정의로운 것이어야 한다는 의미에서 正에 '바르다'는 뜻이 나왔다. 그러자 원래의 征伐을 나타낼 때에는 彳(조금 걸을 척)을 더하여 征(칠 정)으로 분화했다.

不의 어원에 대해서는 의견이 분분하다. 『설문해자』에서는 자형의 위쪽 가로획(一)은 하늘을 상징하고 나머지 부분은 새를 그려 새가 하늘로 날아올라 다시는 내려오지 '않는다'라는 의미를 형상화 했으며 그래서 '아니다'라는 부정의 의미가 생겼다고 했지만, 갑골문의 자형과 그다지 맞아 보이지는 않는다.

不은 갑골문에서 위쪽 역삼각형은 부푼 씨방을 아랫부분은 꽃대를 그린 것으로, '꽃대'가 不의 원래 뜻이며 부정사로서의 용법은 이후에 假借(가차)된 의미로 보는 것이 일반적이다. 하지만 부정사로서의 용법이 가차에 의한 것인지는 생각해 볼 문제이다. 왜냐하면 부푼 씨방과 꽃받침과 꽃대를 완전하게 그린 帝(임금 제, 蒂의 본래 글자)에 비해 不은 제대로 씨를 만들지 못한 상태를 그린 것으로 추정할 수 있으며, 여기서 '완전하지 못한', '제대로 되지 못한'의 의미가, 다시 부정사로 쓰이게 된 것으로 추정할 수 있기 때문이다.

그것은 고대 문헌에서 不과 같은 어원에서 출발했으며 같은 의미로 자주 쓰이는 조에서도 증명을 삼을 수 있다. 꽃대를 그린 조가 '크다'나 '으뜸'의 의미를 가질 수 있게 된 것은 정착농경을 살았던 고대 중국의 생활환경과 관련되어 있다.

즉 고대 중국에서 곡물숭배는 꽃 토템으로 이어졌고, 꽃이나 씨는 인간의 생활을 영위하게 하는 곡물의 씨의 상징으로서 그 중요성은 대단했기 때문이다. 그것은 꽃이 화사하게 핀 모습을 그린 華(꽃 화)가 '중국'의 상징이 되었고, 꽃꼭지를 그린 帝가 최고의 지배자를 뜻하고, 꽃부리를 뜻하는 英(꽃부리 영)이 최고의 인물을 지칭하게 된 것과 맥을 같이 하고 있다.

꽃대를 그린 不이 갑골문 단계에서 이미 부정사로 가차되어 쓰이게 되자 이에 지사부호를 더한 조가 '꽃대'나 '새 생명'을 뜻하는 원래의 미로 쓰였다. 하지만 조 역시 이후 꽃대가 상징하는 새 생명의 탄생이라는 원래 의미보다는 크고 위대하다는 추상적 의미로 더 자주 쓰이게 되자, 원래 의미를 나타낼 때에는 肉(고기 육)을 더하여 胚를 만들어 분화했다.

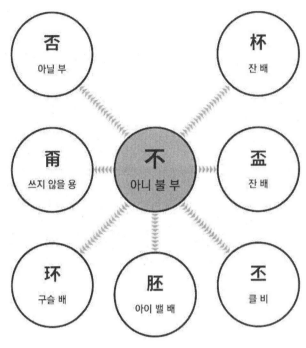

[표-4] '不'로 구성된 글자들

● 씨방(단면도).

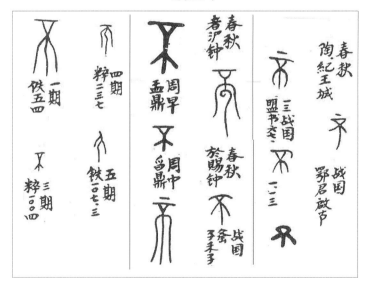

● 갑골문에 보이는 '不'의 다양한 모습

중국(中國): 세계의 중심(中)인 나라(國)

秦 벼 이름 진
中 가운데 중
國 나라 국
囗 나라 국에워쌀 위
戈 창 과
或 혹시 혹

'중심된 나라'라는 의미의 中國에서 中은 갑골문에서 꽂아 놓은 깃발의 모습을 그렸다. 옛날 부족 사회 때 부족 집단에서 중대사가 있을 때에는 넓은 공터에 먼저 깃발을 세우고 이를 중심으로 사람들을 모았다. 사람들은 사방 각지로부터 몰려들었을 것이고, 그들 사이에서 깃발이 꽂힌 곳이 '中央(중앙)'이자 '中心(중심)'이었다. 이로부터 '가운데'라는 뜻이 생겼고, 中庸(중용)에서와 같이 어떤 한 곳으로도 치우치지 않는 '마침맞은'이라는 뜻을 가지게 되었다.

나라를 뜻하는 國은 원래 성곽을 형상화한 囗과 낫 창을 그린 戈가 합쳐진 或이었는데, 원래의 '나라'라는 뜻 대신에 '혹시'라는 뜻으로 가차되자 다시 囗을 더하여 지금처럼의 國으로 분화하였다.

中國을 뜻하는 영어의 차이나(China)는 秦의 대역음이다. 秦은 갑골문에서 두 손으로 절굿공이를 들고 벼(禾·화)를 찧고 있는 모습이다. 벼를 수확하여 搗精(도정)하는 모습을 그렸다. 秦나라는 중국의 서부 陝西(섬서)지역에 위치했다. "8백 리 秦州(진주)"라는 말이 있듯 이곳은 예로부터 대단히 비옥하여 곡식이 풍부한 지역으로 알려져 있다. 쌀, 즉 곡물의 풍부함은 국가의 부강을 가능하게 했고 이것이 秦나라로 하여금 전국을 제패하게 만들었던 기본적인 요인의 하나였다.

따라서 秦이라는 나라이름은 秦이 위치했던 그곳의 풍부한 곡물생산에 의해 붙여진 이름이다.

중국인들은 그들의 정통성을 漢나라에서 찾아 자신들을 漢族(한족), 그들의 말을 漢語(한어), 문자를 漢字(한자)라고 부른다. 하지만 漢나라 이전 서역인들은 중국을 秦으로 불렀고, 이후 서양인들은 이의 대역음인 '차이나(China)'로 그들을 불렀다. 支那(지나)는 다시 이를 대역한 일본식 한자어이다. 소문자로 된 '차이나(china)'는 도자기를 뜻한다. 도자기가 중국의 가장 대표적인 물산이었기에, '중국에서 생산되는 물건'이 곧 도자기라는 의미에서 만들어진 단어이다.

다만, 자형적으로 '秦'과 유사한 글자들이 있는데, 奏(아뢸 주), 泰(클 태), 春(봄 춘) 등이 그렇다.

●「唐三彩(당삼채)」. 중국 당나라 때에 유행했던
도자기로, 초록색 · 황색 · 백색 또는 초록색 · 황색 · 남색의 세 가지 빛깔의 잿물을 써서 만들었
다.

세레스(Seress)ː 비단(silk·絲)의 나라

幺 작을 요
幼 어릴 유
玄 검을 현
系 이을 계
糸 가는 실 멱
絲 실 사

도자기는 서구인들에게 가장 중국적인 것으로 여겨져 '차이나(china)'로 불렸지만, 도자기만큼이나 대표적인 것이 비단이다. '실크 로드'가 대변하듯 비단은 예로부터 서구로 나가는 주요 수출품이자 서구인들이 근세까지도 그 제작의 비밀을 풀지 못했던 신비의 섬유이다.

1백여 가지의 공정과정이 말해주듯 비단 제작은 대단히 손이 많이 가지만 그런 과정을 거쳐 완성된 비단은 지금도 가장 사랑받는 섬유이다. 갑골문에 이미 蠶(누에 잠)과 桑(뽕나무 상)은 물론 비단 제작에 관한 다양한 글자들이 등장함으로써 당시에 비단 생산이 보편적으로 이루어졌음을 보여주고 있다.

타래처럼 만들어 놓은 비단실을 그린 것이 幺이다. 조그만 누에고치 하나에서 잣을 수 있는 실의 길이가 1백 미터나 될 정도로 비단실은 대단히 가늘다. 여기에서 幺에 '가늘다', '작다', '약하다'의 뜻이 생겼다. 幺에 力(힘 력)이 더해지면 幼가 된다. 幼兒(유아)는 힘(力)이 약하기(幺) 때문이다. 그래서 幼兒처럼 하는 짓이나 생각이 어린 것을 幼稚(유치)하다고 한다.

玄은 지금의 자형에서는 幺에 ㅗ(두 돼지 해 밑 두)가 더해진 모습이지만 원래는 검은 색깔을 들인 실타래를 그렸으며, 이로부터 '캄캄하다'나 '어둡다'는 뜻을 가진 글자이다. 玄을 우리말에서는 '검다'로 풀이되지만 사실 黑(검을 흑)과 같은 검은 색을 말하는 것은 아니다. 물의 깊이가 깊어 검푸른 그런 색깔이며, 속이 캄캄하여 짐작할 수 없는 깊이를 가진 지극히 그윽한 상태를 玄이라 한다. 그래서 玄學(현학)이라고 하면 대단히 깊은 談論(담론)이나 학문을 말한다.

系는 갑골문에서 고치에서 손(爪·조)으로 비단실을 뽑는 모습을 그려, 여럿의 고치에서 나온 실이 손가락에 엮여 있는 모습이다. 이로부터 系는 여럿이 하나로 묶이는 것을 뜻하여, 系統(계통)이나 體系(체계) 등의 말이 나왔다. 系에 子(아들 자)가 더해진 孫(손자 손)은 끝없이 '이어지는(系) 자손(子)'를 뜻한다.

糸는 파생된 糸 또한 비단 실타래를 뜻한다. 糸이 둘 모이면 絲가 되는데, 영어에서의 '실크(silk)'는 바로 絲의 고대음을 대역한 것이다. 우리말에서의 '실'도 알고 보면 絲의 대역어이다.

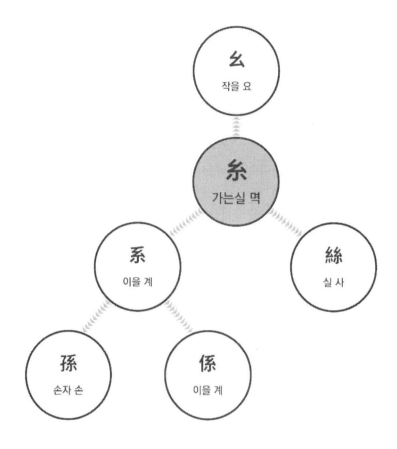

[표-5] '糸'으로 구성된 글자들

● 2천 년 전 한나라 때의 '비단' 가운, 호남성 장사 마왕퇴 출토, 길이 128센티미터, 무게가 43그램에 지나지 않는다.

THE SILK ROAD

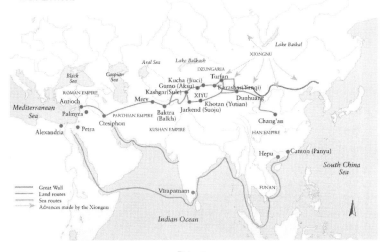

● 「실크로드」.

제2장

정치
政治

10. 갈등(葛藤): 칡(葛)과 등나무(藤)가 서로 얽히듯

11. 공천(公薦): 공개적(公)으로 추천함(薦)

12. 권력(權力): 저울대(權)처럼 균형 잡힌 힘(力)

13. 존비(尊卑): 높음(尊)과 낮음(卑)

14. 도살(屠殺): 짐승을 잡듯(屠) 죽임(殺)

15. 독립(獨立): 의지하지 않고 홀로(獨) 섬(立)

16. 민주(民主): 백성들(民)이 주인(主)이 됨

17. 예법(禮法): 공경(禮)과 사심 없음(法)의 표현

18. 위기(危機): 위험(危)과 기회(機)의 변증법

19. 저주(咀呪): 남이 불행해지도록 욕하고(咀) 빔(呪)

20. 제헌(制憲): 헌법(憲)을 만듦(制)

21. 증오(憎惡): 싫어하고(憎)과 미워함(惡)

22. 진보(進步): 한 걸음 한 걸음(步) 앞으로 나아감(進)

23. 질곡(桎梏): 차꼬(桎)와 수갑(梏)을 찬 듯

24. 책임(責任): 가시덤불을 짊어지듯(責) 맡은 임무(任)

25. 천도(遷都): 수도(都)를 옮김(遷)

26. 치란(治亂): 어지러움(亂)을 다스림(治)

27. 친분(親分): 친밀한(親) 정도(分)

28. 탄핵(彈劾): 표적물을 쏘아(彈) 잘라냄(劾)

29. 해이(解弛): 풀어지고(解) 느슨해짐(弛)

30. 혁명(革命): 천명(命)을 확 바꿈(革)

31. 화합(和合): 조화롭게(和) 합침(合)

32. 파당(派黨): 물길처럼 갈라진(派) 무리(黨)

33. 선거(選擧): 훌륭한 사람을 뽑아(選) 올림(擧)

34. 관직(官職): 관리(官)가 부여받은 직무(職)

갈등(葛藤): 칡(葛)과 등나무(藤)가 서로 얽히듯

葛 칡 갈
曷 어찌 갈
喝 더위 먹을 갈
渴 목마를 갈
藤 등나무 등
滕 물 솟을 등

葛은 艸(풀 초)와 曷로 이루어져 졌다. 曷은 소전체에서 曰(가로 왈) 과 匃(빌 개)로 구성되었는데, 曰은 입(口·구)에 가로획(一)이 더해져 입에서 나오는 말을 형상화 했고, 匃는 갑골문에서 이미 바라다나 祈求(기구)의 뜻으로 쓰였다.

이처럼 曷은 입을 크게 벌린 모습(曰)에 바라다(匃)는 뜻이 더해져, 목소리를 높여 어떤 것을 요구함을 말한다. 그러나 曷이 '어찌'라는 의문사로 가차되자 원래 의미는 다시 口를 더한 喝로 표현했다. 따 라서 喝은 喝采(갈채)에서와 같이 입을 벌려 목소리를 높이는 것을 말한다.

그래서 曷로 구성된 합성자는 대부분 입을 크게 벌리고 어떤 것을 요구하다는 뜻을 가진다. 예컨대 渴은 목이 말라 입을 크게 벌리고 (曷) 물(水·수)을 애타게 그리는 모습을 그렸다. 또 謁(아뢸 알)은 높 은 사람을 찾아뵙다(謁見·알현)는 뜻인데, 말(言·언)로써 어떤 것을 요 구하기(曷) 위해 찾아가다는 의미가 숨어 있다. 그리고 歇(쉴 헐)은 입을 크게 벌리고(曷) 숨을 가다듬으며(欠·흠) 쉬는 것을 말하며, 蝎 은 전갈이나 도마뱀과 악어류를 뜻하는데 그것들은 크게 벌린 집게 나 입이 특징이어서 붙여진 이름이다.

또 칡(葛)은 쩍 벌린 입처럼 넝쿨손을 벌려가며 갈래지어 자라는 식물이자 자신의 성장을 위해 다른 나무나 받침대를 필요로 하는 식물이다. 이러한 속성이 曷을 葛의 구성요소로 만들었을 것이다.

藤은 艸와 滕으로 이루어졌다. 艸는 초목을 의미하고, 滕은 소전체에서 의미부인 水(물 수)와 소리부인 朕(나 짐)으로 구성되어 물이 솟구침을 말했다. 滕과 비슷한 구조로 된 글자들, 예컨대 騰(오를 등)은 말(馬·마)이 날아오르듯 위로 솟구치는 것을, 謄(베낄 등)은 말(言·언)이 종위 위로 '올려지는' 것을 말한다. 그래서 藤은 솟구치는 물줄기(滕)처럼 여러 갈래로 위를 향해 자라나는 식물(艸)인 등나무를 말한다.

칡(葛)과 등(藤)은 모두 넝쿨식물이다. 넝쿨이 제대로 뻗으려면 다른 나무를 의지해야 한다. 게다가 이들은 다른 나무처럼 가지를 하나씩 뻗쳐 나가지 않고 여럿으로 갈라진 채 자란다. 그래서 葛과 藤이 결합해 분열과 엉킴의 상징이 되었다. 특히 葛의 曷에는 입을 크게 벌려 어떤 것을 요구함이, 藤의 滕에는 여러 갈래로 솟구치는 물줄기의 뜻이 들어있음을 고려한다면, 葛藤은 자신의 요구를 내세우는 데서 출발한 것임을 알 수 있다.

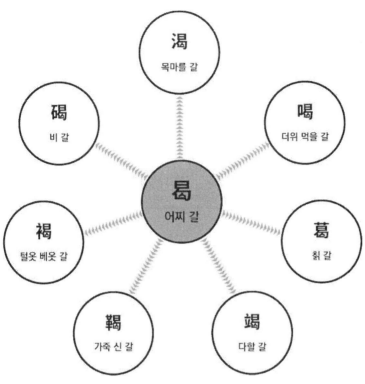

[표-6] '曷'로 구성된 글자들

공천(公薦): 공개적(公)으로 추천함(薦)

公 공변될 공
厶·私 사사로울 사
薦 천거할 천
廌 해태 치
茻 풀 우거질 망
荐 돗자리 천

대선이나 총선이 되면 각 黨(당)에서는 새로운 일꾼으로 일할 적합한 인물을 추천하는 公薦 작업에 열을 올리게 된다. 公薦이란 그야말로 공변되게 薦擧(천거)하다는 뜻이다. 그래서 公薦에는 사사롭지 않고 정당하게 국민의 심부름꾼으로서 민족과 국가에 도움을 줄 수 있는 존재를 국민 앞에 推薦(추천)해야 한다는 뜻이 담겨있다.

公은 갑골문에서처럼 八과 厶로 구성되었다. 八은 分(나눌 분)에서 보았듯 양쪽으로 나뉘거나 서로 배치됨을 뜻한다. 厶는 원래는 동그라미 모양을 하여 자신을 중심으로 한 테두리 만들기를 형상화 했으며, 私의 원래글자이다.

따라서 公은 『설문해자』나 『한비자』의 해석처럼 사사로움(厶·私)에 배치된다(八) 는 개념이다. 그래서 公에는 公的(공적)이라는 뜻과 公共(공공)이라는 뜻이 생겼고, 다시 公開的(공개적)이라는 뜻도 생겼다. 공적인 일은 반드시 은밀하지 않은 공개적인 방법에 의해서 진행되어야 하기 때문이다.

薦은 금문에서 해태를 그린 廌와 풀이 우거진 모습을 한 茻으로 구성되었는데,『설문해자』에서는 이를 두고 해태 같은 신성한 "짐승이 먹는 풀을 말한다"고 했다. 그래서 薦은 이러한 풀로 만든 깔개, 즉 돗자리를 의미했다. 하지만 해태는 法(법 법)자에서도 보았듯 정의로운 동물의 상징이다. 그래서 薦은 신성한 해태가 먹는 풀로 만든 돗자리로 주로 제사 때 사용되었다.

그래서 『廣雅(광아)』나 『左傳(좌전)』 등을 살펴보면, 소나 양과 같은 희생물을 바치는 제사를 祭(제사 제)라고 하는 반면 이러한 희생물 없이 지내는 제사를 薦이라고 했다. 희생물이 동원되지 아니한 薦이라는 제사는 제수를 돗자리(薦)에 받쳐 올렸기 때문에 붙여진 이름이다.

그래서 薦은 '신에게 제수를 올리다'의 뜻을 가진다. 이후 이와 연관되어 임금에게 올리는 것을 薦이라 일컬었는데, 그것은 다름 아닌 인재의 薦擧였다. 그리하여 薦에는 推薦하다는 뜻이 생겼다. 이렇게 되자 원래의 '돗자리'는 荐으로 분화했는데, 荐은 艹(풀 초)가 의미부이고 存(있을 존)이 소리부 겸 의미부로 물건을 놓을 수 있는(存) 풀(艹)로 만든 자리를 말한다.

이러한 公薦이 '公薦'답지 못해 선거철이 되면 시민단체에서는 落薦 운동을 적극적으로 벌이고 있다. 落薦 인사의 명단을 공개하고, 그 사유를 밝혀 각 정당에 落薦을 요구하고 있지만 제대로 반영되지는 못하는 듯하다.

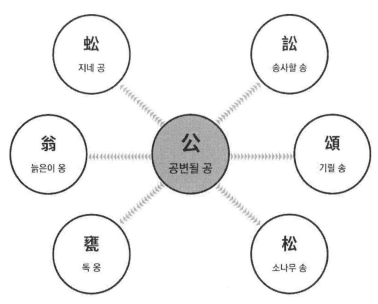

[표-7] '公'으로 구성된 글자들

권력(權力): 저울대(權)처럼 균형 잡힌 힘(力)

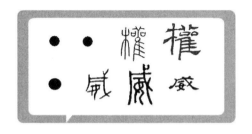

權 저울추권세 권
蘿 황새 관
力 힘 력
威 위엄 위
女 계집 여
戌 열한 째 지지 술

현대 사회에서 權力이란 종종 부정적인 어휘로 읽힌다. '權力'에서 우리는 평등보다는 억압을, 사회의 수평적 관계보다는 수직적 관계를, 합의나 협상보다는 명령에 대한 무조건적 순종을 떠올린다. 하지만 權力의 뿌리는 저울에서 출발했다.

權은 의미부인 木(나무 목)과 소리부인 蘿으로 구성되었는데, 蘿은 갑골문에서 볏이 나고 눈이 크게 그려진 부리부엉이의 모습을 그렸다. 權은 처음에는 노란 꽃이 피는 黃華木(황화목)을 지칭했으나 이후 수리부엉이가 나뭇가지에 앉아 균형을 잘 잡는다는 뜻에서 양쪽의 평형을 잡아 무게를 재는 기구인 저울의 추를 뜻하게 되었다. 力은 쟁기의 모습으로써 '힘'이라는 의미를 형상화한 글자이다.

威는 금문에서 女와 戌로 구성되었는데, 女는 두 손을 가지런히 모으고 앉은 여인을, 戌은 날이 둥근 큰 도끼를 그렸다. 도끼는 중국에서 사람을 죽이는 도구이자 權威의 상징이다. 그래서 威는 남의 생살권을 쥔(戌) 여인(女)이라는 뜻으로, 시어머니(姑·고)를 말했다. 시어머니는 집안에서 여자의 우두머리여서 며느리 등에 대한 생살권을 가졌다고 해석하기도 하지만, 그전 원시 모계사회의 정황을 고려한다면 한 가족과 부족의 대표자이자 우두머리로서의 역할을 담당했던 가장 나이 많은 여인을 상징한다고 보아야 할 것이다. 그는 구성원의 운명과 미래를 책임졌을 뿐 아니라 그들의 생살권까지 가졌던 것이다.

이렇게 볼 때, 權力이란 사람들의 관계에 평형을 부여하고, 무게 중심을 잡아주는 평등의 개념에서 출발했다. 權力의 力은 단순한 힘을 말하기에, 權力은 인간의 관계에서 힘을 재는 기구를 의미하지 그 이상도 그 이하도 아니다. 권력이 인간관계의 균형을 잡아주는 저울의 역할에 충실 한다면, 권력이 생산적이라고 말한 철학자 미셸 푸코(Michel Foucault, 1926~1984)의 주장은 상당한 의미를 지닐 수 있다.

하지만 저울이 그러한 평형을 가저다주기 위해서 가장 우선되는 것은 저울 그 자체에는 오류가 없어야 한다는 것이다. 그렇지 않으면 저울이 저울로서의 기능도 할 수 없을 뿐더러 어떠한 신뢰도 받을 수 없기 때문이다.

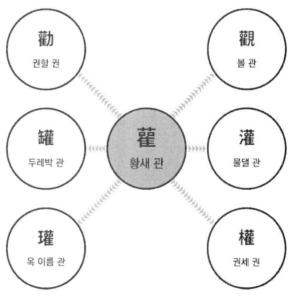

[표-8] '雚'으로 구성된 글자들

이에 비해 權威의 威에는 저울의 역할을 하는 사람에게 쉽게 이의를 제기할 수 없도록 생사여탈권인 도끼가 부여되었다. 따라서 權威란 權力과는 달리 절대로 도전할 수 없는 것이라는 의미가 들어 있다. 그래서 權威는 공동체를 이끌어가는 힘이자 중심이며, 그것을 흔들면 사회 전체가 흔들린다는 지고의 진리가 그 속에 들어 있다.

갑골문에 보이는 '萑'

● 秦(진)나라 때의 저울 추. 도량형 통일과 이의 강력한 시행에 관한 내용을 담았다.

존비(尊卑): 높음(尊)과 낮음(卑)

尊 높을 존
遵 쫓을 준
卑 낮을 비
俾 시킬 비
婢 여자 종 비
碑 돌기둥 비

尊은 갑골문에서 두 손으로 술독(酉·유)을 받들고 있는 모습을 그렸는데, 이후 술독을 그린 酉가 酋(두목 추)로 두 손이 한 손(寸)으로 변하여 지금의 자형이 되었다. 아마도 조상신에게 술독(酉·酋)을 올리며 제사를 지내는 모습으로 추정된다. 그로부터 드리다와 받들다는 뜻이, 다시 '높다'는 뜻이 나왔다.

이후 樽(술통 준)이나 罇(술두루미 준)이 만들어졌는데 모두 술통을 뜻하며, 나무(木·목)로 만든 것은 樽, 도기(缶·부)로 만든 것은 罇이라 구분하여 불렀다. 또 遵은 尊과 辵(쉬엄쉬엄 갈 착)으로 구성되었는데, 높은 사람(尊)을 따른다(辵)는 의미에서 遵守(준수)하다는 뜻이 생겼다.

卑의 어원은 아직 명확하지 않다. 일반적으로 금문의 자형을 田(밭전)과 攴(攵·칠 복)의 구성으로 보아, 밭(田)에서 일을 강제하는(攴) 모습을 그렸으며 이 때문에 '시키다'의 뜻이 나왔고, 시키는 일을 해야 하는 사람이라는 의미로부터 지위가 '낮다'는 뜻이 생긴 것으로 풀이한다.

하지만 금문을 보다 자세히 살펴보면 田과 攴으로 구성되었다기 보다는 손과 나머지 부분으로 구성된 것이 분명하다. 그래서 卑를 왼손(又의 반대 꼴)과 單(홑 단)의 아랫부분처럼 뜰채 모양의 사냥 도구로 구성되었다고 풀이하는 것, 즉 왼손으로 뜰채를 잡고 사냥하는 모습을 그린 글자로 풀이하는 것이 더욱 타당해 보인다.

고대의 여러 그림들을 보면 사냥대열에 언제나 말을 탄 지휘자가 있고 그 아래로 뜰채를 들고 이리저리 뛰어다니며 열심히 짐승들을 생포하는 사람들이 보인다. 뜰채를 든 사람은 말 탄 사람보다 지위가 낮고 힘든 일을 하기에 卑에 '낮음'과 일을 '시키다'는 의미가 담기게 된 것으로 풀이할 수 있다.

또 소전체에 들면서 卑는 甲(첫째 천간 갑)과 왼손의 결합으로 변하는데, 뜰채를 그린 부분이 갑옷을 의미하는 甲으로 바뀔 수 있었던 것은 자형의 유사성도 유사성이지만 사냥은 곧 전쟁이라는 고대인들의 심리적 무의식과도 연계되어 있었기 때문이다.

게다가 중국에서는 아주 오래 전부터 오른쪽과 왼쪽을 높고 낮음으로 구분하는 관습이 생겨났다. 예컨대 상나라 때에 이미 '右史(우사)'라는 명칭이 등장하고, 전국 시대 때에는 右司馬(우사마)와 左司馬가, 한나라 때에는 右將軍(우장군)과 左將軍 등이 있었다. 『사기·진승상세가』에 의하면, 우승상이 좌승상보다 윗자리에 앉는 것으로 되어 있고, 주인이 손님과 집으로 들 때에는 주인은 들어가 오른 쪽에 손님은 왼쪽에 앉는 것으로 되어 있다. 이것은 '尊右卑左(오른쪽을 높이고 왼쪽을 낮춤)'의 전통이 있었음을 보여준다.

이렇게 만들어진 卑는 여러 파생글자들을 만드는데, 俾는 사람(人·인)에게 뜰채로 사냥하는 것과 같이 수고스런 일을 '시키다'는 뜻이며, 婢는 수고스런 일을 하는 지위가 낮은 여자(卑) 종을 말한다. 또 碑는 하관할 때 줄에 매어 내릴 수 있도록 도와주는(卑) 데 쓰는 돌(石·

석)을 말하는데, 중국에서 碑는 원래 묘의 주인을 표시하기 위한 것이 아니라 하관할 때 쓸 줄을 매도록 고안된 것을 말했기 때문이다.

● 한나라 화상석에 새겨진 사냥모습. 강소성 邳州(비주)에서 출토된 가로 4백50cm 세로 52cm 크기의 대형 화상석으로, 집에서부터 출발하여 수렵까지의 전 과정을 그린 것으로 다양한 수렵도구와 수렵 대상 및 수렵 방법들이 상세하게 묘사되어 있어, 한나라 당시의 사냥 행렬은 물론 사냥 방법을 상세하게 살필 수 있는 귀중한 자료이다. 위쪽은 사냥을 떠나는 장면을 그렸다. 집을 뒤로 하고 떠나는 사냥꾼들은 말과 수레를 탔고 걷는 사람도 보인다. 말을 탄 사람은 뒤에 화살과 화살 통을 달고 있다. 수레는 두 마리의 말이 끌고 있으며, 수레 탄 사람의 사냥 장비는 화상석이 훼손되어 알아볼 수 없다. 걸어가는 사람은 왼쪽 손에 커다란 그물채를 들고서 왼쪽 어깨에 메었다. 어떤 사람은 사냥개를 몰고 가기도 하는데, 목에 줄이 매어진 모습도 보인다. 아래쪽은 사냥하는 구체적인 장면을 그렸다. 온갖 동물들이 놀라 혼비백산하여 달아나고 사냥꾼들은 각종 사냥도구로 사냥에 열중이며, 사냥개도 날쌔게 뛰어다니며 사냥을 도우고 있다. 말 탄 사람이 활을 겨누어 호랑이를 쏘고 호랑이는 놀라 입을 쩍 벌렸다. 다른 사람들은 큰 뜰채 모양의 그물로 뿔이 잘 자란 사슴은 물론 노루, 토끼, 꿩 등을 덮치고 있다. 또 어떤 사람은 왼손에는 긴 창(矛)을 오른손에는 막대를 들고 짐승들을 쫓기도 하며 사냥개를 그들을 도와 사슴과 노루를 쫓고 있다. 그림에서 등장하는 6개의 손잡이 달린 커다란 그물망은 분명 畢자의 아랫부분(畢)을 형상한 사냥 도구로 이해할 수 있다.

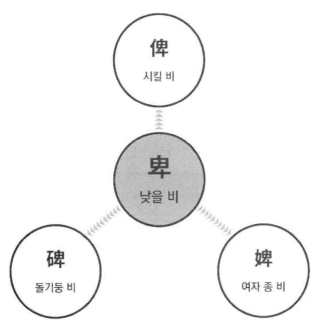

[표-9] '卑'로 구성된 글자들

014

도살(屠殺): 짐승을 잡듯(屠) 죽임(殺)

屠 잡을 도
尸 주검 시
者 놈 자
屍 주검 시
殺 죽일 살
弑 죽일 시

屠는 尸와 者로 구성되었는데, 者는 소리부와 의미부를 겸한다. 尸는 주검'을 뜻하고 者는 煮(삶을 자)의 본래글자로 짐승을 잡아 '삶다'는 뜻을 갖기 때문이다.

尸는 갑골문에서 사람의 다리를 구부린 모습인데, 이를 두고 책상다리를 하고 앉은 모습이라거나 꼬부리고 누운 모습이라고도 한다.

하지만 그것이 어떻게 '주검'과 연계되는지 쉬 이해되지 않는다. 게다가 고대 문헌에서는 尸가 동이족을 말하는 夷(오랑캐 이)와 같은 뜻으로 자주 쓰이는데 그 이유도 해석할 방법이 없다. 그래서 필자는 尸가 시체를 묻는 방식의 하나인 굽혀묻기(屈葬·굴장)를 형상화한 것이라 생각한다.

굽혀묻기는 우리나라 남부지역의 돌무덤에서 자주 발견되는 매장방식의 하나이며, 그것은 시신을 태어날 때 태아의 모습으로 되돌림으로써 내세에서 다시 태어날 것을 기원하기 위한 조처로 보인다.

굽혀묻기는 시베리아 지역의 돌무덤과 관계있으며, 중국에서는 전국시대 이후에야 일부 등장하는 것으로 알려져 있다. 그래서 중원 지역을 살았던 중국인들에게 굽혀묻기는 매우 특이하게 여겨졌을 것이며, 그것이 尸와 夷가 같은 의미로 쓰였던 이유일 것이다. 왜냐하면 夷가 큰(大·대) 활(弓·궁)을 가진 민족을 뜻하여 활쏘기에 능했던 동방의 이민족을 지칭했던 것처럼 굽혀묻기라는 특이한 습속을 가진 민족을 尸로 지칭했을 것이기 때문이다.

이후 尸가 굽혀묻기 뿐 아니라 죽은 '시신'을 뜻하는 넓은 의미로 파생되자 尸에 死(죽을 사)를 더한 屍를 만들었다.

殺은 갑골문에서부터 나타나는데, 이에 관해서도 여러 해설이 있지만 짐승의 몸체에다 죽임을 상징하는 삐침 획(/)이 하나 더해진 것으로 볼 수 있다. 그래서 이는 털을 가진 짐승을 죽이는 모습을 형상화한 글자였는데, 이후 소전단계에 들면서 죽이는 방법을 구체화하기 위해 攴(칠 복)이나 殳(쇠창 수)가 더해졌으며, 결국 殳가 대표로 남아 지금의 殺이 되었다.

殺은 '죽이다'는 원래 뜻으로부터 분위기나 법칙을 '깨다'는 의미로

● 「南京大屠殺紀念館(남경대학살 기념관)」. 무려 30만 명이 학살당했다고 되었는데, 중국에서는 虐殺(학살)을 '屠殺(도살)'이라고 표현했다.

파생되었는데, '殺風景(살풍경)'은 중국어에서 '분위기를 깨다'는 뜻이다. 또 弑는 殺의 생략된 모습과 式(법 식)으로 구성되어, 죽임(殺) 중에서도 신하나 자식이 임금이나 부모를 죽이는 것과 같이 아랫사람이 윗사람을 죽이는 것을 특별히 지칭할 때 쓰인다. 그것은 계급 질서가 엄격하게 구축되었던 유가사회에서 계급적 질서(式)를 파괴한 죽임(殺)임을 뜻한다.

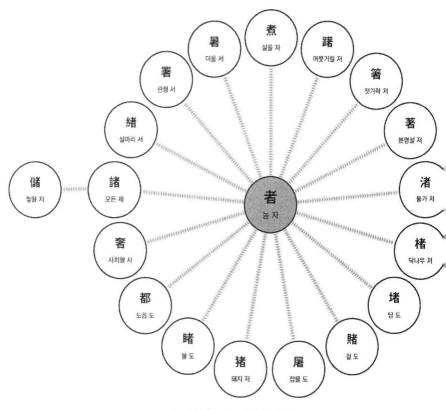

[표-10] '者'로 구성된 글자들

015

독립(獨立): 의지하지 않고 홀로(獨) 섬(立)

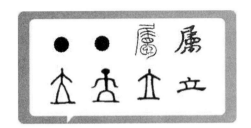

獨 홀로 독
犬 개 견
蜀 나라이름 촉
獄 감옥 옥
屬 엮을 속
尾 꼬리 미

3·1절하면 떠오르는 것이 일본 제국주의에 맞서 獨立(독립)을 쟁취하려고 싸웠던 민중들의 투쟁이다.

獨이라는 말에는 긍정적인 의미가 매우 많다. 獨立運動(운동)도 그러하려니와 獨也靑靑(독야청청), 獨自的(독자적)으로, 獨特(독특)하다……등등이 그렇다. 하지만 獨자가 만들어질 당시에는 '홀로'라는 의미 이외의, 부정적인 의미나 긍정적인 의미는 없었던 듯하다.

獨은 犬이 의미부이고 蜀이 소리부이다. 개는 무리지어 살지 않고 혼자서 살기를 좋아하기 때문에 '홀로'라는 뜻이 생겼다. 아마도 옛날에는 부족이나 씨족 등의 공동체 생활이 훨씬 더 중요했기에 獨에는 긍정적인 의미가 삽입되지 않았을 것이다. 하지만 사회가 분화되면서 獨에는 보다 자주적이고, 뜻을 굽히지 않으며, 남에게 쉽게 屈從(굴종)하지 않는다는 부가적 의미가 생겼다.

개의 독립된 생활습성을 반영한 또 다른 한자는 獄이다. 獄은 犾(서로 물어뜯을 은)과 言(말씀 언)으로 이루어져, 개 두 마리가 서로 싸우듯 言爭(언쟁)을 벌이는 모습을 형상화 했다. 言爭의 결과는 訟事

(송사)를 일으키고 결국엔 옥살이를 할 수밖에 없다. 그래서 獄에 監獄(감옥)이라는 뜻이 생겼다.

獨의 소리부로 쓰인 蜀은 갑골문에서 머리 부분이 크게 돌출된 애벌레를 그렸다. 해바라기 벌레가 원래 뜻이었으나 四川(사천) 지방을 지칭하는 땅이름으로 가차되어 쓰였으며, 이후 虫(벌레 충)이 더해져 지금의 모습이 되었다.

從屬(종속)이나 隸屬(예속)이라는 단어에서 볼 수 있듯이 獨에 대칭되는 의미를 가지는 屬은 소전에서 尾와 蜀으로 구성되었다. 蜀은 獨에서와 마찬가지로 소리부이다. 같은 소리부를 가졌기에 獨과 屬의 발음은 옛날에는 비슷했다.

尾는 무릎을 구부린 사람(尸·시)의 모습에 毛(털 모)가 붙여진 구조이다. 원시축제 등에서 동물의 모양을 흉내 내 꼬리를 만들어 춤을 추던 모습에서 만들어진 글자이다. '꼬리'라는 뜻으로부터, '끝'이나 '末

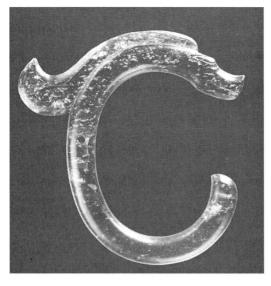

● 애벌레 모양의 옥 장식물. 신석기 시대, 紅山(홍산) 문화(B.C. 3500년) 유적, 높이 26센티미터, 1971년 내몽골자치구 昭烏達盟翁牛特旗(소오달맹옹우특기) 三星他拉村(삼성타랍촌)에서 출토, 昭烏達盟翁牛特旗 박물관 소장. 蜀자를 연상케 한다. 『出土文物三百品』 19쪽.

端(말단)'이라는 뜻이 생겼고 다시 '이어지다', '붙어있다'는 뜻도 생겼다.

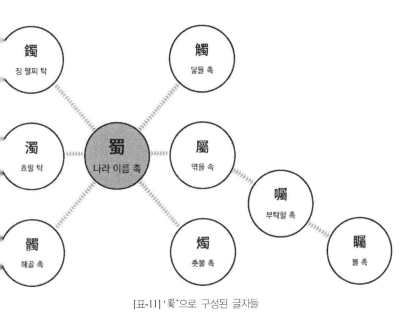

[표-11] '蜀'으로 구성된 글자들

016

민주(民主): 백성들(民)이 주인(主)이 됨

民 백성 민
童 아이 동
臧 착할 장
主 주인 주
丶 점 주
炷 심지 주

民主는 백성(民)이 주인(主)이 된다는 말로 주권이 국민에게 있음을 뜻한다. 백성이 주권을 가지기까지 우리는 엄청난 투쟁과 희생의 역사를 겪어야만 했다. 5·18 민주화 운동도 그의 한 과정이었다.

한자의 어원으로 살폈을 때 백성(民)은 국가의 주권주체가 아니라 황제 혹은 통치권자에 종속된 노예의 모습에서 출발한다.

금문에서부터 등장하는 民은 예리한 칼에 눈이 자해된 모습이다. 옛날 포로나 죄인을 노예로 삼을 때 한쪽 눈을 자해한 것은 주로 성인 남성 노예에 대해 반항 능력을 상실시키고자 그랬다는 설이 일반적이다. 한쪽 눈이 보이지 않을 경우 단순한 노동은 가능하더라도 거리 감각의 상실로 적극적인 대항이 불가능해지기 때문이다.

따라서 民은 '노예'가 원래 뜻이며, 이후 의미가 점점 확대되어 통치의 대상이 되는 百姓(백성)이라는 뜻에서 일반 '사람'을 뜻하게 되었다.

한자에서 童과 臧도 그러한 모습을 반영한 글자다. 童은 금문에서 辛(매울 신)과 目(눈 목)과 東(동녘 동)과 土(흙 토)로 구성되었는데,

辛은 형벌 칼을 뜻하고 東은 발음부호의 역할을 한다. 이후 자형이 축약되어 지금처럼 되었으며, 『설문해자』에서 "죄인을 노예로 삼는데, 남자는 童이라 하고 여자는 妾(첩 첩)이라 한다"라고 했다.

이렇듯 童도 한쪽 눈(目)을 자해하여(辛) 노예로 삼은 모습을 그렸으며, 이후 그 연령대에 해당하는 '아이'를 지칭하게 되었다.

臧 역시 눈(目)의 방향을 바꾸어 그린 臣(신하 신)과 戈(창 과)로 구성되어, 창(戈)으로 눈(臣)을 자해한 모습을 그렸다. 그래서 臧도 '남자 노예'가 원래 뜻이며, 이후 순종하는 노예가 좋은 노예라는 뜻에서 '좋다'와 '훌륭하다'는 뜻을 가지게 되었다.

主는 갑골문에서 丶로 그려 불이 타오르는 등잔불의 심지를 그렸으나 소전체에 들면서 아랫부분에 등잔대가 더해져 지금처럼 변했다. 그래서 '심지'가 主의 원래 뜻이며, 심지는 등잔불을 구성하는 가장 중요한 부분이기에 主流(주류)나 主體(주체)와 같이 '중심'이라는 뜻이 나왔고, 다시 主人(주인)에서처럼 사람(人)에게서의 중심(主)이라는 의미가 생겼다.

'노블레스 오블리제(noblesse oblige·높은 신분에 따른 도의상의 의무)'라는 말처럼, 主人은 모름지기 자신을 불태워 주위를 밝히는 등잔불처럼, 언제나 주위를 위해 자신을 바치는 희생정신이 담보되어야 하는 사람이기 때문이다. 그러자 원래의 심지를 뜻할 때에는 火(불 화)를 더하여 炷로 분화했다.

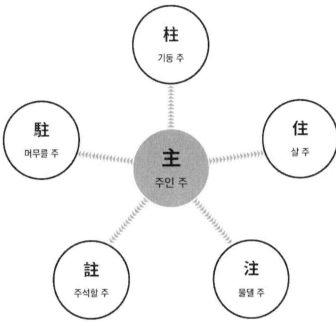

[표-12] '主'로 구성된 글자들

017

예법(禮法): 공경(禮)과 사심 없음(法)의 표현

法 법 법
水 물 수
去 갈 거
廌 해태 치
禮 예도 례
豊 예도·절 례

서구의 시민사회가 그 토대를 法에 두고 있지만, 동양의 禮는 오늘의 법치사회에서도 여전히 중요한 德目(덕목)이다.

어원으로 보자면, 法은 보다 평등하고 수평적인 개념에 가깝고 禮는 수직적인 개념에 가까워 보인다. 하지만 法과 禮가 서로 보완적 개념으로서, 法의 경직성을 禮로써 보충할 때 사회가 더욱 풍성해짐은 모두가 알고 있는 일이다.

法은 水와 去로 구성되었으며, 그 뿌리를 추적해 가면 금문에서처럼 여기에 廌가 더해져 있다. 廌는 상상의 동물인 해태를 형상화한 것으로 不正(부정)한 존재를 판별하여 자신의 뿔로 받아 죽여 버린다는 正義(정의)의 상징이다. 따라서 물(水)이 흘러가는(去) 것처럼 公平(공평)하고 해태(廌)처럼 정의로워야 한다는 것이 法의 정신이다.

물처럼 언제나 위에서 아래로 흐르는 자연의 법칙과 해태처럼 신분 고하를 막론하고 부정한 자는 처벌되어야 한다는 法의 정신은 예나 지금이나 변함이 없다.

禮는 원래 豊로 썼는데 이후 示(제사 시)가 더해졌다. 豊는 갑골문에서 윗부분은 옥(玉)이고 아랫부분은 술이 달린 북(鼓·고)의 모습이다. 북은 제사나 祭儀(제의) 등에서 신을 경건하게 모시기 위해 사용되었고, 옥은 제사에 쓰던 禮玉을 의미한다. 따라서 豊는 玉과 북 등을 동원해서 경건하게 신을 모시던 행위를 일컬었고, 이로부터 禮度(예도)나 '절'이라는 뜻을 갖게 되었다.

혹자는 豊의 아랫부분이 북이 아닌 그릇(豆·두)으로 보기도 한다. 그렇게 해도 이는 제사에 사용되었던 祭器(제기)를 의미하기에, 禮라는 기본적인 의미에는 별 차이를 초래하지는 않는다.

따라서 禮는 인간이 신에게 제사 드릴 때 행하던 의식, 즉 제의(祭儀)에서 그 의미의 기원을 찾아야 할 것이다. 신과 인간의 관계에서 갖추어야 했던 경건한 마음의 禮節(예절)이 이후에는 인간과 인간, 나아가서는 통치자와 피통치자 등의 관계에서 지켜져야 할 그런 德目으로 확정되었으며, 이로부터 각종 제도나 규칙이라는 의미까지 확대되었다.

이렇게 볼 때, 禮나 法은 다른 뜻을 가지지 않는다. 私心(사심)이 없는 公平함이 法이요, 신 앞에서 가지는 敬拜(경배)의 마음이 禮의 근본적인 정신이기 때문이다.

018

위기(危機): 위험(危)과 기회(機)의 변증법

危·⺈ 위태할 위
⺋·卩 병부 절
⺁ 바위 엄
機 틀 기
幾 기미 기
幺 작을 요

危機가 機會(기회)라는 말처럼, 危機를 機會로 바꾸는 지혜가 그 어느 때보다 필요한 시기이다.

危는 소전체에서 ⺈와 ⺋로 구성되었는데, ⺈는 바위 언덕(⺁) 위에 선 사람(人·인)의 위태함을 그렸다. 이후 사람의 앉은 모습을 그린 ⺋이 더해져 지금의 危가 되었다.

하지만 갑골문의 危는 소전체와 다른 모습이다. 이에 관한 풀이는 다양하지만, 欹器(의기·균형을 살필 수 있도록 설계된 고대 중국의 기물)를 그렸다는 설이 통용되고 있다.

한 때 공자가 노나라 환공을 모신 사당에서 欹器를 보고서 사당 관리인에게 그것이 무엇인지를 물었다. 그가 그것은 앉은 자리 곁에 두는 기물이라고 하자 공자가 나도 그런 이야기를 들은 적이 있는데, "속이 비면 기울어지고, 적당하면 바르게 되고, 가득 차면 뒤집어진다던 그 기물이구나."라고 했다 한다.

이처럼 欹器는 옛사람들이 자리의 오른편에 두고 일의 처리나 자신의 판단이 한쪽으로 치우치지 않도록 경계로 삼았던 것이다. 그래서

敧器를 달리 자리(座·좌)의 오른쪽(右·우)에 놓아두는 것이라고 해서 座右라고 불렀고, 거기에는 좋은 글을 자주 새겼는데 이를 座右銘(좌우명)이라 하였다.

危는 敧器의 속성처럼 아주 위태로워 균형을 잡기가 힘든 모습을 말한다. 물론 이후로 오면서 언덕 위에 올라선 사람의 모습으로 자형이 변하긴 했지만.

機는 木(나무 목)과 幾로 구성되었는데 幾는 소리부도 겸한다. 幾는 금문에서부터 나타나며 베틀을 그린 것으로 알려져 있다. 자형에서 실타래를 형상화한 幺가 두 개 그려졌고, 오른쪽의 戈(창 과)는 베틀의 모습이 변형된 것이며, 왼쪽 아래의 사람(人)은 베틀에 앉아 베 짜는 사람의 모습이다.

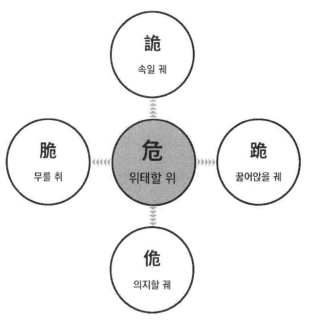

[표-13] '危'로 구성된 글자들

따라서 幾는 베틀이 원래 뜻이며, 베 짜기는 대단히 섬세한 관찰과 관심이 요구되는 작업이기에 '세밀함'의 뜻이 생겼다. 그러자 이후 베틀을 따로 표현하기 위해 木을 더하여 機로 발전되었는데, 木이 더해진 것은 베틀을 나무로 만들었기 때문이다. 고대 사회에서 베틀은 아마 가장 중요하고 복잡하며 대표적인 機械(기계)였을 것이다. 그래서 機는 복잡한 구조를 가진 기계나 기물을 총칭하게 되었다.

그래서 危機라는 단어는 균형 잡기가 아주 힘든 '위태한 기물'이라는 뜻이지만, 機가 때와 시간을 의미하는 뜻으로 확장되면서 균형을 제대로 제 때 잡아주기만 하면 좋은 기회로 연결될 수 있다는 인식으로 발전된 것으로 보인다.

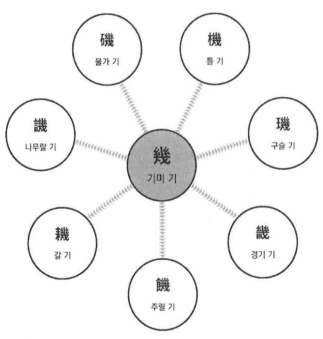

[표-14] '幾'로 구성된 글자들

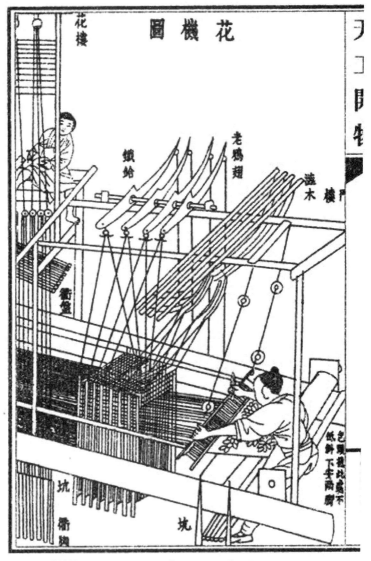

花樓

花機圖

老鴉翅

緞蛤

溫木樓

衢盤

坑

衝䡓

坑

● '花機圖(화기도)'. (송)천응성, 『천공개물』(江蘇古籍, 2002) 제1권 43:a.

저주(咀呪): 남이 불행해지도록 욕하고(咀) 빔(呪)

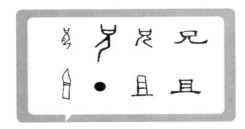

咀·詛 저주할 저
且 또 차
祖 조상 조
呪 빌 주
兄 맏 형
祝 빌 축

咀呪는 남의 불행이나 액운을 기원하는 말이다. 타인에게 직접적인 위해가 불가능할 때, 사람들은 咀呪라는 보다 우회적이지만 위협적인 방식을 택한다.

咀는 의미부인 口(입 구)와 소리부인 且로 구성되었다. 且는 갑골문에서 男根(남근)의 모양인데, 이는 부권사회가 확립되었던 시절 남성숭배를 의미하며, '조상'이 원래 뜻이다. 하지만 且가 '또'라는 부사어로 가차되어 쓰이자 且에다 제단을 그린 示(보일 시)를 더한 祖로 '남근(且)'에 대한 숭배(示)'를 더욱 형상적으로 그려냈다.

그래서 且로 구성된 글자에는 '조상신'이라는 의미가 깊숙하게 스며있는 경우가 종종 보인다. 예컨대 助는 조상(且)의 힘(力·력)을 빌어 '도움을 받다'는 의미요, 沮(막을 저)나 阻(험할 조)는 조상(且)의 힘과 강(水·수)이나 황토 언덕(阜·부)에 힘입어 적의 공격을 '막다'는 뜻이다.

咀 또한 남에게 재앙이 내리길, 동양사회에서 가장 유효한 신이었던 조상신(且)에게 구체적 내용을 언급하면서(口) 기원하는 모습을 그린 글자이다. 그렇다면 且는 의미부의 기능도 함께 한다. 口는 물론 言

(말씀 언)으로 바꾸어 詛로 쓰기도 한다.

呪는 口와 兄으로 구성되었으며, 兄은 소리부와 의미부를 겸한다. 兄은 갑골문에서 입을 벌리고 꿇어앉은 사람의 모습인데, 벌린 입은 기도를 꿇어앉음은 신에 대한 경배를 의미한다. 그래서 兄은 신 앞에서 기도하는 모습이고, 신께의 기도는 연장자의 몫이었다. 그것은 중국이 일찍부터 정착농경을 시작하여 경험 중심의 연장 서열 중심으로 살았기 때문이다. 그래서 兄은 같은 항렬에서 최고 연장자, 즉 '맏이'라는 뜻을 갖게 되었다.

이러한 兄에 示가 더해지면 祝이 된다. 祝은 의식을 갖추어(示) 신에게 좋은 일이 생기도록 기원하는 의미로 주로 쓰였으며, 그런 의식을 행하는 사람, 즉 남자 무당(박수)을 지칭하기도 하였다. 하지만 口가 더해진 呪는 남에게 불행이 내리길 말로써 욕을 해가며 신에게 비는, 나쁜 의미로 구분되어 사용되었다.

이처럼 詛呪에서 핵심적 의미요소는 口이다. 여기서도 입(口)은 예로부터 모든 악의 근원으로 생각되어 온 중국의 전통을 잘 보여주고 있다. 중국의 경우 서구의 '말(logos)' 숭배 전통과는 달리 말 대신 문자를 상징적 지배수단으로 사용해 왔으며, 문자는 말과 달리 보다 깊이 생각하고 보다 실수가 적을 것이라고 생각되어 왔기 때문이다.

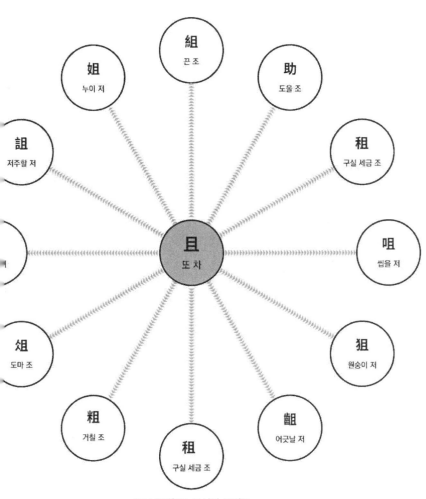

[표-15] '且'로 구성된 글자들

● 「詛楚文(저초문)」. 전국시대 秦(진)나라의 작품으로 송나라 때에 3개의 돌이
발견되었는데, 전국시대 때 秦나라와 楚(초)나라와 전쟁하면서
巫咸(무함)·大沈厥湫(대침궐추)·湩沱(호타)신에게 초나라의 왕을 저주하는 내용을 각각
하나씩 3개의 돌에 새겨 놓은 것이다. 곽말약의 연구에 의하면 그 중 2점은 진품이고
나머지 1개는 위조품이라 했다. 『석고문』에 비해 훨씬 소전체에 가까우며, 시기는 대략
혜문왕 後元(후원) 13년(B.C. 312년)에서부터 무왕 원년(B.C. 310년)의 사이의 것으로
추정된다.

020

제헌(制憲): 헌법(憲)을 만듦(制)

制 마름질 할 제
製 지을 제
裁 마름질 할 재
憲 법 헌
幰 수레포장 헌
害 해칠 해

憲法(헌법)은 법치사회에서 가장 상층에 위치하는 국가 통치체제에 관한 대표법이다. 制憲節(제헌절)은 그러한 최고법의 制定(제정)을 기념하는 날이다.

制는 소전체에서 未(끝 말)과 刀(칼 도)로 이루어져, 칼로 나무 가지를 정리하는 모습을 그렸다. 나뭇가지의 끝을 형상화한 未이 조금 변해 지금의 형체로 고정되었다. 그래서 制는 나뭇가지를 '자르다'가 원래 뜻이었는데 이후 '자르다'는 일반적인 의미로 확대되었다.

옷감을 마름질하고 나뭇가지를 자르는 것은 옷이나 기물을 만들기 위한 준비 작업이다. 그래서 制에는 다시 制作(제작)이라는 뜻이 담기게 되었다. 다만 衣食住(의식주)에서 衣가 처음 놓이는 것처럼 옷 만들기는 대단히 중요한 일이었기에, 옷을 만들기 위한 옷감의 마름질을 나타낼 때에는 衣를 더한 製를 만들어 따로 표현했다.

製와 같은 의미의 글자로 裁도 만들어졌는데, 裁는 의미부인 衣(옷 의)와 戈(창 과)와 소리부 겸 의미부인 才(재주 재)가 합쳐져 이루어진 글자이다. 戈는 칼을 상징하여 裁는 裁斷(재단)에서와 같이 '옷(衣)을 만들기 위해 칼(戈)로 솜씨(才) 있게 마름질 함'을 뜻한다.

憲의 자형에 대해서는 아직 의견이 분분하다. 하지만 금문의 자형을 보면 눈이 선명하게 그려졌고 눈 위로는 투구 같은 모양이 그려졌다. 그리고 아랫부분은 心(마음 심)인데, 心은 경우에 따라서는 더해지지 않은 경우도 있어 자형을 구성하는 결정적인 요소는 아닌 것으로 보여 진다. 『설문해자』에서는 憲을 두고 '穎敏(영민)함을 뜻하며 心과 目(눈 목)이 의미부이고 害의 생략된 모습이 소리부이다'고 했지만 그다지 설득력이 있어 보이지는 않는다.

금문의 자형에 근거한다면 쓰고 있는 冠(관)에 장식물이 늘어져 눈을 덮고 있는 모습이 憲이며, 이 때문에 화려한 장식을 단 冕旒冠(면류관)이 원래 뜻이고, 이로부터 '덮다'나 '드리우다'는 뜻이 생긴 것으로 추정할 수 있다. 그래서 巾(수건 건)이 더해진 幰은 '수레를 덮는 포장'을 말하고, 車(수레 거)가 더해진 轓 역시 '수레의 휘장'을 말한다.

憲은 이후 온 세상을 덮는다는 뜻에서 어떤 중요한 법령을 公表(공표)하다는 뜻도 생겼다. 그리고 憲에 心이 더해진 것은 세상 사람들이 마음으로 복종할 수 있는 그러한 법령이어야 한다는 뜻에서였을 것이다. 그렇게 본다면 憲法은 '온 세상을 덮어 마음으로 복종할 수 있는(憲) 법령(法)'을 말한다.

021

증오(憎惡) : 싫어하고(憎)과 미워함(惡)

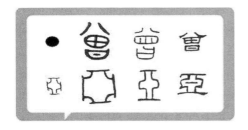

憎 미워할 증
曾 일찍 증
增 더할 증
贈 보낼 증
樂 미워할 오 악할 악
亞 버금 아

憎은 心과 曾으로 구성되었다. 曾은 금문에서 음식을 찌는 시루와 그 위로 피어오르는 蒸氣(증기)를 그렸다는 것이 정설이다. 시루는 용기의 아래에 물을 붓고 중간에 가름대를 놓고 그 위로 찔 음식을 놓아 요리하는 기구이다. 그래서 금문의 아랫부분은 용기를, 중간부분은 가름대의 평면도를, 윗부분은 피어오르는 증기를 형상화한 것으로 볼 수 있다.

따라서 曾은 '시루'가 원래 뜻이다. 하지만 이후 '일찍이'라는 부사어로 가차되면서 원래 뜻은 瓦(기와 와)를 더한 甑(시루 증)으로 표기하였는데, 瓦를 더한 것은 질그릇으로 된 시루가 대부분이었기 때문이다. 시루는 지금의 모습에서도 상상되듯, 다른 솥과는 달리 여러 층으로 구성된 특징을 갖는다. 그래서 曾은 '층층이 겹을 이룬'이라는 의미도 갖는다.

예컨대 層(층 층)은 여러 층을 이룬(曾) 집(尸·시)을, 增은 층층이(曾) 다져 쌓은 흙 담(土)으로부터 '더하다'는 뜻을, 贈은 재물(貝·패)을 더하여(曾) '贈與(증여)하다'는 뜻을, 繒(비단 증)은 가는 비단실(糸)을 겹겹이(曾) 정교하게 짠 비단을 말한다.

憎 역시 상대방에 대한 겹겹이 쌓인(曾) 마음(心)을 말한다. 지독한 미움은 단번에 이루어지는 것이 아니라 마음 속 아래서부터 층층이 쌓여서 이루어지기 때문이다. 그렇다면 曾은 의미부도 겸하고 있다.

惡는 의미부인 心과 소리부인 亞로 구성된, 독음을 여럿 가지는 글자이다. 亞는 갑골문에서부터 지금의 모습과 유사한데, 무덤의 墓室(묘실)을 그린 것으로 알려져 있다. 즉 무덤의 玄室(현실·관을 놓는 곳)의 평면도를 그린 것이 亞이다. 亞에서 사방으로 뻗은 길은 동서남북의 방위를 뜻하며, 이는 당시 사람들이 네모졌다고 생각했던 땅의 모습의 상징이다.

갑골문에 의하면, 왕의 시신을 안치하는 일 등을 담당하는 관리를 亞士(아사)라 했는데, 이후의 관직으로 말하자면 上卿(상경) 다음가는 중요한 관직이었다. 이 때문에 그는 제례에서도 처음 잔을 드리는

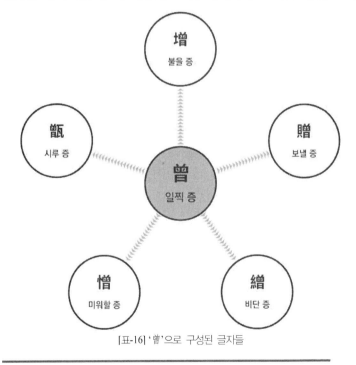

[표-16] '曾'으로 구성된 글자들

初獻官(초헌관) 다음의 亞獻官의 역할을 담당했다. 그래서 亞에 亞聖(아성)처럼 '버금'이라는 의미가 생겼다.

이처럼 亞는 시신의 안치와 관련이 있으며, 이후 시신에 대한 두려움이나 거리낌 등으로부터 흉측하다나 싫어하다는 뜻이 담긴 것으로 보인다. 그래서 亞에 心이 더해진 惡는 싫어하는(亞) 마음(心), 여기서 다시 '나쁘다'는 뜻이 생긴 것으로 추정할 수 있다.

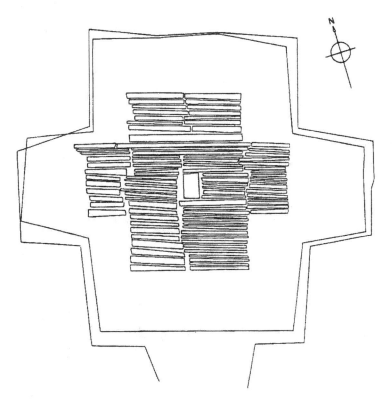

● 은허에서 발견된 상나라 왕릉(1001호)의 목실 평면도. 亞자 형으로 된 가장 중심 자리에 왕의 시신이 안치되었는데, 이는 땅(亞)의 한 가운데라는 상징을 가진다.

022

진보(進步): 한 걸음 한 걸음(步) 앞으로 나아감(進)

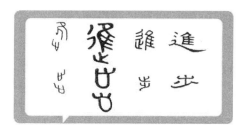

進 나아갈 진
隹 새 추
步 걸음 보
止 발그칠 지
陟 오를 척
夅·降 내릴 강·항복할 항

進步보다 좋은 말이 있을까? 사람은 언제나 앞서 나가길 원하며 남보다 더 높은 곳에 이르길 바라는 존재가 아니었던가?

進은 금문에서 새(隹)가 걸어가는(辵) 모습을 형상화 했다. 새가 걸어가는 특징은 무엇일까? 새를 자세히 살피면 앞으로만 걸어가지 뒤로는 걷지 못한다는 사실을 발견할 수 있다. 그래서 進은 오로지 앞으로 나아가는 것을 말한다. 비록 걸음이 느리기는 하지만 뒤로 가지 않고 오직 앞으로만 전진하는 새의 걸음을 형상화 한 것이다. 하지만 앞으로만 나아가는 것은 새의 걸음처럼 빠르지도 못하면서 한편으로는 위태로워 보이기도 하고 안타까워 보이기도 한다.

하지만 이에는 뒤돌아보거나 딴 곳을 쳐다보지 않고 하나의 일에만 매진하는 것이 대단한 인내심을 요구하고 때로는 미련해 보이는 일이지만 그것이 앞서 나가는 일이라는 의미가 담겨 있다. 근대화와 자본화의 물결 속에 쉽고 빠른 것만 추구하는 현대인들이 한번쯤 곱씹어 보아야 할 글자가 아닐까?

步는 갑골문에서 두 개의 발(止·지)로 구성되었는데, 위쪽이 오른쪽 발을 아래쪽이 왼쪽 발을 그려 각각 다른 발의 모습이다. 두 발로 걷는 모습을 그렸으며, 발이 앞쪽을 향해 있어 앞으로 나아가는 것을 그렸음을 알 수 있다. 그래서 涉(건널 섭)은 물을 건너는 발걸음을 그렸다. 또 앞으로 나아가는 것은 올라가는 것과 동일한 개념이다. 오르다는 개념은 阜(언덕 부)를 더한 陟으로 표현했는데, 황토지역에서는 흙 언덕이나 계단을 오르는 것이 가장 일상적인 것이었기 때문일 것이다.

이에 비해 뒤로 가는 경우는 발의 방향을 반대로 하여 夅으로 그렸는데, 降의 자형에 잘 나타나 있다. 降은 陟과 반대되는 개념으로, 흙 언덕(阜)을 내려가는 모습을 그렸다. 이로부터 下降(하강)처럼 내려가다는 뜻이 생겼고, 다시 降伏(항복)처럼 굴복하다는 뜻이 생겼다. 다만 굴복하다는 뜻으로 쓰일 때는 '항'으로 읽힘에 유의하여야 한다.

그래서 進步란 사람이 오르막을 차고 오르듯이, 뒤돌아 갈 수 없는 새의 걸음 마냥 느리고 미련해 보일망정 한 방향으로 나아간다는 의미로 풀이될 수 있다. 따라서 진보란 革命(혁명)이나 革新(혁신)과 같이 단번에 세상을 바꾸겠다는 야망과는 궤를 달리하는 글자이다. 進步는 빠른 속도나 급속한 변화가 아니라 아무리 대단한 목표도 작은 것의 꾸준한 실천에서 생겨난다는, 말은 쉽지만 행동으로 옮기기는 어려운 인내심의 필요성을 역설한 글자이다.

023

질곡(桎梏): 차꼬(桎)와 수갑(梏)을 찬 듯

桎 차꼬 질
木 나무 목
至 이를 지
梏 수갑 곡
告 알릴 고
羍 수갑 공

한국인들처럼 桎梏의 역사를 살아온 민족이 또 있을까? 살아온 과거만 그런 것이 아니라, 21세기를 사는 최근까지도 우리의 정치가 桎梏과 矛盾(모순)의 極點(극점)을 향해 치달았던 흔적이 한 둘이 아니다.

桎梏이란 발에 차는 차꼬와 손에 차는 수갑이라는 뜻으로, 자유를 가질 수 없도록 구속하여 답답하기 그지없도록 만드는 것을 말한다.

桎은 의미부인 木과 소리부인 至로 이루어져, 발에 차는 나무(木) 형틀을 말한다. 至가 소리부로 쓰여 '질'로 읽히는 것은 姪(조카 질)이나 窒(막힐 질)에서 볼 수 있고, 독음이 조금 변했지만 室(집 실)도 마찬가지이다.

至는 갑골문에서 화살이 땅에 떨어지는 모습을 그려, '도착하다', '이르다'의 뜻을 나타냈다. 이후 '極點에 도달하다'는 뜻으로 확장되어 至極하다는 말이 생겼다. 至가 至極하다는 의미로 쓰이자 발음을 나타내는 刀(칼 도)를 더하여 到(이를 도)가 만들어졌다. '이르게 하다'는 使役(사역)의 의미로 쓰일 때에는 손에 매를 든 모습인 攴(칠 복)을 더하여 致(보낼 치)를 만들었다.

梏은 木이 의미부이고 告가 소리부로, 손에 차는 나무(木) 수갑을 말한다. 告는 갑골문에서 牛(소 우)와 口(입 구)로 이루어져, 소를 희생물로 삼아 告祝(고축·신에게 고하며 빎)을 하는 모습을 그렸다. 告가 소리부로 쓰여 '곡'으로 읽히는 것은 鵠(고니 곡)·嚳(고할 곡)에서 볼 수 있으며, 독음이 조금 변했지만 酷(지독할 혹)도 같은 경우이다.

梏과 비슷한 뜻을 가진 글자가 拲인데, 拲은 글자의 구조에서도 볼 수 있듯 두 손(手·수)을 형틀에 함께(共·공) 채우는 것을 말한다. 이에 비해 梏은 두 손을 각각의 수갑에 채우는 것을 말한다. 따라서 桎도 두 발을 따로 따로 채우는 것을 말한다.

옛날의 법에 의하면, 桎과 梏은 지은 죄질에 의거해 그 집행이 엄격하게 구분되어 있었다. 즉 上罪(상죄)에는 拲과 桎을, 中罪(중죄)에는 桎과 梏을, 下罪(하죄)에는 梏을 집행했으며, 죄를 지은 자가 왕족일 경우에는 죄질에 관계없이 拲을 시행했다고 한다.

|표-17| '告'로 구성된 글자들

024

책임(責任): 가시덤불을 짊어지듯(責) 맡은 임무(任)

責 꾸짖을 책
朿 가시 자
任 맡길 임
壬 아홉째 천간 임
飪 익힐 임
妊 아이 밸 임

선택이란 하나를 제외한 다른 수많은 것을 포기하는 것이다. 선택은 결정이요, 결정은 위기이며, 그래서 결정에는 언제나 큰 責任이 따른다.

責은 갑골문에서 朿와 貝(조개 패)로 이루어졌는데, 朿는 소리부도 겸한다. 朿는 원래 화살처럼 하늘로 솟은 나무(木·목) 모양에 양쪽으로 가시가 그려진 모습이며 이로써 '가시나무'를 형상화 했다. 그래서 朿가 가로로 둘 합쳐진 棘(가시나무 극)은 탱자나무처럼 옆으로 우거져 자라는 가시나무의 특성을, 세로로 둘 합쳐진 棗(대추나무 조)는 하늘을 향해 높이 자라는 가시를 가진 키 큰 대추나무의 특성을 반영해 만든 글자다. 그리고 칼(刀·도)과 가시(朿)의 속성이 합쳐진 刺(찌를 자)에서 보듯, 가시는 아픔과 어려움과 叱責(질책)의 상징이다.

貝는 조개를 그렸으며, 고대 중국에서 화폐로 쓰였다. 그래서 責은 인간의 어려움 중 가장 힘든 것이 경제와 관련된 문제이며, 財貨(재화)와 관련된 이익에서 언제나 분란이 출현함을 보여주는 글자로, '대단히 품기 어렵고 복잡한 상황을 말한다.

그래서 責은 가시처럼(束) 예리하게 꾸짖고 돈(貝)으로 배상하게 하는 책무와 책임감을 말하며, 그런 책무(責)를 짊어진 사람(人)을 債(빛 채)이라 했다.

任은 人(사람 인)과 壬으로 구성되었다. 壬은 갑골문에서 이미 간지 자로만 쓰여 그것이 무엇을 그렸는지 정확하게 알 수는 없으나, 날실(세로 방향으로 놓인 실)이 장착된 베틀의 모습으로 추정된다. 특히 금문에서는 중간에 점을 더해 베를 짤 때 날실 사이로 들락거리는 북(杼·저)을 형상화함으로써, 이것이 베틀임을 강하게 시사하고 있다.

그래서 壬은 베틀을 그렸으며, 베 짜기는 대단히 정교한 기술이 요구되기에 한 사람이 責任을 지고 도맡아서 해야만 가능한 일이었다. 그래서 壬에 '맡다'는 뜻이 생겼고, 壬이 간지자로 가차되어 쓰이자 다시 人을 더해 任으로 원래의 뜻을 나타낸 것으로 추정된다.

그래서 任은 어떤 일을 도맡아 책임지는 것을, 飪은 베 짜듯 세심하게(壬) 음식(食·식)을 만드는 것을, 妊(애 밸 임)은 그 어느 때보다 세심하고 조심해야 할 때를 말한다.

따라서 責任이란 경제가 잘 풀리고 사회가 희망으로 가득 차 있을 때 요구되는 것이 아니라, 머피의 법칙(Murphy's law)처럼 만사가 꼬여 더없이 복잡하고 어려워져 그것이 우리의 생존의 문제와 직결될 때 더욱 절실하게 필요한 것이다. 그래서 責任은 아무나 질 수 있는 것도 아니다. 任에서 보듯 베를 가장 잘 짤 수 있는 책임자에게 맡기는 것도 그러한 이유에서이다.

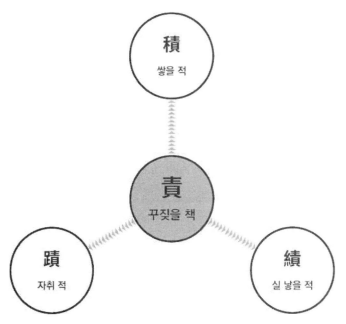

[표-18] '責'으로 구성된 글자들

025

천도(遷都): 수도(都)를 옮김(遷)

遷·䢰 옮길 천
僊 춤출 선
韆 그네 천
躚 춤출 선
仙 신선 선
都 도읍 도

遷의 금문 자형은 지금과는 조금 달리 표현되었다. 왼쪽은 얼금얼금한 광주리 같은 것을 네 손으로 마주 든(舁·여) 모습으로, 무거운 물건을 함께 들거나 집체 노동을 함께 하는 모습을 그렸다.

여기에다 앉은 사람(卩·절)과 성곽(囗·위)이 결합해 '사람이 거주하는 곳'을 그린 邑(고을 읍)이 더해진 것으로 보아 遷은 사람들이 새로 살 城(성)을 만드는 모습을 형상화한 것으로 보인다.

그래서 遷의 원래 뜻은 築城(축성)이다. 城을 쌓는 것은 새로운 삶터를 위해서이고 성이 만들어지면 그곳으로 옮겨가기 마련이다. 그래서 '옮기다'는 뜻도 생겼다. 소전체로 오면서 '옮기다'는 뜻을 강조하기 위해 辵(쉬엄쉬엄 갈 착)이 더해졌고, 자형의 균형을 위해 오른쪽에 있던 邑이 준 채 䢰으로 통합되어 지금의 遷이 완성되었다.

따라서 䢰으로 구성된 한자는 '옮기다'는 뜻을 가진다. 예컨대 韆은 '가죽 끈(革·혁)으로 줄을 매어 허공을 가로지르며 이리저리 옮겨가도록(䢰) 만든 장치'인 그네를, 躚은 '발(足)을 이리저리 옮겨가며(䢰) 노는 동작'을 말한다.

또 僊은 '손과 발을 움직여 가며(舛) 춤을 추는 사람(人)'을 말했으나, 자리에 구속받지 않고 자유롭게 옮겨 다니는, 현실을 초월하여 어느 곳이나 마음대로 오가는 사람이라고 해서 '神仙(신선)'이라는 의미로 확장되었다. 그러자 神仙을 표현하기 위해 僊과 발음이 유사한 山(뫼 산)을 사용한 仙이 따로 만들어졌다. '산에 사는 사람'이라는 뜻의 仙이 神仙을 뜻하게 된 것은 산에 땅의 精氣(정기)가 서려 있다는 동양적 사고 때문일 것이다.

都는 금문에서부터 의미부인 邑과 소리부인 者(놈 자)로 구성되었다. 『설문해자』에서 '선조들의 신주를 모신 宗廟(종묘)가 설치된 邑을 都'라고 함으로써 邑 중에서도 크고 중요한 邑을 都라고 했음을 알 수 있다. 이로부터 都는 대도시라는 뜻을 가지게 되었고, 으뜸가는 都를 首都(수도)라고 하였다.

'살 곳(邑)을 함께 건설하는(舁) 모습'을 그린 遷의 어원처럼, 遷都는 기존의 도시를 폐기하는 것이 아니라 새 삶터를 위해 새 도시를 건설한다는 뜻이다.

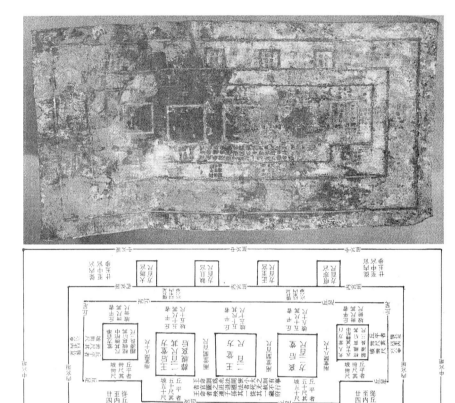

● 중산왕릉 무덤에서 나온 고대 궁전 설계도.

하북성 平山(평산)현에서는 전국시대 中山國(중산국) 왕의 무덤에서 나왔다. 길이 95센티미터, 넓이 48센티미터, 두께 0.95센티미터. 금과 은으로 상감 처리한 청동 판으로 되어 있으며, 왕의 무덤에 대한 설계도로, 지하 궁전의 담과 왕릉의 평면도를 그렸으며, 이에 대한 450자의 설명이 첨부되어 있다. 묘실의 크기와 치수, 지리적 위치, 명칭, 중산왕의 詔書(조서) 등에 관한 내용이다. 지금까지 발견된 중국 최초의 건축물 설계도이다. 『中國古文明』 38쪽.

026

치란(治亂): 어지러움(亂)을 다스림(治)

治 다스릴 치
水 물 수
台 별 태·기쁠 이
亂 어지러울 란
爪 손톱 조
乙 새 을

治는 秦(진)나라의 소전에 처음 보이는데, 水가 의미부이고 台가 소리부로 治水(치수·물길을 다스림)가 원래 뜻이다. 물길(水)은 잘 다스려질(治) 때 기쁨을 줄 수 있는(台) 존재이지만, 잘 다스려지지 않으면 홍수이자 재앙(巛·재, 災의 원래 글자)이 되어, 과거 지난날(昔·석)의 가장 아픈 기억으로 남고 만다.

물길(水) 다스림(治)을 뜻한 治가 다른 모든 '다스림'을 지칭하게 된 것은, 고대 중국인들이 살았던 황하 때문이었다. 황하는 물속에 포함된 엄청난 양의 황토와 1㎞ 당 20㎝도 되지 않는 대단히 완만한 경사 때문에 범람도 잦고 물길도 수시로 바뀐다. 황하의 홍수는 과거 3천 년 동안 1천5백 회 이상 발생한 것으로 알려져 있다.

그래서 황하의 治水는 治國(치국)의 가장 중요한 일이 되었고, 禹(우)임금은 황하의 治水 덕택에 성인의 반열에 오르기도 했다. 우임금이 그랬던 것처럼, 물길 다스리기의 비결은 바로 順理(순리)에 있다. 順理란 물 흐르는 대로 물길을 내어 주는 것이다. 물의 흐름을 억지로 바꾸려다가는 둑이 터지고, 둑이 터지면 모든 농작물은 물론 사람들까지 죽고 만다.

亂은 금문에서 두 손으로 엉킨 실을 풀고 있는 모습이다. 윗부분(爪)과 아랫부분(又·우)은 손이고, 중간 부분은 실패와 실(幺·요)을 그렸다. 이후 秦나라와 楚(초)나라의 竹簡(죽간)에 이르면 의미의 정확성을 위해 손을 나타내는 又가 더해졌는데, 소전체에 들면서 乙로 잘못 변해 지금처럼 되었다.

엉킨 실만큼 복잡하고 풀기 어려운 것은 없다. 그래서 亂이 뒤엉키고 混亂(혼란)함을 나타내는 대표 글자가 되었다. 하지만 엉킨 실은 반드시 풀어야만 베를 짤 수 있다. 그래서 亂은 '정리하다·다스리다'의 뜻으로도 쓰였다. 亂麻(난마)처럼 얽힌 일들을 한 올 한 올 실 풀 듯 해결해 나간다는 뜻이다.

이처럼 亂에는 한 글자에 '어지럽다'와 '다스리다'는 두 가지의 대립된 의미가 함께 들어 있는데 이러한 예는 자주 보인다. 예컨대 止(발 지)에는 '가다'와 '멈추다'의 뜻이, 落(떨어질 락)에는 '떨어지다'와 '시작하다'는 뜻이 함께 들어 있다. 反訓(반훈)*이라 불리는 이러한 뜻풀이에는 소박하지만 고대 중국인들의 변증법적 사고가 잘 반영된 예들이다.

'危機(위기)'도 마찬가지여서 危險(위험)에 처했을 때가 機會(기회)라는 한자에 담긴 지혜를 생각하게 해 주는 단어이다. 그런가 하면 塞翁之馬(새옹지마)에서처럼 한때의 행복은 행복이 아니며 한때의 불행도 불행이 아니며, 행복은 불행의 전초이고 불행의 행복의 전단계임을 보여준다.

> ● 反訓(반훈)
> 훈고학의 용어로 서로 반대되는 단어로써 뜻풀이하는 방법을 말하며, 이는 해당 글자가 상반되는 두 가지 뜻을 동시에 가지는 특이한 경우를 말한다. 예컨대 落에 '떨어지다/시작'의 뜻이, 止에 '가다/멈추다'의 뜻이, 亂에 '어지럽다/다스려지다'의 뜻이, 賈에 '팔다/사다'의 뜻이, 臭에 '나쁜 냄새/향기로운 냄새'의 뜻이 있는 것과 같은 경우를 말한다. 이는 한 사물이 갖고 있는 두 가지의 모순된 개념을 동시에 파악한 중국인들의 인식상의 예리함을 잘 보여준다. 이러한 인식이 없음/있음, 죽음/삶, 끝/시작, 음/양, 위험/기회 등의 변증법적 사고를 가능하게 만들었으며, 사물을 총체적으로 인식하는 중국인들의 사유 특징을 반영했다.

027

친분(親分): 친밀한(親) 정도(分)

親 친할 친
見 볼 견
辛 매울 신
分 나눌 분
八 여덟 팔
刀 칼 도

한국사회의 교수 임용에서 가장 중요한 요소가 무엇인가를 물었는데, 뜻밖에도 親分이라는 답이 절대적이었다는 한 설문조사 결과가 나왔다. 親分이 무엇이기에 무엇보다 전문화된 대학 교수 집단에서 그것이 채용의 가장 중요한 요소로 인식되고 잇단 말인가? 親分의 원래 의미는 무엇일까?

親은 금문에서 의미부인 見과 소리부인 辛으로 구성되었다. 見은 눈을 크게 벌리고 무언가를 주시하는 모습을 그렸으며, 辛은 墨刑(묵형) 등을 새길 때 쓰던 형벌 칼을 말한다.

사람이란 보면(見) 볼수록 情(정)이 드는 법, 그래서 親에서의 見은 눈을 크게 벌리고 다른 이를 보살피는 행위임을 보다 강력하게 상징한다. 여기서 말하는 다른 이란 가족이나 씨족 등 주로 마을 공동체의 구성원을 말했으리라. 이들은 같이 모여 이루어 가는 공동생활을 통해 언제나 얼굴을 맞대고 서로를 보살펴 주면서 보다 親密(친밀)해져 갔을 것이다. 그래서 見이 親의 의미부로 들었다.

이후 소리부였던 辛이 立(설 립)처럼 잘못 변화되고 木(나무 목)이 들어가 지금의 자형으로 변했다. 그런데도 이를 두고서 '나무(木) 위에 올라서서(立) 멀리 떠나는 자식을 안타까운 마음으로 바라다보는 것이 부모(親)'라고 상당한 상상력을 발휘한 설명도 있지만 이는 이후의 자형에 근거한 해석이고, 辛과 木이 결합된 親의 왼쪽 부분(亲)은 사실은 가시나무의 이름이었다. 탱자나무처럼 가시나무는 密集(밀집)되어 서로 붙어 자란다. 그렇게 본다면, 소리부였던 이 부분은 '밀집성'을 나타내는 의미부의 기능도 일부 담당하고 있다.

따라서 親은 親近(친근) 등과 같이 감정이 깊고 밀접함이 원래 뜻이다. 여기서부터 兩親(양친)과 같이 가장 가까이서 보살펴주는 부모라는 뜻이 생겼고, 다시 親戚(친척)과 같이 혈통이나 혼인 관계를 가지는 지칭으로도 쓰이게 되었다. 이 모두가 같이 모여서 함께 살았던 옛사람들의 생활상을 반영하였기 때문일 것이다.

分은 갑골문에서 刀가 八의 중간에 들어간 모습을 그렸다. 八은 양쪽으로 나누어진 어떤 물체를 상징하고, 칼의 모습을 그린 刀는 나눈다는 뜻이다. 그래서 分은 分割(분할), 分別(분별), 절반, 部分(부분) 등을 뜻한다.

따라서 재산(貝·패)은 나누면(分) 빈곤(貧·빈)해지는 반면, 사랑이나 보살핌은 나누면 나눌수록(分) 더욱 커진다는 의미에서 親과 分이 합쳐졌을 것이다. 親分이란 썩 가깝고 다정한 情分을 말한다.

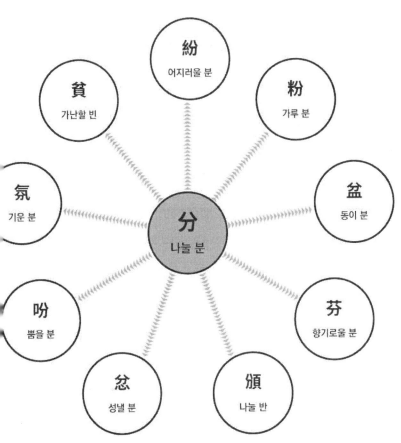

[표-19] '分'으로 구성된 글자들

028

탄핵(彈劾): 표적물을 쏘아(彈) 잘라냄(劾)

彈 탄알 탄
弓 활 궁
單 홑 단
獸 짐승 수
劾 캐물을 핵
亥 돼지 해

彈은 의미부인 弓과 소리부 겸 의미부인 單으로 구성되었다. 弓은 활을 그렸지만, 單의 갑골문 자형이 무엇을 형상했는지에 대해선 의견이 분분하다. 그러나 單으로 구성된 獸나 戰(전쟁 전)에서 그 실마리를 찾을 수 있다.

獸는 갑골문에서 單과 犬(개 견)으로 구성되었는데, 犬은 사냥개를 의미하고, 單은 남아메리카 인디언들의 유용한 수렵 도구인 '볼라스(bolas)'와 같은 것을 그렸다는 설이 유력하다. 볼라스는 줄의 양끝에 쇠 구슬을 매달고 이를 던져 짐승의 뿔이나 발을 걸어 포획하는데 사용하던 도구를 말한다.

다만 單은 쇠 구슬 대신 돌 구슬로 만들었을 뿐이다. 單은 당시 이러한 사냥 도구는 물론 그러한 사냥 조직을 말했다. 또 그 조직은 사냥을 위한 것이었지만 유사시에는 전쟁을 치르는 군사조직으로 전환되었다. 그래서 商(상)나라 때는 씨족으로 구성된 사회의 기층단위를 單이라 불렀다. 單이라는 조직은 單一(단일) 혈연으로 구성되었으며, 독립적으로 운용 가능한 기초 조직이었기에 '單獨(단독)'이라는 뜻이 생겼을 것이다.

줄의 양끝에 매달아 던지던 돌 구슬은 이후 새총처럼 활에 달아 쏘는 것으로 발전하게 된다. 그래서 弓과 單이 합쳐진 彈은 彈丸(탄환)이라는 뜻을 가지고, '튕기다'는 뜻도 생겼다. 이 단계에 이르면 돌구슬은 단순한 사냥도구에서 벗어나 적의 살상 도구로도 사용되었다. 그래서 戈(창 과)와 결합해 戰이 되었다.

劾은 亥와 力(힘 력)이 결합된 구조이다. 亥의 갑골문 자형에 대해서도 의견이 분분하지만 머리와 발이 잘린 돼지라는 설이 유력하다. 제사에 쓰일 희생물로서의 돼지를 말한 것이다. 力은 원래 刃으로 썼던 것이 잘못 변해 지금처럼 되었다. 그래서 劾의 의미는 刀(칼도)와 亥로 이루어진 刻(새길 각)에서 그 원형을 찾을 수 있다. 刻과 劾은 모두 옛날에는 잘라내다는 뜻을 가졌으나 이후 의미가 조금씩 변했다.

彈劾은 '남의 죄상을 캐어 밝힌다'는 뜻이지만, 어원대로 해석한다면 '어떤 표적물을 쏘아(彈) 잘라 낸다(劾)'는 뜻이다. 따라서 彈劾은 공무원의 위법을 조사하고 일정한 소추 방법에 의해 파면시키는 절차를 의미하는 법률 용어로서의 의미를 근원적으로 담고 있는 셈이다.

● 單으로 구성된 글자들의 의미지향: [사냥도구]→석구+뜰채

1. 사냥도구

彈 [활+사냥도구]	→(활에 돌을 끼워 쏘다)→탄환
揮 [손+사냥도구]	→(손에 사냥도구를 들다)→손에 들다
獸 [개+사냥도구]	→(개와 單으로 사냥을 하다)→사냥하다→들짐승
簞 [대+사냥도구]	→(뜰 채)→대광주리
檀 [나무+사냥도구]	→(사냥도구의 손잡이를 만드는 탄력 좋은 나무)→나무 이름

2. 사냥

墠 [흙+사냥]	→(사냥의 성공을 기원하는 제단)→제사 터
禪 [제사+사냥]	→(사냥의 성공을 위한 제사)→지신에 대한 제사
匰 [궤+사냥]	→(사냥의 성공을 기원하는 제사)→신주를 넣어두는 궤
觶 [뿔+사냥]	→(사냥의 성공을 축하하는 연회에서 사용하는 뿔잔)→잔
鄲 [지역+사냥]	→(사냥 지역)→지명
鷆 [새+사냥]	→(사냥의 대상)→새끼 꿩
獮 [짐승+사냥]	→(사냥의 대상)→이리

3. 전쟁

戰 [창+전쟁]	→전쟁
燀 [불+전쟁(사냥)]	→(전쟁(사냥) 때 야외에서 불 피워 짓는 밥)→취사
襌 [옷+전쟁(사냥)]	→(전쟁(사냥) 때의 간편한 복장)→홑 옷
繟 [실+전쟁(사냥)]	→(전쟁(사냥) 때의 간편한 복장)→띠를 풀다
鼉 [양서류+전쟁]	→(전쟁에 쓸 북을 만드는 양서류)→악어
鱓 [물고기+전쟁]	→(전쟁에 쓸 북을 만드는 물고기 껍질)→두렁허리
幝 [천+전쟁(사냥)]	→(전쟁(사냥)에 많이 사용해 덮개가 낡은 수레)→수레의 낡은 모습
闡 [문+전쟁]	→(전쟁에 출정하기 위해 성문을 열다)→열다
驒 [말+전쟁]	→(전쟁에 쓰는 말)→비늘처럼 번쩍거리는 무늬를 가진 말
蕲 [풀+전쟁]	→(전장에서 입은 상처를 치료할 수 있는 풀)→풀이름

4. 전쟁의 속성

憚 [마음+전쟁]	→(전쟁에 대한 두려움)→꺼리다
殫 [죽음+전쟁+다하다]	→(전쟁에서 사력을 다해 최선을 다함)→다하다

蟬 [벌레+전쟁+다하다]	→(사력을 다해 번식하는 벌레)→매미
嬋 [여자+매미]	→(매미 날개처럼 하늘거리는 여자)→곱다
僤 [사람+전쟁]	→(전쟁에서 질주하는 사람)→재빠르다
嘽 [입+전쟁]	→(전쟁에서 질주하여 숨이 막힘)→헐떡이다
癉 [병+전쟁]	→(전쟁에서 사력을 다해 피로함)→(피로하여) 않다

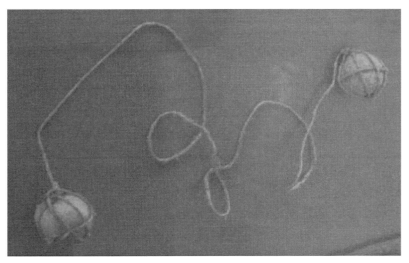

● 섬서성 半坡(반파) 박물관에 전시된 石球(석구).

029

해이(解弛): 풀어지고(解) 느슨해짐(弛)

解 풀 해
懈 게으를 해
弛 늦출 이
弓 활 궁
也 어조사 야
匜 물그릇 이

解弛라는 말은 아무리 경계해도 지나침이 없는 말이다. 어느 위치, 어느 분야를 막론하고 자신의 자리에서 긴장을 풀어서는 아니 된다. 극도로 산업화된 오늘날의 자본주의 사회에서 직업윤리나 도덕적 解弛가 더욱 문제가 되는 것은 이전 사회에 비해 道德(도덕)과 倫理(윤리)의 구속력이 그만큼 줄었기 때문이다.

解는 지금의 자형에서도 그 뜻을 정확하게 살필 수 있는 글자로, 소(牛·우)의 뿔(角·각)을 칼(刀·도)로 분리해 내는 모습을 형상화했다. 다만 갑골문에서는 칼이 두 손으로 되었을 뿐 나머지는 같다. 칼 대신 손으로 뿔을 解體(해체)하여 갈라내는 모습이다.

그래서 解는 解體가 원래 뜻이며, 이후 理解(이해)하다는 뜻도 가지게 되었는데 理解를 위해서는 '옥의 무늬 결(理)을 살피듯 그 특성을 자세히 풀어서(解)' 解釋(해석)해야 하기 때문이다.

옛사람들도 마음이 느슨해지는 것을 가장 경계했던 때문일까? 마음(心·심)이 풀어지는(解) 것을 표현하기 위해 특별히 心을 더하여 懈를 만들었다. '자나 깨나 게으르지 않는 것(夙夜匪懈·숙야비해)' 그것은 지금도 여전히 가장 큰 자산이리라.

馳는 弓과 也로 구성되었는데, 弓은 활을 그린 상형자이다. 也의 자형에 대해서는 의견이 분분하지만 『설문해자』에서는 소전체에 근거해 여성의 음부를 그린 것으로 풀이했다.

也는 이미 어조사로 쓰여 원래의 뜻을 살피기 어렵지만 也로 구성된 다른 글자들에서 也가 여성의 상징임을 여전히 확인할 수 있다. 예컨대 地(땅 지)는 '대지(土)의 어머니(也)'로 모든 만물을 생성케 하는 근원이며, 池(못 지)는 '물(水)의 어머니(也)'로 모든 물을 포용하여 한 곳으로 모이게 하는 존재이다. 그런가 하면 匜는 '여성(也)이 사용하던 물 그릇(匚·방)'으로 옛날 시집갈 때 가져가던 대표적인 청

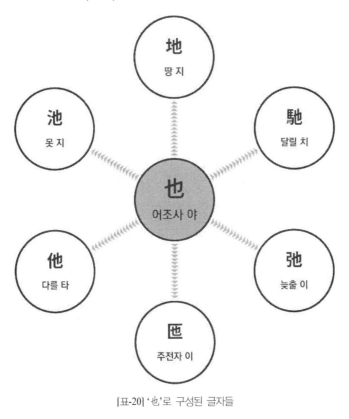

[표-20] '也'로 구성된 글자들

동기의 하나였다.

그러므로 활과 여성이 만나면 느슨해지고 정신상태가 해이해 진다는 의미에서 弛는 '활시위를 느슨하게 하다'는 뜻이 되었을 것이다. 특히 전쟁에서는 언제나 활시위를 팽팽히 당겨 긴장을 늦추지 말아야 한다. 戰場(전장)에서 경계를 게을리 하는 것에 女人(여인)보다 더한 것은 없다. 혹 美人計(미인계)의 유혹을 경계한 글자가 弛가 아닐지도 모를 일이다.

●「齊候匜(제후이)」. 서주 초기(B.C. 9세기~B.C. 771년). 안쪽에 4행 22자의 명문이 있는데, 齊(제)나
임금이 虢(괵)나라의 孟姬(맹희)를 위해 이 기물을 만들었다고 기록했다. 맹희는 虢(괵)나라 임금의
딸로 재나라 임금의 아내가 되었다. 지금까지 발견된 匜 중에서 가장 크고 무거운 기물이다.

030

혁명(革命): 천명(命)을 확 바꿈(革)

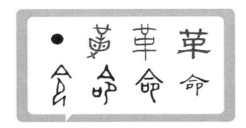

革 가죽 혁
皮 가죽 피
命 목숨 명
令 우두머리 령
改 고칠 개
己 자기 기

革命에서 改革을 거쳐, 요즈음은 革新(혁신·innovation)이 더욱 중요한 단어가 되었다.

革은 금문에서 갖옷을 만들기 위해 짐승의 가죽을 벗겨 말리는 모습이기에, 털이 그대로 남아 있는 皮와는 달리 털을 제거한 상태를 말한다. 그래서 革에는 革職(혁직·파직함)에서처럼 제거하다는 뜻이 생겼다. 또 革은 동물의 가죽을 인간을 위한 갖옷으로 변화시키는 행위로서, 인간에게 보다 이로운 형태의 변화가 일어남을 의미한다. 그래서 '바꾸다'의 뜻도 생겼다.

命은 令에 口(입 구)가 더해진 구조이다. 令은 갑골문에서 모자를 쓴 사람이 앉아 있는 모습을 그렸는데, 모자는 권위의 상징이다. 그래서 令은 권력을 가진 우두머리를 뜻하고, 우두머리는 命令을 내릴 수 있다는 의미에서 '부리다'와 '命令'이라는 뜻이 생겼다. 命에서의 口는 말을 뜻한다. 그래서 命은 말로써 사람들을 부리는 것을 의미했고, 이후 윗사람이 아랫사람을 부리는 모든 행위를 지칭하였으며, 다시 天命(천명)이라는 뜻도 갖게 되었다.

革命이란 글자 그대로 命을 바꾼다(革)는 뜻이다. 중국에서 革命은 '周易(주역)'에 처음 나오지만, 현대적 의미의 '革命'은 孫文(손문) 선생이 1895년 興中會(흥중회)의 거사 실패로 일본으로 망명하면서 일본 신문에 실린 '중국의 革命黨(혁명당) 領袖(영수) 손문의 일본 도착'이라는 기사에서 빌려 쓰게 된 것이 처음이라고 한다.

改는 갑골문에서부터 己와 攵(칠 복)으로 구성되었다. 왼쪽의 己는 뱀을 그린 것이라지만 祀(제사 사)에서처럼 아이를 상징했다고 보는 것이 더 옳을 듯하다. 오른쪽의 攵은 손에 막대를 든 모습이다. 그래서 改는 아이를 꿇어 앉혀 매로써 교육하는 모습이며, 이로부터 나쁜 습관이나 버릇을 '고치다'는 뜻이 생겼다.

改革은 잘못된 것을 바로잡고(改), 바로 잡을 수 없는 것은 바꾼다(革)는 뜻으로, 변화에 대한 대단히 강력한 메시지가 이미 그 속에 들어 있다. 그럼에도 모든 것을 새롭게 바꾼다는 뜻의 革新이 유행하는 것은 갈수록 더욱 자극적인 것만 추구하는 우리의 자화상이 담긴 것 같아 씁쓸한 맛을 남긴다.

031

화합(和合): 조화롭게(和) 합침(合)

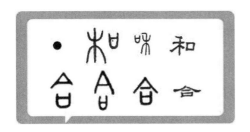

和 화할 화
龢 풍류 조화할 화
龠 피리 약
合 합할 합
相 서로볼 상
生 날 생

세상을 살아가면서 和合만큼 중요한 것도 없다. 和合이 바로 相生의 길이며, 相生은 상대(相)를 살리는(生) 것이요, 상대가 살아 있을 때 자신도 살 수 있기 때문이다. 동양사회에서 그토록 '和의 정신'을 강조했던 이유가 여기에 있다.

和는 의미부인 口(입 구)와 소리부인 禾(벼 화)로 이루어졌는데, 금문에서는 지금과 달리 龠과 禾로 되었다. 즉 龢로 옮길 수 있는 이는 和의 옛 글자로 지금도 이름자 등에서 가끔 쓰인다.

龠은 대나무 관을 여럿 연결하여 만든 피리로, 윗부분의 삼각형 모양은 피리를 부는 사람의 입(口)을, 아랫부분은 피리의 혀(舌·reed)와 대를 그렸다. 龢는 소전체로 들면서 龠이 口로 줄었으며 口가 왼쪽에 위치한 좌우구조였으나, 예서체로 들면서 다시 지금처럼 口가 오른쪽으로 놓이게 되었다.

그래서 和는 피리소리처럼 음악의 '調和(조화)'가 원래 뜻이다. 관현악의 합주에서 보듯 악기는 자신의 고유한 소리를 가지되 다른 악기들과 和合을 이룰 때 아름다운 소리를 가지며, 편안함과 즐거움과 平和(평화)를 가져다 줄 수 있다.

合은 단지의 아가리(口)를 뚜껑으로 덮어놓은 모습이며, 단지의 뚜껑은 아가리와 꼭 맞아야만 속에 담긴 내용물의 증발이나 변질을 막을 수 있다는 뜻에서 符合(부합)하다, 합하다는 뜻이 생겼다. 그러므로 和合은 피리 등의 음악소리처럼 모든 것이 조화를 이루고 딱 맞는다는 뜻이다.

相은 木과 目으로 구성되어, 눈(目)으로 나무(木)를 자세히 살피는 모습을 그렸다. 그래서 相은 자세히 살피다가 원래 뜻이며, 지금도 觀相(관상)이나 手相(수상)·足相(족상) 등에 그러한 의미가 남아 있다. 이로부터 相對(상대)에서처럼 살피는 대상물이나 대상물의 모습이라는 뜻도 나왔다.

生은 갑골문에서 싹(屮·철)이 땅 위로 돋아나는 모습이며, 이로부터 생겨나다는 뜻이 생겼다. 이후 다시 生育(생육), 살아 있는, 신선한 등의 뜻도 생겼으며, 막 자라난 싹에서부터 '미성숙한'이라는 의미도 가져 生硬(생경·낯선)이라는 뜻까지 생겼다.

그래서 소리부로 쓰인 生에도 이러한 의미가 든 경우를 자주 볼 수 있다. 예컨대 甦(소생할 소)는 다시(更·갱) 살아나다(生)는 뜻을, 姓(성성)은 여자(女·여)가 낳았다(生)는 의미를, 性(성품 성)은 마음(心·심)에서 생겨나는(生) 성품을, 牲(희생 생)은 살아 있는(生) 소(牛·우)와 같은 희생을, 笙(생황 생)은 소리를 내는(生) 대나무(竹·죽)로 된 악기를, 胜(비릴 성)은 육 고기(肉)에서 나는(生) 비린내를 뜻한다.

그러므로 相生은 내가 자세히 살피고(相) 열심히 바라봄으로써 새로이(生) 깨닫게 되는 것이란 의미를 담고 있다. 즉 내가 상대방의 입장을 자세히 살피고 상대를 주목하는 것, 이것은 상대에 대한 배려 차원에서 머무는 것이 아니라 '나' 즉 '자신'에게 새로운 깨달음을 가져다준다. 그러므로 常生의 어원은 이란 '단지 같이 잘 살자'는 의미가 아니라 타인에 대한 끊임없는 배려만이 더불어 사는 삶을 만들어 준다는 것을 우리에게 깨우쳐 주고 있다.

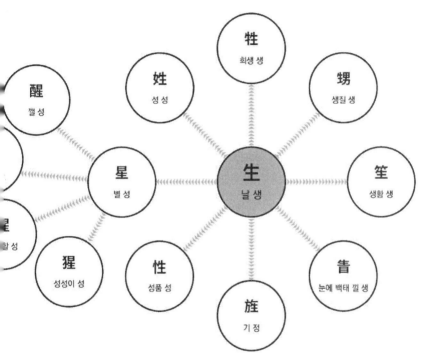

[표-21] '生'으로 구성된 글자들

032

파당(派黨): 물길처럼 갈라진(派) 무리(黨)

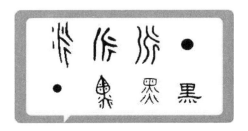

黑 검을 흑
黨 무리 당
尚 숭상할 상
黔 검을 검
民 백성 민
黜 물리칠 출

검은 관계들 때문인지 한국사회에서 정치에 대한 불신이 극도에 달한지 오래다. 黨에 대한 불신도 커 선거 때만 되면 새로운 黨이 탄생하고 黨의 이름이 바뀌기도 한다.

黨은 黑이 의미부이고 尚이 소리부인데, 이를 『설문해자』에서는 신선하지 못하다, 즉 썩었다는 뜻으로 해석하고 있다. 정의가 아닌, 자신들의 이익만을 위해 무리 짓고 편 가르는 행위는 예나 지금이나 경계해야 할 행위로 인식되었던 것 같다. 그 경계를 실천하여 黨을 축제의 장인 '파티(party)'로 만들어질 날이 그립다.

금문에 의하면 黑은 이마에 文身(문신)한 사람을 그려 놓았다. 따라서 黑은 죄인에게 가해지는 형벌의 하나인 墨刑(묵형)으로부터 검다는 의미가 생겨난 것으로 보아야 할 것이고, 이로부터 다시 어둡다, 혼탁하다, 불법, 사악함 등의 의미가 파생되었다.

黑에서 파생된 黔은 黑이 의미부이고 今(이제 금)이 소리부로 검다는 뜻이다. 따라서 黔首(검수)는 '검은 머리'가 직접적인 의미지만 주로 백성이라는 뜻으로 쓰였다. 黔首가 백성을 뜻한 것은 단순히 머리의 색깔이 검어서가 아니라, 묵형을 받았던 최 하층민을 지칭한데서 의미가 확대된 것으로 보인다.

이는 백성을 뜻하는 民이 갑골문에서 한쪽 눈이 자해된 모습을 그리고 있어, 형벌을 받았거나 전쟁의 포로가 된 노예를 지칭하는 최하층민으로부터 점차 백성이라는 뜻으로 변화해 온 것과도 그 궤를 같이 한다.

黑에 出(나갈 출)이 더해진 黜은 색깔이 검게 변하여 못쓰게 되다는 뜻이었으나, 이후 폐기하다, 제거하다, 내몰다는 뜻까지 생겼다. 그러자 出은 의미부의 역할도 함께 하게 되었다.

하지만 黑은 이처럼 단순히 검은색만 지칭한 것이 아니라 갈수록 더럽고 부정적인 뜻까지 가지게 되었다. 예컨대, 黨은 '썩은 무리들'이라는 의미를 내포하고 있으며, 黑心(흑심)은 나쁜 마음을 말한다. 현대 중국어에서도 암시장(black market)을 '헤이스(黑市, hēishì)'라고 하고 범죄 집단을 '헤이서후이(黑社會, hēi shèhuì)'라 하더니, 급기야 컴퓨터를 마구 파괴하는 해커(hacker)를 '헤이커(黑客, hēikè)'라 하기에 이르렀다. 물론 黑客은 아편쟁이를 지칭한 역사를 갖고 있긴 하지만.

그러므로 고대사회에서 黨을 만든다는 것은 대단히 사악한 행위이자 범죄적 행위였고, 자신의 이익을 실현하기 위해 압력을 행사하는 이익 집단이었다. 하지만 아이러니하게도 오늘날 政黨(정당)은 국민의 여론을 대표해 올바른 정치를 행하는 집단이자 기관이 되었다.

033

선거(選擧): 훌륭한 사람을 뽑아(選) 올림(擧)

選 가릴 선
巽 공손할 손
饌 반찬 찬
撰 지을 찬
擧 들 거
與 더불 여

選擧는 민주사회의 상징이고 시민사회를 성숙시키고 발전시킬 수 있는 중요한 수단임에 분명하다.

選은 소전체에서부터 보이며 巽과 辵(쉬엄쉬엄 갈 착)으로 구성되었다. 巽은 갑골문에서 꿇어앉은 두 사람의 모습을 그렸는데, 소전체에서 탁자를 그린 丌(대 기)가 더해져 희생물로 바칠 사람을 뽑는 모습을 구체화시켰다. 『설문해자』에서는 巽과 같은 글자로 顨(괘 이름 손)을 제시했는데, 巳 대신 頁(머리 혈)이 들어간 구조이다. 頁이 화장을 짙게 한 사람의 얼굴을 크게 그려놓은 것임을 고려할 때, 제사에 쓸 사람이라는 의미를 더욱 강조한 셈이다.

巽을 『설문해자』에서는 祭需(제수)를 갖추다는 뜻으로 해석했지만, 제사에 쓸 모든 재료는 가장 훌륭하고 흠 없는 것으로 選別(선별)해야 하기 때문에 巽에는 揀擇(간택)하다, 공손하다, 選拔(선발)하다는 뜻이 생겼다.

選에서의 辵은 구성원들 각자가 제사를 위해 마을이나 부족의 중심부로 물건을 보낸다는 의미를 강조하기 위한 것으로 보인다. 따라서 選은 제사상에 바치는 祭物(제물)처럼 구성원을 위해 희생할 사람을 뽑아(巽) 중앙으로 보낸다(辵)는 뜻이다.

選과 비슷한 구조인 撰은 手(손 수)와 巽이 더해져, 훌륭한 문장을 가려 뽑아(巽) 글을 만들다(手)는 뜻이다. '가려 뽑아 만들다'는 뜻의 撰이 著述(저술)의 의미를 지니는 것은 述而不作(술이부작·서술은 하되 창작은 하지 않는다)이라는 동양적 글쓰기 전통 때문이리라. 또 食(밥 식)과 巽이 더해진 饌은 제사상에 올릴 골라 뽑은(巽) 맛있는 요리(食)를 뜻한다.

擧는 與와 手로 이루어졌는데, 與는 금문에서 舁(마주들 여)와 口(입 구)와 발음부호인 与(더불 여)로 구성되어 구령에 맞추어 어떤 것을 함께 드는 모습을 그렸다. 이로부터 '함께'와 參與(참여)하다는 뜻이 생겼다. 擧는 與에 다시 손(手) 하나가 추가됨으로써, '힘을 합쳐 무엇인가를 이루어 내는 것'은 개개인 스스로 자신의 조그만 힘을 보탤 때 가능해 짐을 강조했다.

따라서 우리는 우리 사회에 늘어가는 選擧에서 한 사람도 빠짐없이 參與의 미덕을 실현함(擧)으로써 우리를 위해 제대로 희생할 사람을 뽑아야(選) 할 것이다.

034

관직(官職): 관리(官)가 부여받은 직무(職)

識 표할 자알 식
幟 기 치
織 베 짤 직
職 벼슬 직
戠 찰흙 차식
耳 귀 이

識·幟·織·職은 모두 같은 데서 근원한 한자이다. 이들은 원래 戠에서 분화하였는데, 戠는 금문에서처럼 音(소리 음)과 戈(창 과)의 결합으로 이루어졌다. 音은 소리 즉 聲音(성음)을 뜻하고, 戈는 날카로운 창이나 칼을 뜻한다. 그런 즉 戠는 '칼(戈)로 말(音)을 새긴다라는 뜻이다.

인간의 智識(지식)은 경험의 축적을 통해 이루어져 왔으며, 경험의 축적은 처음에는 입에서 입으로 전해졌겠지만 사회가 발달하면서 기록을 통해 이루어질 수밖에 없었다. 특히 정착농경을 일찍부터 시작한 중국에서는 『春秋(춘추)』나 『史記(사기)』처럼 기록으로 남겨진 다양한 경험들이 그들의 문명 발전에 지대한 역할을 했다.

이렇듯 戠에는 口傳(구전)되던 자료를 칼로 새겨 기록으로 남기던 모습이 반영되어, '기록하다'가 원래 뜻이다. 이후 의미를 더욱 구체화하고자 言(말씀 언)을 더해 識이 되었으며, 다시 標識(표지), 認識(인식), 智識 등의 뜻도 가지게 되었다.

戠에서 파생하여, 베(巾·건)에다 어떤 標識를 새겨 넣는 것(戠)을 幟

라 한다. 베는 깃발을 상징하며, 깃발에다 자기 종족의 標識를 새겨 그들의 상징으로 삼았을 것이다. 그래서 旗幟(기치)라는 말이 나왔으며, 여기에는 자신들의 상징을 수놓은 깃발을 앞세우고 용감하게 전진하는 모습이 생생하게 반영되어 있다.

織 역시 실(糸·멱)로 어떤 標識를 새겨 넣는다(戠)는 의미를 강조한 글자다. 베를 짤 때면 어떤 무늬를 넣기 마련이다. 그래서 '베를 짜다'는 의미로 확대되었다.

그리고 職은 戠에 耳가 더해졌다. 耳는 갑골문에서 귀를 그렸다. 한자에서 耳는 다양한 의미를 가진다. 聰(총명할 총)이나 聖(성인 성)에서처럼 '총명함'의 상징이기도 하고, 取(취할 취)나 恥(부끄러워할 치)에서처럼 약탈과 恥辱(치욕)을 대변하기도 한다.

職은 官職(관직)에 있는 사람들의 職務(직무)가 남의 말을 귀(耳)에다 새기는(戠) 데 있다는 의미를 생동적으로 그린 글자이다. 자신의 생각을 남에게 강제하려는 것이 아니라 언제나 남의 말을 귀담아 들어 남을 위해 봉사하는 것이 職務의 원래 뜻이리라.

03

보건과 복지
保健과 福祉

제3장
보건과
복지

035

균형(均衡): 균등(均)하고 형평(衡)을 이룸

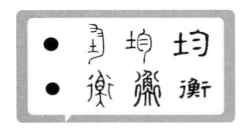

均 고를 균
勻 적을 균
韻韵 운 운
衡 저울대 형
行 갈 행
角 뿔 각

국가의 均衡 발전이 선진사회로 가기 위한 화두임에는 틀림없다. 중국도 최근 개혁개방 과정에서 해안 지역에 비해 소외되어왔던 동북지역과 서북지역의 불균형을 해소하고 국가의 均衡 발전을 위해 몸부림 치고 있다.

均은 금문에서 土(흙 토)와 勻으로 구성되었다. 소리부 겸 의미부로 기능하는 勻은 지금의 자형에서는 勹(쌀 포)에 두 점(二)이 더해진 모습이지만 금문에서는 손(又·우)과 두 점(二)으로 되었는데, 又는 손동작을 뜻하고 二는 동등함을 상징하는 지사부호이다.

따라서 勻은 '손(又)으로 똑같은 비율로 나누는(二) 것'을 의미하며, 그로부터 均分(균분·고르게 나누다)의 뜻이 나왔으며, 나누면 원래의 양보다 줄기 때문에 '적다'는 의미도 나왔다. 土는 흙을 뭉쳐 땅위에 세워 놓은 모습을 그린 글자이다.

그래서 均은 흙(土)을 높고 낮음이 없도록 고르는(勻) 것을 말한다. 이로부터 '고르다'나 均等(균등)의 뜻이, 양쪽을 균등하게 저울질하는 고대 저울의 특성에서 鈞(서른 근 균)처럼 무게나 가늠하다는 의미까지 가지게 되었다.

예컨대 韻(韻의 옛 글자)은 시 같은 운문에서 리듬감을 살리기 위해 소리(音·음)를 고르게(勻) 배치하는 것을 말한다. 또 軍(군사 군)은 금문에서 車(수레 거)와 勻으로 구성되어 '전차(車)를 고르게(勻) 배치하는 것'이 軍의 가장 중요한 의미임을 형상화 했다. 그리고 旬(열흘 순)도 금문에서는 日(날 일)과 勻으로 구성되어 태양(日)의 순환 주기를 고르게(勻) 나눈 것, 즉 고대 중국인들이 1년이라 생각했던 360일을 60갑자로 6번 나눈 10일을 말한다.

衡은 금문에서 行과 角과 大(클 대)로 이루어져, 사거리(行)에서 큰(大) 나무를 뿔(角)에 묶은 모습을 형상화 했다. 이는 衡은 사람이 붐비는 사거리를 지날 때 소가 뿔로 받을까 염려되어 뿔에 커다란 가름대를 달아 놓은 모습을 그린 것으로 추정된다. 그래서 衡은 소의 뿔에 매단 '가름대'가 원래 뜻이며, 이로부터 소나 말이 끄는 수레의 끌채에 다는 가름대라는 의미로 확장되었고, 그 가름대가 옛날의 저울을 닮았다고 해서 '저울'까지 뜻하게 되었다.

저울의 가장 중요한 기능은 무엇보다 무게를 재는 것이며, 오늘날의 전자식 저울이 보편화되기 전의 옛날 저울은 가름대 중간에 끈을 달거나 받침대를 두고 양쪽에 물건을 올려놓아 기울어지는 것을 가름하는 방식이었다. 이 때문에 衡에 저울질하다와 衡平(형평)의 뜻이 나오게 되었다.

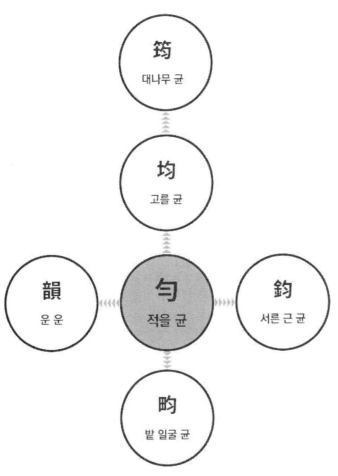

[표-22] '勻'으로 구성된 글자들

036

보건(保健): 건강(健)을 보전함(保)

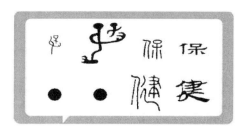

保 지킬 보
褓 포대기 보
堡 작은 성 보
健 튼튼할 건
建 세울 건
律 법률 률

保는 갑골문에서 사람(人·인)이 손을 뒤로 하여 아이(子·자)를 등에 업고 있는 모습을 대단히 생동적으로 그렸다. 서양과 달리 동양에서는 아이를 등에 업는데, 이러한 전통이 갑골문시대 때부터 이미 존재했음을 알 수 있게 해 주는 글자이다.

保는 이로부터 '保護(보호)하다'는 뜻을 가지게 되었는데, 이 추상적 개념을 고대 중국인들은 어미가 자식을 업어 키우며 보살피는 장면으로 그려내었다. 자식에 대한 어미의 保護 본능만큼 더한 것이 있을까? 그들의 뛰어난 통찰력이 돋보이는 글자이다.

保에 衣(옷 의)가 더해진 褓는 아이를 보호해 주는 '포대기'를 말하고, 土(흙 토)가 더해진 堡는 적의 침공으로부터 보호해 주는 '작은 城(성)'을 말한다. 황허 강 유역을 살았던 고대 중국인들은 성을 만들 때에도 돌이 아닌 진흙을 다져 만들었다. 그래서 堡는 城에서처럼 흙을 뜻하는 土가 더해졌다. 堡가 '작은' 城을 뜻하게 된 것은 保에 보호하다는 뜻 이외에도 어린아이라는 意味素(의미소)가 들어있기 때문일 것이다.

健은 人과 建으로 이루어졌는데, 建은 소리부와 의미부의 역할을 함께 하고 있다. 사람은 등과 가슴을 곧추세우고 설 수 있을 때가 健壯(건장)할 때이기 때문이다.

人은 서 있는 사람의 측면 모습을 그렸고, 建은 갑골문에서 길을 뜻하는 彳(천천히 걸을 척)과 손(又·우)으로 붓(聿·률)을 잡고 무엇인가를 그리는 모습이다. 그것은 도로(彳)의 설계도이거나, 길(彳)에서 어떤 설계도를 그리는 것을 표현한 듯 보인다.

설계도가 만들어져야 건물을 세울 수 있는 법, 그래서 '建設(건설)하다'는 뜻이 생겼다. 1974년, 하북성 平山(평산)현에서는 전국시대 中山國(중산국)의 무덤에서 동판에 금과 은을 상감하여 새긴 왕릉의 설계도가 발견되어 세상을 놀라게 하였다. 墓室(묘실)의 크기와 길이, 지리적 위치, 명칭 등을 상세히 기록한 중국 최초의 실물 설계도였다.(☞ 84쪽「고대 궁전 설계도」참조)

建과 같은 데서 파생된 글자가 律이다. 律은 길(彳)에서 붓(聿)으로 글을 쓰고 있는 모습이다. 여기서의 글은 다름 아닌 세상 널리 공표하여 통용되도록 하고자 했던 법령이었으리라. 이로부터 '法律(법률)'이란 뜻이 생겨났다.

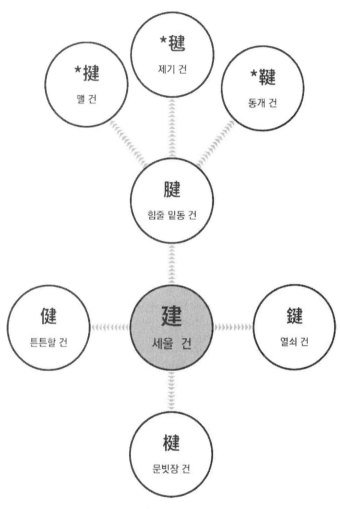

[표-23] '建'으로 구성된 글자들

037

행복(幸福): 다행스럽고(幸) 복(福)을 받음

福 복 복
倒 거꾸로 도
到 이를 도
富 넉넉할 부
蝠 박쥐 복
鹿 사슴 록

중국 요리점엘 가면 붉은 종이에 커다랗게 쓴 福자를 거꾸로 넣어 놓은 장식물을 자주 볼 수 있다. 거꾸로는 倒를 뜻하고, 倒는 到와 통한다. 그래서 이는 '福이 들어오다(到)'는 뜻을 상징한 것이다. 그들이 들어오길 바라는 福은 분명 富일 것이다. 돈에 상당한 거리를 두었던 우리사회에서도 새해아침부터 "올해는 부~자 되세요"라는 인사가 유행한지도 벌써 오래되었다. 富는 동서양과 고금을 막론하고 모든 사람들이 바라왔던 福이었기 때문이었을까?

福은 갑골문에서처럼 바로 술독(酉)을 두 손으로 들고 조상의 신주(示) 앞에서 따르고 있는 모습을 그렸다. 이후 두 손을 나타내는 부분은 생략되고 술독(酉)의 모습이 조금 변해 지금처럼 되었다. 조상신에게 술(酉)을 올려 福을 기원하는 제사(示)에서 福이라는 의미가 생겼다. 그리고 술독(酉)이 집안(宀)에 모셔져 있는 모습이 富이다. 술독까지 갖추었으니 갖출 수 있는 모든 것을 다 갖추었다는 뜻으로부터 富裕(부유)에서처럼 '넉넉하다'는 뜻이 나왔다.

이처럼 고대 사회에서 술은 대단히 중요했다. 그리스 신화에서도 주신이 등장하듯 술은 농경사회를 포함해서 고대사회의 풍요의 상징이었다. 술을 빚기 위해서는 우선적으로 식량의 문제가 해결되어야

●「거꾸로 쓴 福」.
중국어로는 '倒福'으로,
복이 들어온다는 의미를
담았다.

하기 때문이다. 따라서 풍요를 기원하는 제사는 언제나 술을 수반하게 되었고, 집안에 술독을 모셔놓고 있는 모습이 富의 어원을 형성하게 된 것이다.

모든 사람이 바라는 福이어서 그런지 福에 대한 그리움도 다양하다. 五福(오복)은 長壽(장수), 富(부), 康寧(강녕), 好德(호덕), 善終(선종)을 말한다. 그 중에서도 長壽가 최고였던지 壽福이라는 단어가 만들어졌다.

중국의 그림에 자주 등장하는 박쥐(蝠)는, 박쥐가 갖고 있는 이중성과 괴상하게 생긴 형상에도 불구하고 蝠은 福과 발음이 같다는 이유에서 중국인들의 사랑을 받아왔다. 그들은 한걸음 더 나아가 박쥐만 그리지 않고 꽃사슴(鹿)도 함께 그려 놓는다. 鹿은 祿(녹봉 록)과 발음이 같다. 그래서 박쥐와 사슴을 함께 그린 그림은 '福祿'을 뜻한다.

富와 壽에 대한 추구가 福의 전부라고 생각할 수 있겠지만, 荀子(순

자)의 말처럼 "근심을 없앨 수 있으면 그것이 바로 福"일 것이요 그
처럼 걱정을 줄이며 담백하게 살 수 있으면 그만이다.

● 신선들로 구성된 福(복)자.
강소성 소주의 민간 판화 작품. 속은 비고 테두리만 그리는 방법(雙
鉤·쌍구)으로 福자를 그렸다. 안쪽에는 부귀를 상징하는 모란꽃을 밑
바탕으로 넣었으며, 복(福)자를 구성하는 각각의 부분에 '호랑이를 탄
재물 신(財神騎虎·재신기호)', '두꺼비 위에 올라 앉아 돈 꾸러미를
들고 놀고 있는 유해(劉海戲蟾·유해희섬)', '아이를 점지해 주는 기린
(麒麟送子·기린송자)', '화합의 두 신선(和合二仙·화합이선)', '장원 급
제한 사나이(狀元郎·장원랑)', '복을 주는 재물 신(增福財神·증복재
신)' 등의 주제로 된 그림이 들어 있다. 『민간목판 년화도형(民間木
版年畵圖形)』, 252쪽.

038

봉사(奉仕): 받들어(奉) 섬기는 일(仕)

奉 받들 봉
捧 들어 올릴 봉
仕 벼슬할 사
士 선비 사
吉 길할 길
牡 씩씩할 장

奉은 금문에서 모나 어린 묘목을 두 손으로 받들고 있는 모습을 그렸다. 아마도 농경을 중심으로 살았던 고대 중국사회에서 농작물을 신에게 바쳐 한 해의 풍작을 비는 모습을 형상화 한 것으로 추측된다. 이로부터 '받들다'는 뜻이, 다시 奉獻(봉헌)에서처럼 '바치다'는 뜻이 생겼다. 그러자 원래의 의미를 나타낼 때에는 手(손 수)를 더하여 捧으로 분화했다.

仕는 人(사람 인)이 의미부이고 士가 소리부이다. 人은 서 사람의 측면 모습을 그렸음을 쉽게 알 수 있지만, 士의 자형에 대해서는 의견이 분분하다. 어떤 사람은 士가 工(장인 공)과 같은 도구를 그렸다고 하기도 하며, 또 어떤 학자들은 두 손을 가지런히 맞잡은 채 단정하게 앉은 법관의 모습을 그렸으며 그로부터 선비라는 뜻이 나왔고 다시 남성을 아름답게 부르는 명칭이 되었다고 해석하기도 한다.

하지만 수컷 소(牛)를 뜻하는 牡의 갑골문 자형에 들어있는 士의 모습처럼 士는 남성의 생식기를 그렸으며 이로부터 남성이라는 의미가, 다시 선비와 같은 지식인을 지칭하는 개념으로 발전했다는 해석이 더 설득력이 있어 보인다.

왜냐하면 士로 구성된 다른 글자들, 예컨대 壯은 爿(나무 조각 장)이 소리부이고 士가 의미부인데 壯丁(장정)에서처럼 씩씩하고 강인한 '남성'을 지칭하고, 壻(사위 서)는 胥(서로 서)가 소리부이고 士가 의미부인데 사위를 뜻하고, 吉은 집 입구(口·구) 밖에 세워 놓은 남성의 성기(士)를 그려 그것을 숭배하고 吉祥物(길상물)로 섬기던 의미를 담아 士로 구성된 글자들이 모두 남성 숭배와 관련되어 있기 때문이다.

이러한 관련 글자들로 볼 때, 士의 경우 초기 단계에서는 갑골문 牡(수컷 모)에서의 형태처럼 남성의 생식기를 그렸으며, 이후 세로획에 장식용의 점이 더해졌고 금문 단계에서는 그 점이 가로획으로 변해 지금의 士와 같이 변한 것으로 추정할 수 있다. 남성의 생식기로부터 생식력이 강한 건장한 남성의 상징이 되었으며, 다시 남성에 대한 총칭으로, 다시 선비 등의 의미로 발전되었을 것이다. 두 손을 모으고 단정하게 앉은 법관의 모습이라는 해석은 금문단계의 이후의 자형에 근거한 것으로 보인다.

仕는 바로 남성(士)이라는 사람(人)이 할 일이라는 의미로, 고대의 남성 중심사회에서 그것은 벼슬살이 즉 정치를 배워 남을 위해 일함을 상징했다. 그래서 奉仕란 그러한 벼슬살이처럼 인류와 나라와 남을 위해 그 직분을 받들고 자신을 희생해 가며 남을 위해 힘쓰는 것을 말한다.

● 「大吉大利(대길대리)」.

중국어에서 닭을 뜻하는 '지(鷄 jī)'는 길하다는 뜻의 '지(吉 jí)'와 발음이 같다. 그래서 '큰 닭(大鷄)'는 은 '대길(大吉)'을 뜻한다. 그래서 '돈을 많이 버는 것'을 뜻한다. 중국에서 닭은 여러 상징을 가진다. 닭의 울음소리와 함께 하루가 시작되며 낮과 밤을 구분지어 이 세상에 빛을 가져다주는 광명의 상징이기도 하다. 그래서 중국에서는 닭이 세상을 창조한 신화가 전해지기도 했는데, 그 신화에서 하늘의 문을 여는 창세 행위를 '天明(천명)'이라 했는데 사람들은 닭울음소리를 여기에다 비유했다. 그래서 민간에서는 한 해가 시작되는 정월 초하루가 되면 '닭의 그림을 문에다 붙이는' 풍속이 생겼다. 그림에서 '커다란 닭'이 財富(재부)의 상징인 '如意(여의)'를 발로 밟고 있고 등에는 '흔들면 돈이 떨어지는 나무(搖錢樹)'를 짊어졌다. 모든 일이 뜻대로 되고 부자가 될 '대길대리'의 상징 그림이다. 『朱仙鎭木版年畵』, 179쪽.

039

성장(成長): 이루며(成) 자라남(長)

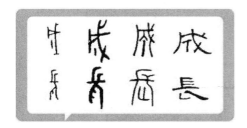

成 이룰 성
丁 넷째 천간 정
誠 정성 성
長 길 장
福 복 복
祉 복 지

대학생들에게 市場經濟(시장경제) 교육을 실시한 결과 교육 전에는 成長보다는 福祉를 중시해야 한다는 주장이 높았으나 교육 후에는 福祉보다는 成長을 중시해야 한다는 주장이 훨씬 높았다는 연구 결과가 나와 주목을 끌고 있다.

成은 갑골문에 의하면, 도끼와 점으로 이루어졌는데, 점은 도끼로 쪼갠 어떤 물체를 상징한다. 이는 "화살을 부러트려 誓約(서약)을 하고", "피를 나누어 마셔 盟約(맹약)을 삼던" 것처럼, 옛날 盟誓를 하던 일종의 儀式(의식)을 형상화한 것으로 보인다. 따라서 盟約이 원래 뜻이고, 이후 '完成(완성)'에서처럼 이루다는 뜻이 생겼다. 그러다 秦(진)나라의 小篆體(소전체)에서 소리부인 丁이 더해져 지금처럼 변했다.

成에 言(말씀 언)이 더해진 誠은 말(言)이 이루어지려면(成) 지극 精誠(정성)을 다해야 한다는 뜻이 담겨있다. 말이란 본디 이루어지기 어렵고 믿을 수 없는 것이기 때문이다.

長은 갑골문에서 머리를 길게 풀어헤친 노인의 모습을 형상했다. 머리를 길게 풀어헤쳤다는 것은 자신의 머리를 간수하지 못할 정도로 나이가 들었음을 의미한다. 따라서 長은 머리가 '길다'는 의미로부터 늘어난다는 의미를 갖게 되었고, 머리가 긴 사람은 바로 나이가 든 年長者(연장자)였다. 정착 농경을 일찍부터 시작했던 고대 중국에서는 나이가 많은 사람이 구성원의 대표이자 지도자였다는 점에서 다시 '首長(수장)'에서처럼 우두머리라는 의미가 생겨났다.

福은 원래 술독(酉·유)을 두 손으로 들고 조상의 신주(示·시) 앞에서 술을 따르는 모습으로, 술(酉)을 조상에게 올려 福을 기원하는 제사(示)에서 福이라는 의미가 생겼다.

祉는 의미부인 示와 소리부인 止(발 지)로 구성되어, 福과 같이 하늘의 보호와 도움이라는 뜻을 가진다.

이렇게 볼 때, 成長이란 연장자나 우두머리가 되는 것을 목표로 삼는 垂直的(수직적)이고 경쟁적인 의미를 담은 것이요, 福祉는 한 사람에게 복이 집중되지 않고 복이 골고루 흘러가서 모든 사람에게 두루 미치는 水平的(수평적)이고 평등적인 의미를 담은 것이다.

따라서 成長과 福祉가 서로 함께 가는 상호보완적인 개념으로 간주하는 사회가 보다 선진화된 사회가 아닐까 생각한다.

040

장애(障礙): 가로막고(障) 거리낌(礙)이 됨

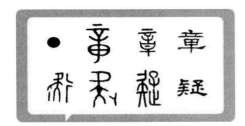

障 가로막을 장
阝·阜 언덕 부
章 글 장
礙·碍 방해할 애
石 돌 석
疑 의심할 의

障은 소전체에서부터 보이는데, 의미부인 阜와 소리부인 章이 결합된 글자로 앞을 가로막은 障碍物(장애물)을 말한다. 阜는 원래 황토지대의 반지하식의 움집을 오르내리는 계단을 그렸으며, 그들의 집이 홍수를 피해 언덕 같은 높은 곳에 주로 위치했기에 이후 '언덕'이나 '높은 곳'이라는 의미로 확장되었다.

章은 금문에서 죄인에게 墨刑(묵형)을 가하던 칼을 그린 辛(매울 신)에 문신의 형상이 더해진 글자로, '새기다'는 의미를 형상화 했다. 그래서 章은 새겨진 '무늬'라는 뜻을 갖게 되었고, 글을 아로 새겨진 것이 文章(문장)이라는 뜻에서 글을 뜻하게 되었다.

산이 없는 中原(중원)의 대평원에서 언덕(阜)은 가장 쉽게 만날 수 있는 길을 가로막는 障碍物이며, 중국인들은 이를 기초로 城(성)이나 堤防(제방)을 쌓아 자신이 거주하는 집단을 침입으로부터 防禦(방어)했다. 그래서 阜가 障의 의미부로 자리 잡았으며, 障은 '가로 막다'는 뜻과 함께 堤防이나 城을 뜻하기도 했다.

礙의 원형인 礙는 石과 疑로 이루어졌는데, 石은 갑골문에서 언덕

(厂·엄) 아래 놓인 돌덩이(口)의 모습을 그렸다. 疑는 갑골문에서 지팡이를 짚은 사람이 길에서 두리번거리며 어디를 가야할지 몰라 주저하고 있는 모습이며, 금문에 이르면 발(止·지)을 더해 그러한 행위를 강조하기도 했다. 그래서 疑는 갈 길을 잃은 모습으로부터 '주저하다', '迷惑(미혹)되다', '疑心(의심)하다' 등의 뜻이 생겼다.

따라서 礙는 돌(石)에 길이 막혀 갈 곳을 가지 못하는(疑) 모습이다. 이 때문에 礙는 본래 갖추어야 하는 신체적 조건의 결함으로 인해 자신이 펼쳐야 할 능력에 어려움을 겪는 모습을 뜻하게 되었다.

이후 礙는 碍로 바뀌었는데, 지금은 속자인 碍가 더 자주 쓰여 정자인 礙의 지위를 대신하고 있다. 疑 대신 들어간 㝵는 得(얻을 득)의 본래 글자로 손(又·우)에 조개(貝·패)를 들고 있는 모습으로 '얻다'는 뜻을 그려냈다. 그렇게 됨으로써 碍는 돌(石)과 같은 障碍物에 막혀 자신이 얻어야(㝵) 하는 부분을 얻는데 어려움을 겪는다는 뜻으로 변하게 되었다.

041

침구(針灸): 침(針)과 뜸(灸)

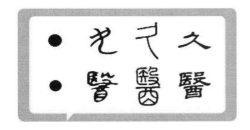

鍼 침 침
針 바늘 침
灸 뜸 구
尉 벼슬 위
慰 위로할 위
熨 눌러 덥게 할 위

제갈량의 고향이자 초당이 있는 곳으로 잘 알려진 河南(하남)성 南陽(남양)에 가면 醫聖祠(의성사)라 이름 붙여진 張仲景(장중경)의 묘와 사당이 있다. 동한 시대를 살았던 '의학의 성인' 장중경은 '傷寒論(상한론)'이라는 책을 중심으로 남방의 다양한 약초에 근거한 약물요법의 처방을 제시한 대표자로 알려져 있다.

이에 비해 황허(黃河) 강을 중심으로 한 북방은 황량한 환경 조건으로 인해 약물보다는 침과 뜸을 중심으로 하는 물리요법이 유행했고, 그 근원은 '黃帝內經(황제내경)'에서부터 이어져 왔다. 전국시대를 살았던 또 하나의 의학의 神人(신인)인 扁鵲(편작)은 산둥(山東)성 사람이자 침과 뜸의 물리요법의 대표자로 알려져 있다.

鍼은 신석기 기대의 砭石(폄석·돌 침)에서 보듯 대단히 오랜 전통을 갖고 있는 동양 의학의 대표적인 치료법의 하나이다. 침은 초기의 砭石에서부터 骨針(골침), 竹針(죽침) 등을 거쳐 결국 쇠침으로 발전했다.

鍼은 바로 쇠침을 뜻하며 소전체에서부터 등장하는데, 의미부인 金(쇠 금)과 소리부인 咸(모두 함)으로 구성되었다. 당나라 때의 『一切經音義(일체경음의)』에서는 민간의 속자에서는 針으로 쓴다고 했는데, 이는 소리부인 咸을 발음이 비슷하고 필획이 간단한 十(열 십)으로 바뀐 것이다.

灸는 의미부인 火(불 화)와 소리부인 久(오랠 구)로 구성되었는데, 久는 의미부도 겸하고 있다. 그래서 灸는 아픈 부위를 불(火)로 오랫동안(久) 지지는 뜸의 특성을 잘 표현한 글자다.

이와 비슷한 의미를 가지는 글자가 尉이다. 尉는 소전체에서 손(又·우)에 불(火)을 쥐고 엉덩이 부분을 지지는 모습을 그렸다. 아마도 상처부위를 砭石으로 지지는 모습을 형상화 한 것으로 보인다. 그래서 尉의 원래 뜻은 '불로 지지다'이다.

아픈 부위를 砭石으로 지져 치료한다는 것은 통증에 대한 치료이자 환자에 대한 慰勞(위로)였다. 그래서 尉에는 慰勞하다나 慰安(위안)의 뜻까지 생겼다. 太尉(태위)나 都尉(도위)는 바로 백성들을 慰撫(위무)하는 임무를 가진 관직이름이다.

이렇게 尉가 위로하다는 뜻으로 쓰이게 되자 '불로 지지다'는 원래의 뜻을 나타내기 위해 다시 火를 더한 熨로 새로운 글자를 만들었다. 그리고 뜸에 의한 그런 치료는 상처부위는 물론 마음까지 편안하게 만들었을 것이다. 그래서 心(마음 심)을 더한 慰로 慰勞나 慰安의 의미를 전문적으로 나타냈다.

● 하남성 남양 소재 張仲景(장중경) 기념관과 그 앞에 세워진 '장중경 무덤 및 사당'이라는 표지 석. 의학의 성인을 모신 사당이라는 뜻의 '醫聖祠(의성사)'로 이름 지어졌으며, 장중경의 무덤과 의학 관련 자료들이 전시되어 있으며, 1988년 우리의 보물에 해당하는 국가중점유물로 지정되었다.

건강(健康): 몸이 튼튼하고(健) 마음이 편안함(康)

幸 다행 행
夭 어릴 요
屰·逆 거스를 역
健 튼튼할 건
康 편안할 강
庚 일곱째 천간 경

'웰-빙(well-being)'을 우리말로 옮긴다면 어떻게 될까? 아마도 '잘~ 살다' 정도가 아닐까. 하지만 한자어로는 어떻게 될까? 중국의 경우 아직 통일된 번역어가 등장하고 있지 않으나 幸福이 가장 근접한 어휘가 아닐까 생각된다. 幸福을 구성하는 요소에는 여러 가지가 있겠지만, 예나 지금이나 健康이 으뜸임은 그 누구도 부정할 수 없다.

幸은 소전체에서부터 등장하는데 지금의 형체와는 달리 夭와 屰으로 구성되었다. 夭는 사람의 정면 모습(大·대)에서 머리를 한쪽으로 기울여 놓음으로써 '죽음'을 상징했으며, 屰은 거꾸로 선 사람의 모습으로부터 '거꾸로'라는 의미를 그렸다. 그래서 죽는 것(夭)과 반대되는(屰) 개념, 즉 '不夭(불요)'를 幸이라 풀이할 수 있을 것이다.

幸에는 이렇듯 '죽음(夭)을 면하다(屰)'는 뜻으로부터 幸福이라는 뜻이 담기게 되었다. 이후 幸은 巡幸(순행)과 같이 임금의 지방 시찰을 뜻하기도 하였는데, 고대 사회에서 임금의 지방 시찰은 지극히 幸福한 일이었고 지방민들에게도 幸運을 가져다주는 일로 인식했던 것 같다. 그리고 人(사람 인)이 더해진 倖은 행복(幸)한 사람(人)이라는 뜻이며, 僥倖(요행)은 뜻밖의 幸運(행운)을 말한다.

'健康하다'는 것은 신체의 강건함도 뜻하지만, 사회·윤리적 개념과 함께 자신의 즐거움이 담보되어야 하는 복합적 개념이기도 하다. 健은 人이 의미부이고 建이 소리부인 구조이다. 建은 거리(廴·인)에서 붓(聿·율)으로 설계도를 그리고 있는 모습을 그렸으며 이로부터 建設(건설)과 같이 '세우다'의 뜻이 생겼다. 이후 建은 설계도에 의해 세워진 건축물처럼 '우뚝 서다'는 뜻도 함께 가진다. 그래서 健은 우뚝 선(建) 사람(人), 즉 강건하고 튼튼한 사람을 뜻한다.

康은 자운에 대한 해석이 분분하지만, 갑골문에서 요령을 그린 庚과 네 점으로 구성되었는데, 네 점은 요령을 연주할 때 나는 소리를 형상화한 것이다. 네 점은 소전체에서 米(쌀 미)로 변했고, 예서체에서는 다시 氺(물 수)로 변해 지금의 형체로 고정되었다. 따라서 康은 요령 같은 '악기를 연주하다'가 원래 뜻이며, 이로부터 즐거움을 가져다주는 음악 소리라는 뜻이 나왔고, 즐거움으로부터 다시 健康하다는 의미가 나왔다.

즐거울 때 비로소 健康할 수 있는 법이다. 健康하고 자신 스스로 安貧樂道(안빈낙도)하며 幸福함을 느끼는 것 그것이 '웰-빙'이 아닐까?

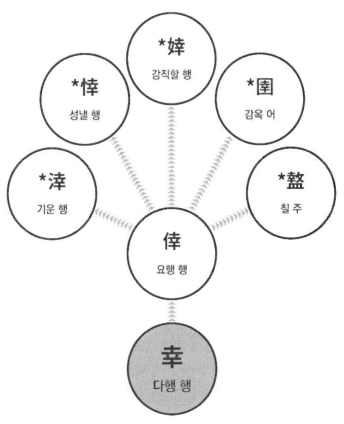

[표-24] '㚖'으로 구성된 글자들

04

경제

經濟

제4장
경제

43. 경축(慶祝): 경사로운(慶) 일을 축하함(祝)

44. 곤궁(困窮): 곤란하고(困) 궁핍함(窮)

45. 공상(工商): 공업(工)과 상업(商)

46. 이익(利益): 이로움(利)이 넘쳐남(益)

47. 노동(勞動): 힘들여(勞) 움직임(動)

48. 무역(貿易): 상품을 사고팔며(貿) 서로 바꿈(易)

49. 시장(市場): 상품을 사고파는(市) 장소(場)

50. 부세(賦稅): 세금(稅)을 부과함(賦)

51. 소비(消費): 써서(費) 사라짐(消)

52. 위조(僞造): 거짓으로(僞) 만들어냄(造)

53. 인색(吝嗇): 아끼고(吝) 아낌(嗇)

54. 축적(蓄積): 많이 모아서(蓄) 쌓음(積)

55. 합동(合同): 합쳐서(合) 하나 됨(同)

56. 환율(換率): 바꾸는(換) 비율(率)

043

경축(慶祝): 경사로운(慶) 일을 축하함(祝)

慶 경사 경
心 마음 심
夂 뒤져서 올 치
鹿 사슴 록
文 글월 문
紋 무늬 문

慶은 지금의 자형에 의하면, 心과 夂와 鹿의 생략된 모습으로 구성되었다. 心은 마음을 뜻하고, 夂는 가다는 동작을 의미하며, 鹿은 옛날 축하할 때 가져가던 사슴 가죽을 뜻한다. 자형 그대로 풀자면 사슴가죽(鹿)과 같은 선물과 축하하는 마음(心)을 가지고 잔치 등을 벌이는 집을 방문한다(夂)는 의미이다.

하지만 갑골문이나 금문에서는 지금의 모습과는 달리 夂는 아예 없고, 心과 鹿으로 되었거나 文과 鹿으로 이루어져 있다.

文은 원래 죽은 사람 시신에 내 놓은 칼집으로부터 '무늬'라는 뜻이 생겼다. 시신에 낸 칼집은 육체로부터 영혼이 분리될 수 있기를 기원하는 원시인들의 '피 흘림' 행위의 하나였다. 이후 글자가 무늬에서부터 만들어졌기에 글자라는 뜻으로 확대되었고, 그러자 무늬를 나타낼 때에는 糸(가는 실 멱)을 더해 紋으로 분화했다.

慶에 文이 들어간 것은 무늬가 아름다운 사슴 가죽이라는 뜻이고, 心이 들어간 것은 축하할 때는 정성이 담겨야 한다는 뜻에서였을 것이다.

중국에서 吉禮(길례), 즉 결혼 때에는 사슴 가죽을 예물로 쓴다고 했다. 사슴가죽이 예물로 쓰인 연유에 대해서는, 옛날 짐승가죽으로 옷을 만들었던 시절 사슴 가죽을 선물함으로써 남자가 사냥할 능력이 있음을 표현했기 때문이라고 해석하기도 한다.

하지만 고대 중국신화에 의하면 사슴 가죽은 여와와 伏羲(복희)씨가 현재의 인류를 있게 해 준 매개물이다. 즉 인류의 창조신으로 등장하는 여와와 복희씨는 대홍수 때 살아남은 유일한 존재로서 원래 남매간이었다.

이들은 후손을 남기기 위해 交合(교합)을 해야 했지만 남매간이었던지라 중간에 구멍을 뚫은 사슴 가죽을 대고 교접을 했으며, 이것이 결혼의 상징 예물로 남게 되었다는 해석이다. 이러한 습속은 아직도 대만의 阿美族(아미족) 같은 고산족에게서 남아 있어 그 흔적을 추적 가능하게 한다.

● 「여와 복희도」. 강소성 徐州(서주) 출토 화상석.

여하튼 慶은 결혼 때 선물하는 사슴 가죽을 말했고, 이후 慶祝(경축)하는 행위는 물론 慶事(경사)를 모두 지칭하게 되었다.

044

곤궁(困窮): 곤란하고(困) 궁핍함(窮)

困 괴로울 곤
綑 묶을 곤
捆 묶을 곤
窮 다할 궁
穴 구멍 혈
躬·躬 몸 궁

困窮은 글자 그대로 풀이하자면 '困難(곤란)이 窮極(궁극)에 이르렀다'는 뜻이다. 困은 갑골문에서 囗(둘러쌀 위·나라 국)와 木(나무 목)으로 구성되었는데, 이에 대해서는 그간 다양한 해석이 있었다. 어떤 사람은 囗는 문의 네모 틀이고 木은 문빗장을 그려 문 속에 갇힌 모습을 그려 곤란함의 의미를 나타냈다고도 하고, 어떤 사람은 囗은 문을 木은 문지방을 상징하여 출입을 통제하고 제한함을 형상화 했고 그로부터 어려움의 의미가 나왔다고 풀이하기도 한다.

하지만 『설문해자』에서 困의 원래 뜻을 '낡은 오두막집(故廬·고려)'이라고 풀이한 것을 고려해 보면, 囗는 벽으로 둘러쳐진 집을 말하고 木은 변변한 가재도구 하나 없이 집안에 덩그러니 남은 나무를 형상화 한 것으로 보인다. 즉 집이 낡아 주인마저 떠나버리고 시렁이나 걸대로 쓰던 나무(木)만 하나 달랑 남은 다 떨어진 오두막을 그린 것으로 해석할 수 있다.

주인이 떠나버린 낡은 집이라는 의미에서부터 貧困(빈곤)처럼 '어렵다'의 뜻이, 困難처럼 '힘들다'는 뜻이, 다시 피곤(疲困)처럼 '지치다'는 뜻이 나왔다. 그리고 어려움과 지침은 구속과 제한에서부터 온다는 의미에서 구속하다는 의미가, 주인이 떠난 집이라는 의미에서 도

망가다는 뜻까지 생겼다.

이렇게 困이 여러 가지 뜻을 가지게 되자 이러한 의미들을 효과적으로 구분하여 표현하기 위해, 糸(가는 실 멱)을 더하여 綑을 만들어 실(糸)로 묶어버림을, 手(손 수)를 더하여 捆을 만들어 손(手)으로 묶는 것을 나타냈다. 또 目(눈 목)을 더하여 만든 睏(졸릴 곤)은 피곤(困)하여 눈(目)이 감긴다는 뜻이다.

窮은 소전체에서부터 나오는데, 의미부인 穴과 소리부인 躬으로 구성되었다. 穴은 갑골문에서 동굴집의 입구 모습에다 동굴이 무너지지 않도록 양쪽으로 나무받침을 받쳐 놓은 모습을 그려, '동굴'의 의미를 형상화한 글자이다. 躬은 다시 임신하여 배가 부른 모습을 그린 身(몸 신)과 연이어진 척추 뼈를 그린 呂(등뼈 려)가 결합되어 '몸'이라는 의미를 나타냈는데, 이후 呂가 소리부인 弓(활 궁)으로 바뀌었다.

『설문해자』에 의하면 窮은 동굴(穴) 끝까지 몸소(躬) 들어가 보는 것을 형상화 했다고 했는데, 이로부터 극한에 이르다는 뜻이, 다시 끝이나 極端(극단)이나 窮極(궁극) 등의 뜻이 생겨났다. 그렇게 본다면 窮에서의 躬 또한 의미의 결정에도 일정정도 관여하고 있는 셈이다.

045

공상(工商): 공업(工)과 상업(商)

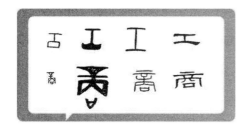

工 장인 공
商 장사 상
柱 기둥 주
足 발 족
腹 배 복
爵 잔 작

한국에서는 상공(商工)이라고 하지만 중국어에서는 우리와 달리 '꿍상(工商, gōngshāng)'을 자주 쓴다. 工이 商의 앞에 놓인 것은 지금의 중국이 노동자 농민에 의해 혁명을 이룬 사회주의 국가여서 그런 것은 아닐까?

工은 구조가 대단히 간단하지만 어원에 대해서는 논란이 많다. 하지만 갑골문을 보면 흙담을 다질 때 쓰던 돌로 만든 절굿공이나 달구를 그린 것이라는 해석이 가장 적절해 보인다. 工의 위쪽 가로획은 손잡이를, 아랫부분은 절굿공이를 그렸다.

갑골문을 사용했던 商나라는 지금의 하남성 일대에 위치하여 지역의 대부분이 황토로 되어 있다. 이 때문에 담이나 성을 쌓을 때에는 진흙을 다져서 만들었고, 집을 지을 때에도 진흙을 구운 벽돌을 사용할 수밖에 없었다.

그래서 진흙은 그들에게 가장 중요한 건축 재료였으며, 진흙을 다지는 절굿공이가 당시의 가장 대표적인 도구가 되었을 것이다. 그렇게 해서 절굿공이를 그린 工은 工具(공구)의 대표가 되었고, 그러한 일에 전문적으로 종사하는 이를 工匠(공장), 그러한 과정을 工程(공정)

이라 하게 되었다.

다만 둥근 모양의 절굿공이가 갑골문에서는 단단한 거북딱지에 새기기 편하도록 네모꼴로 변했을 뿐이다.

商 역시 어원에 대해 해설이 분분한 글자이다. 하지만 갑골문과 금문에서의 자형을 종합에 보면, 두 개의 장식용 기둥(柱)과 세 발(足)과 둥그런 배(腹)를 갖춘 술잔을 그린 것으로 보이며, 爵이라는 술잔과 비슷하게 생겼다.

商이 商이라는 민족과 나라를 지칭하게 된 연유는 잘 알려져 있지 않다. 하지만 일찍부터 하남성 동북부에 위치했던 殷墟(은허)를 商이라 불렀는데, 그곳은 당시 中原(중원)의 핵심 지역으로 교통이 편리

●「달구
다지기(打夯)」.(출처:
華人民共和國交通運輸部)

해 교역이 성행했다. 商에 거점을 두었던 商族들은 장사수완이 대단히 뛰어났던 것으로 알려져 있다.

그래서 그들을 '商에 사는 사람'이라는 뜻의 '商人(상인)'으로 불렸는데, 이후 '장사꾼'이라는 뜻으로 쓰였다. 장사에는 언제나 가격 흥정이 있게 마련이다. 그래서 商에는 商議(상의)나 商談(상담)에서처럼 '의논하다'는 뜻도 들게 되었다.

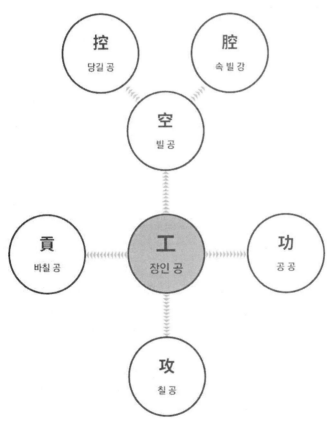

[표-25] 'エ'으로 구성된 글자들

046

이익(利益): 이로움(利)이 넘쳐남(益)

利 날카로울 리
犁 쟁기 려
秀 빼어날 수
乃 이에 내
銹 녹슬 수
誘 꾈 유

利는 익어 고개를 숙인 곡식의 모습을 그린 禾(벼 화)와 칼을 그린 刀(칼 도)로 구성되었지만, 갑골문에서는 조금 다른 모습을 했다. 오른쪽의 刀가 쟁기의 모습으로 되었고, 그 사이로 그려진 점들은 쟁기질 할 때 일어나는 흙덩이를 형상화한 것이다.

그래서 利는 곡식(禾)을 심을 밭을 쟁기로 가는 모습을 그렸는데, 이후 쟁기가 칼(刀)로 변했다. 쟁기질은 인류가 발명한 耕作法(경작법) 중의 가장 뛰어난 성과의 하나이며, 중국은 서구보다 수백 년이나 앞서 쟁기를 발명했다. 쟁기는 날이 날카로워야 적은 힘으로도 밭을 깊게 갈 수 있고, 밭을 깊게 갈아야만 좋은 결실을 기대할 수 있다. 그래서 利는 銳利(예리)하다는 뜻을 갖게 되었고, 예리한 쟁기 날이 많은 수확을 보장해 줄 수 있기에 利益(이익)이라는 뜻도 생겼다.

利에 牛(소 우)가 더해진 犁는 쟁기에 의한 경작을 사람 아닌 소의 힘에 의존하는 모습을 형상적으로 그렸다. 그래서 犁는 쟁기라는 의미 외에도 밭을 갈다, 즉 耕作이라는 의미를 함께 가진다.

利와 유사한 글자가 秀이다. 秀는 소전체에서 禾와 乃로 구성되었는데, 乃는 갑골문에서 낫 같은 모양의 수확 도구를 그렸다. 낫은 칼에 비해 곡식을 수확하는데 더없이 유익한 도구였을 것이다. 그래서 낫 (乃)은 곡식(禾) 수확의 빼어난 도구라는 의미에서 '빼어나다'의 뜻이 생겼을 것이다. 물론 『설문해자』를 해석한 학자들은 秀를 '꽃이 피지도 않고 곡식알을 맺은 것'이라거나 '곡식알이 아래로 처져 있는 모습'이라고 해석하기도 했지만 자형과 그다지 맞아 떨어지지 않아 보인다.

秀에 金(쇠 금)이 더해진 銹는 '녹이 슬다'는 뜻이다. 낫과 같이 날이 예리한 부분일수록 녹이 잘 슬게 마련이다. 銹는 상당히 뒤에 출현한 글자지만 秀가 갖고 있는 원래의 의미를 충분히 반영하여 만든 글자라 할 수 있다. 금속, 특히 鐵(철)에게 가장 무서운 적은 녹이다. 녹이 슬지 않는 철, 그것을 한자로 옮기면 '不銹鋼(불수강, búxiùgān)'인데 현대 중국어에서 스테인리스(stainless steel)를 말한다.

그런가 하면 秀에 말을 뜻하는 言(언)이 더해지면 誘가 되는데, 사람을 꾀는 것은 주로 말로 하기 때문이다. 꼬드김은 보통의 말이 아닌 상황에 적확하며 빼어난 말일 때 가능하다. 그래서 빼어난(秀) 말(言)은 꼬드김일 가능성이 높음을 경계해야 할 것이다.

047

노동(勞動): 힘들여(勞) 움직임(動)

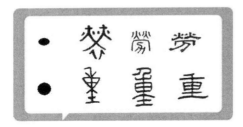

勞 일할 로
勤 부지런할 근
熒 등불 형
動 움직일 동
重 무거울 중
童 아이 동

5월 1일은 세계인들이 함께 하는 메이 데이(May Day) 즉 勞動節(노동절)이다. 우리는 '勤勞者(근로자)의 날'이라 이름 하였지만, 勞와 勤은 사실 같은 뜻이다.

勞를 『설문해자』에서는 力(힘 력)이 의미부이고 熒의 생략된 모습이 소리부라 하였지만, 금문은 두 개의 火(불 화)와 衣(옷 의)로 구성되었다. 火는 등불을 뜻하고 衣는 사람을 의미하여, 불을 밝혀 밤 새워 일하는 모습을 형상화했다.

금문에서는 간혹 衣 대신 心(마음 심)이 더해지기도 했지만, 소전체로 들면서 지금처럼 力으로 고정되었다. 힘든 일로 고생스런 마음을 뜻하는 心 보다 육체적 힘을 뜻하는 力이 의미부가 된 것은, 원래는 정신적·육체적 노동의 구분이 없던 것에서 육체적 노동이 勞動을 대표하게 되었음을 의미한다.

『설문해자』에서 '힘(力) 쓰는 것을 勞'라 하였고, 『爾雅(이아)』에서 "勤과 같은 뜻이다"라고 설명한 것도 같은 맥락이다. 나아가 『맹자』에서는 "마음(心)을 쓰는 자는 사람을 다스리고, 힘(力)을 쓰는 자는 남의 다스림을 받는다."라고 하여 육체적 노동보다 정신적 노동의 중요성을 강조하기도 하였다.

動은 重과 力으로 구성되었는데, 重은 소리부 겸 의미부이다. 重은 금문에서 문신용 칼(辛·신)과 눈(目·목)과 東(동녘 동)과 土(흙 토)로 구성되었는데, 東은 소리부로 쓰였다.

이러한 모습의 重은 사실 童과 같은 어원을 가진다. 즉 죄를 짓거나 전쟁에 패해 노예가 된 남자 종을 童이라 했다. 童은 눈(目)을 칼(辛)로 刺害(자해)하여 반항 능력을 상실시킨 종을 말했는데, 이후 '아이'라는 뜻으로 의미가 변했다.

그래서 重은 눈을 자해 당한 남자 종이 힘든 일을 하고 있는 모습을 형상화했으며, 이로부터 '過重(과중)하다'는 뜻이 생겼다. 이런 연유로 童과 重은 鍾·鐘(종 종)에서처럼 지금도 종종 같이 쓰인다.

重은 이후 動作(동작)을 강조하기 위해 辶(쉬엄쉬엄 갈 착)이나 力이 더해졌으나, 결국에는 고된 일이나 强制(강제)를 뜻하는 力이 대표로 채택되어 지금처럼의 動이 되었다. 따라서 動은 '고된 일을 강제하다가 원래 뜻이며, '움직이다'는 뜻이 나왔다.

048

무역(貿易): 상품을 사고팔며(貿) 서로 바꿈(易)

貿 바꿀 무
卯 넷째지지 묘
易 바꿀 역·쉬울 이
蜴 도마뱀 척
錫 주석 석
賜 줄 사

貿는 貝(조개 패)와 卯로 구성되었는데 卯는 소리부도 겸한다. 貝는 조개화폐를 뜻하고, 卯는 갑골문에서 어떤 것을 두 쪽으로 대칭되게 갈라놓은 모습이다. 특히 갑골문에서는 희생물을 '두 쪽으로 갈라' 제물로 바쳐 지내는 제사를 말하기도 했다. 이후 卯는 죽이다, 가르다는 뜻 외에도 '나누다'는 의미를 갖게 되었다.

예컨대 留(머무를 류)는 田(밭 전)과 卯로 이루어졌는데, 들판의 논밭(田)에 낫 등으로 잘라(卯) 남겨둔 수확물을 말하며, 이로부터 남(겨두)다의 뜻이 생겼다. 또 柳는 분리하기(卯) 쉬운 특성을 가진 나무(木·목)를 말하는데, 버들피리에서 보는 것처럼 버드나무(柳)는 물이 오르면 껍질과 속이 쉬 분리되는 속성을 가진다. 후세에 들면서 버드나무는 이별의 상징이 되기도 했다. 그것은 멀리 떠나는 사람에게 버들가지를 꺾어 보냈기 때문이다. 그런가 하면 劉(죽일 류)는 卯와 金(쇠 금)과 刀(칼 도)로 구성되어, 쇠(金) 칼(刀)로 갈라 죽이는(卯) 것을 말한다.

易의 금문 자형에 대해서는 의견이 많지만, 발이 달린 도마뱀을 그렸다는 것이 일반적이다. 그렇다면 도마뱀이 易의 원래 뜻이다. 그러나 고대 중국인들은 도마뱀을 카멜레온과 혼동하였던지 도마뱀이

환경에 따라 색깔을 잘 바꾸고 변화시킨다고 생각하는 바람에 易에 '바꾸다'와 '쉽다'는 뜻이 생겼고, 그 때에는 '이'로 구분하여 읽었다. 그리고 원래의 도마뱀은 虫(벌레 충)을 더한 蜴으로 분화시켜 표현했다.

또 賜는 높은 사람이 아랫사람에게 내리는 것을 말한다. 예컨대 임금은 제후에게 그가 세운 공에 따라 정해진 물건을 下賜品(하사품)으로 내렸다. 그 하사품은 필요에 따라 다른 물건으로 쉽게 바꿀 수 있는 옥, 비단, 청동 등이 대부분이었다. 그래서 賜에는 다른 화폐(貝)로 바꿀(易) 수 있도록 내리는 물건이라는 뜻이 들어 있다.

그런가 하면 주석을 말하는 錫은 순수한 구리를 청동으로 만들 때 첨가하는 가장 중요한 요소의 하나이며, 그러한 과정을 그쳐 구리는 솥(鼎·정)이나 鐘(종) 같은 여러 가지 아름다운 청동기물로 태어난다. 그래서 錫은 여러 다른 물건으로 바꾸어(易) 만들 수 있는 금속(金)이라는 뜻이다.

이렇게 볼 때, 貿는 나누어진(卯) 두 편 사이를 화폐(貝)로써 교환하고 바꿈을 말한다. 여기에 易이 더해짐으로써 貿易은 '바꾸다'는 의미가 더욱 강조된 모습이 되었다.

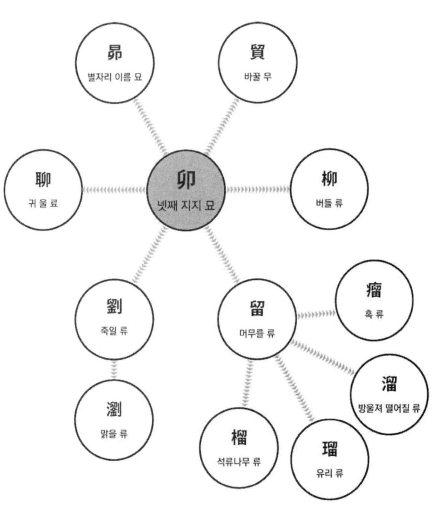

[표-26] '卯'로 구성된 글자들

049

시장(市場): 상품을 사고파는(市) 장소(場)

市 저자 시
舟 배 주
巾 수건 건
場 마당 장
土 흙 토
昜 볕 양

오랜만에 찾은 재래시장, 예전 같은 활기를 기대하는 것은 무리인가? 대형 할인점 등의 새로운 流通構造(유통구조)가 市場의 판도를 바꾼 탓에 이제 옛 시장의 모습에 모두 '在來(재래)'라는 수식어가 붙고 말았다.

하지만 市場 자체가 시간에 따라 변화를 겪는 것은 당연한 일이다. 우선, 市자의 뿌리를 찾아 가장 오래된 모습인 갑골문으로 가보자. 물론 이 글자는 그간 무척 많은 변화를 겪은 글자라 기존의 학설만으로는 설명이 어렵다.

갑골문에서 市는 발(止·지)과 돛(帆·범)이나 바닥이 평평한 배(舟)로 보이는 형상을 그려 놓았다. 止는 오가는 행위를 뜻하고, 돛은 배를 상징하고 배는 가장 초기 형태의 교역인 물물교환의 장소를 뜻한다. 배는 옛사람들에게 동네와 동네를 이어주는 통로 구실을 했을 것이다.

그러던 것이 주나라 때의 금문에 들면, 止와 八(여덟 팔)과 丂(기교 교)로 구성된 형태로 변했는데, 이를 두고 근대의 林義光(임의광)은 "八은 나누다(分·분)는 뜻이고, 丂는 끌어들이다(引·인)는 뜻이다. 사고파는 이들이 물건을 나누어 벌려 놓고 사람을 끌어 들인다"고 풀이했다. 이 자형이 「兮甲盤(혜갑반)」이라는 청동기 銘文(명문)에 등장하고 있음으로 보아 西周 (서주) 후기 때에는 이미 여러 물건을 벌려놓고 사람들을 끌어 들이는 진정한 의미의 시장이 출현했음을 알려준다.

그 후 다시 지금의 자형처럼 巾이 들어간 구조로 변했는데, 巾은 깃발을 상징한다. 시라카와 시즈카(白川靜)의 말처럼 巾은 "시장이 서는 장소를 표시하기 위해 세워놓은 標識(표지)"로서, 오늘날 식으로 말하자면 공정거래가 이루어질 수 있도록 감독을 용이하게 하고, 많은 사람들이 쉽게 찾을 수 있도록 한 것을 의미한다.

場은 土가 의미부이고 昜이 소리부인 구조로, 신에게 제사를 드리던 평지를 말한다. 하지만 昜이 陽(볕 양)의 초기 글자로 제단 위로 떠있는 태양을 그린 것임을 고려해 보면, 이는 태양신에게 제사를 드리던 장소를 뜻하여 의미부의 기능도 함께 하는 것으로 보인다. 이후 場은 곡식을 널어 말리던 햇볕이 잘 드는 평평한 마당이나 사람이 많이 모이는 場所(장소)를 뜻하게 되었다.

● 고대 중국의 시장 모습

050

부세(賦稅): 세금(稅)을 부과함(賦)

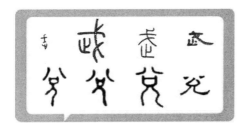

稅 징수할 세
賦 조세 부
禾 벼 화
兌 기뻐할 태
悅 기쁠 열
武 굳셀 무

공정한 납세(納稅)가 우리사회의 화두가 되고 있다. 稅金(세금)이라는 단어는 언제 어떻게 만들어진 것일까?

稅金은 백성의 재산권이 인정되기 시작하면서 생겨난 제도이다. 따라서 중국에서도 稅金은 노예제에서 봉건제로 이행하는 시기인 春秋(춘추)시대 때부터 등장하기 시작한다.

稅金을 뜻하는 한자로는 稅와 賦가 대표적이다. 稅는 禾가 의미부이고 兌가 소리부로, 옛날 전답을 경작하는 대가로 내던 농지세를 말했다. 전답에서 수확한 곡식의 일정 비율을 세금으로 납부했기에 禾가 의미부로 들어갔다. 稅는 이후 농지세 뿐 아니라 세금을 매겨 물리는 모든 稅金으로 의미가 확장되었다.

兌는 갑골문에서 입을 크게 벌린 사람(兄·형)과 두 점으로 구성되었는데, 두 점은 위로 나온 숨을 상징한다. 따라서 兌는 사람이 입을 벌리고 웃는 모습을 그렸으며, '기쁘다'가 원래 뜻이다. 이후 兌가 '바꾸다'는 뜻으로 가차되자 원래 뜻을 나타낼 때에는 심리상태를 뜻하는 心(마음 심)을 더하여 悅이 되었다.

稅에 기쁘다는 뜻의 兌가 들어간 것은 주목할 일이다. 백성들의 피를 짜내어 가능한 한 많은 세금을 거두어들이는 것이 통치자들의 즐거움이었기 때문일까? 여기서의 기쁨(兌)은 아마도 백성을 착취하는데서 얻는 새디즘적 기쁨이라기보다는 풍년이 들어 세금을 넉넉하게 거두어들이는 데 따른 '기쁨'이었을 것이다.

賦는 貝(조개 패)가 의미부이고 武가 소리부로이다. 이 역시 稅金을 말하지만 稅가 곡식(禾)으로 내는 세금이라면 賦는 돈(貝)으로 내는 세금을 말한다.

武는 갑골문에서 止(발 지)와 戈(창 과)로 구성되어, '步武(보무)'에서처럼 '무기를 메고 가는 씩씩한 발걸음'을 뜻했으나 이후 武器(무기)나 武力(무력)이라는 뜻으로 의미가 확장되었다. 따라서 賦는 전쟁을 치루기 위한 목적세, 즉 軍賦(군부)를 말했다. 그렇다면 賦에서 武는 의미부의 역할도 함께 하고 있다.

이처럼 賦는 화폐로 내는 세금을 뜻하다가 徵收(징수)나 賦與(부여)의 뜻도 가졌다. 그래서 天賦(천부)라고 하면 '하늘이 내려준', 선천적으로 타고 난 것을 말한다.

● 중국 운남성 대리의 바이(白)족들이 사용하는 평저선

051

소비(消費): 써서(費) 사라짐(消)

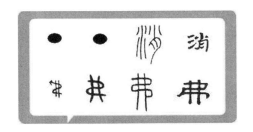

消 사라질 소
肖 작을·닮을 초
削 깎을 삭
銷 녹일 소
費 쓸 비
弗 아니 불

消는 水(물 수)와 肖로 이루어졌다. 소리부도 겸하는 肖는 전국문자에서 小(작을 소)와 肉(月·고기 육)으로 이루어져, 잘게 썰어 놓은 고깃덩어리를 말했다. 고기를 잘게 썰어 놓으면 고기의 종류에 관계없이 대체로 비슷해 보이며 구분이 힘들어 진다. 이로부터 肖에는 '작다'는 뜻 이외에도 '닮다'는 의미가 나오게 되었다. 보통 不肖(불초)라고 하면 자식이 부모 앞에서 자신을 낮추어 부르는 말인데, 부모만큼 훌륭하게 닮지(肖) 못한(不) 못난이라는 뜻이다. 이로부터 肖에는 다시 어리석고 별 볼일 없는 사람이라는 뜻이 생겼다.

消는 주로 얼음이 녹다는 의미로 쓰였는데, 그 속에는 큰 덩치의 얼음이 작은(肖) 물(水)로 변하는 모습이 형상적으로 표현되어 있다. 이후 消는 消失(소실)이나 消滅(소멸) 등의 뜻이 생겼고, 이로부터 '다 써버리다'는 의미까지 생겼다.

이에 비해 銷는 금속(金·금)이 녹는 것을 말하는데, 이 역시 큰 광석 덩어리가 녹아 작은(肖) 금속(金)으로 변하는 모습이 반영되어 있다. 또 削은 어떤 물건을 칼(刀·도)로 잘게 깎아 내는 것을 말하며, 그러한 도구인 '창칼(書刀·서도)'을 말하기도 한다.

費는 소전체에서 貝(조개 패)와 弗로 이루어졌는데, 弗은 소리부도 겸한다. 貝는 조개 화폐를 뜻하고, 弗은 갑골문에서 화살을 실(己·기)로 동여매어 놓은 모습을 그렸다. 제대로 펴지지 않아 화살로 쓸 수 없는 것을 실로 묶어 바로 잡고 있는 모습을 그린 것으로 보인다. 그래서 弗의 원래 뜻은 바로잡다(矯正·교정)이며, 제대로 펴지지 않은 화살이라는 뜻에서 '바르지 않다'는 뜻이 생겼고, 다시 부정사로 쓰이게 되었다.

따라서 消費의 '消'는 녹아 없어지다는 뜻을, '費'는 돈을 바르게 쓰지 않는 것을 말한다. 이 단어는 소비가 결코 미덕이 될 수 없었던 고대사회의 특징을 반영한 글자라고 하겠다.

최근에 유행하는 '나는 소비한다, 고로 나는 존재 한다'는 주장은 교환가치(돈)가 일상을 지배하는 자본주의 사회의 가치를 나타내는 것으로, 그것은 消費가 자본의 유통과 순환의 지배적 코드로 자리 잡았음을 말해주는 주장이다. 하지만 잉여생산이 요즘과 같은 지위를 얻지 못했던 근대와 근대 이전의 사회에서 消費란 단지 자원의 낭비에 불과했고, 결코 사회의 중심적 가치로 떠오르지 못했기에 근대 이전에는 이러한 주장이 존재할 수 없었음은 쉽게 이해할 수 있는 부분이다.

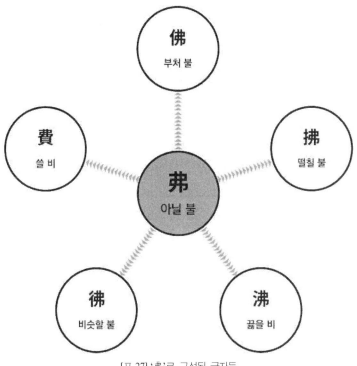

[표-27] '弗'로 구성된 글자들

052

위조(僞造): 거짓으로(僞) 만들어냄(造)

僞 거짓 위
爲 할 위
譌 거짓말 와
訛 그릇될 와
造 지을 조
告 알릴 고

僞는 人(사람 인)과 爲로 구성되었는데, 爲는 소리부도 겸한다. 爲는 갑골문에서 손(又·우)으로 코끼리(象·상)를 움직여 일을 시키는 모습을 그렸다. 이로부터 일을 시키다나 일을 하다는 뜻이 생겼다.

그래서 僞는 사람(人)이 시켜서 하는(爲) 일이란 뜻으로, 자연적인 것과의 조화를 깨뜨리는 것을 의미한다. 동양에서는 전통적으로 人爲的(인위적)인 것에 대한 부정적 인식이 존재해 왔다. 그래서 노자의 말처럼 無爲自然(무위자연) 즉 인위적인 것 없이 자연 상태로 그대로 두는 그것이 최상의 덕목이었다. 그래서 집을 지어도 자연과 조화를 이루어야 하고, 사는 것도 대자연으로 돌아가는 것이 최고의 삶이었다. 그렇지 못한 것은 모두 인위적인 것이요, 그것은 곧 거짓이자 虛僞(허위)로 인식되었다.

爲에 言(말씀 언)이 더해진 譌 역시 거짓말이라는 뜻이다. 말(言)로 하는(爲) 것은 모두 '거짓'이며, 서구에서의 말(logos) 중심주의와는 달리 '말'은 믿을 수 없는 것으로 인식하였음을 웅변해 주는 글자이다. 譌의 속자인 訛는 말(言)이 진실을 변화시킨다(化)는 사실을 더욱 형상적으로 표현하기 위해 만들어진 글자이다.

造는 辵(쉬엄쉬엄 갈 착)과 告로 구성되었는데, 이의 자형에 관해서는 이설이 많다. 금문 단계만 해도 지금의 자형에다 舟(배 주)나 宀(집 면)이 더해지기도 했고, 심지어는 金(쇠 금)이나 貝(조개 패) 등이 더해진 형상을 하기도 했는데, 소전체로 오면서 지금의 자형으로 통일되었다.

造를 구성하는 辵은 원래 行(갈 행)의 줄인 모습과 止(발지)가 합해진 것으로 가다는 동작을 나타내고, 告는 소(牛·우) 같은 희생물을 제단에 올려 어떤 상황을 신에게 알리는(口·구) 모습을 그린 글자이다. 그래서 造는 나아가(辵) 알린다(告)는 뜻으로 해석할 수 있는데, 금문 등에서의 자형을 참고해 보면 작업장(宀)에서 배(舟)나 청동 기물(金)이나 화폐(貝) 등을 만들었을 때 조상신에게 그의 완성을 알리는 모습을 그린 것으로 추정할 수 있다. 그래서 어떤 물건의 製造(제조)나 완성이 造의 원래 뜻이다.

한자에서 '만들다'는 뜻을 가지는 다른 글자인 作(지을 작)이 옷을 만드는 것을 형상한 것임에 비해, 造는 청동기물이나 화폐 등과 같은 개인이 아닌 국가가 만들 수 있는 물품의 製造를 뜻한다. 그래서 造는 作에 비해 더욱 큰 것을 만든다는 차이점을 가진다.

053

인색(吝嗇): 아끼고(吝) 아낌(嗇)

吝 아낄 린
嗇 아낄 색
來 올 래
穡 거둘 색
牆·墙 담 장
薔 장미 장

'아끼고 아끼다'는 뜻의 吝嗇(인색)은 독음이 어려워 시험에도 자주
나오는 한자어이다.

吝은 갑골문에서부터 口(입 구)와 文(무늬 문)으로 구성되었는데, 文
은 소리부도 겸한다. 文은 사람의 시신에 칼집을 낸 것으로부터 무
늬라는 의미가 나왔고, 획을 교차시켜 글자를 만들었기 때문에 다시
文字(문자)라는 의미를 갖는 글자다. 그리고 화려한 무늬나 문장으로
부터 '빛나다'는 뜻을 가지기도 한다. 그래서 吝은 '빛나는(文) 말(口)'
이란 '아끼는' 데서부터 나온다는 의미를 형상화한 글자로 볼 수 있
다. 吝을 구성하는 文이 옛글자에서 자주 彣(채색 문)으로 대체되어
쓰인 것도 이러한 추정을 반증해 준다.

嗇은 지금의 자형에서는 알아보기 힘들지만 금문에서만 해도 윗부
분은 來(올 래)로 되었고 아랫부분은 기단이 만들어진 창고(㐭·름)를
그렸음이 분명하다.

來는 갑골문에서 잎이 여럿 난 보리(밀)의 형상을 그렸다. 보리는 중
앙아시아가 원산지로 일찍부터 중국으로 수입된 농산물의 하나다.
그래서 來에는 외지에서 들어온 곡물이라는 뜻에서 '오다'는 의미가

생겼고, 그러자 원래의 보리를 나타낼 때에는 길게 뻗은 뿌리의 형상을 더한 麥(보리 맥)으로 분화했는데, 보리는 땅 속 깊이 뿌리를 내려 건조한 지역에서도 잘 자라는 곡물이기 때문이다.

그래서 嗇은 '보리(來)를 수확하여 기단이 만들어진 창고(㐭)에 보관'하는 모습을 그린 글자다. 기단을 만든 것은 지면의 습기로부터 곡식을 보호하기 위한 조치였을 것이다. 보리는 하늘이 내려준 선물이라고 할 정도로 고대 중국에서 귀중한 곡물이었기에 어떤 다른 곡물보다 아끼고 잘 보관해야만 했다. 그래서 嗇은 '아끼다'는 뜻이 생겼고, 다시 곡식을 보관하는 '창고'나 담장을 둘러 창고를 만든 데서 '담'이라는 뜻까지 갖게 되었다.

그러자 이러한 의미를 더욱 정확하게 구분하기 위해 禾를 더한 穡으로 '곡식(禾)의 수확'을 나타냈는데, 사실은 '곡식'이 중복되어 들어간 모습이다. 그리고 嗇에 土(흙 토)를 더한 墻으로 '담'이라는 뜻을 나타냈다. 하지만 이후 墻은 土 대신 爿(나무 조각 장)을 더하여 牆으로 쓰기도 했는데, 그것은 爿이 발음도 나타내지만 곡식 창고의 울타리를 나무로 만들었다는 반영이기도 하다.

嗇에 艸(풀 초)가 더해진 薔은 薔薇(장미)를 뜻하는데, 그것은 薔薇가 담벼락(嗇)을 따라 잘 자라는 넝쿨식물(艸·초)이기 때문이다.
색

● 하남성 낙양에서 출토된 서한 후기 때의 대규모 곡식저장 그릇. 각각의 곡식 이름과 저장 가능한 양을 기록해 두었다. 『詩經名物新證』, 74쪽.

054

축적(蓄積): 많이 모아서(蓄) 쌓음(積)

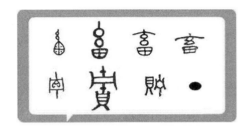

貯 쌓을 저
宁 쌓을 저
佇㝢 우두커니 저
蓄 쌓을 축
畜 쌓을 축
穚 쌓을 축

아무리 消費(소비)가 미덕이라고 하지만 貯蓄은 소비를 뒷받침 하는 가장 큰 재산임에 분명하다.

貯는 원래 宁로 썼는데, 지금의 자형에서는 宀(집 면)과 丁(넷째천간 정)으로 구성되었지만 사실은 宀과 가로획(一)으로 이루어졌던 것이 잘못 변한 글자이다.

宁는 갑골문에서 궤짝 속에 어떤 물건(一)이 들어 있는 모습인데, 어떤 경우에는 조개(貝·패)를 그려 넣어 그것이 조개임을 구체화했다. 금문에 들면서 貝가 궤짝 바깥으로 나와 아래쪽에 위치했고 소전체에서 다시 좌우구조로 되었다가, 이후 궤짝이 宀으로 변해 지금의 貯가 완성되었다. 貝는 옛날 화폐로 쓰였기 때문에 돈이나 재물을 상징한다. 그래서 貯는 궤짝 속에 조개화폐와 같은 재물을 모아 둔 모습으로써 '쌓아두다'는 의미를 그려낸 글자이다.

宁는 貯蓄에서도 보듯 오랜 기간의 지속적인 노력에 의해서만 가능하다. 그래서 宁는 '쌓다'는 의미 이외에도 '오래'라는 뜻을 가지기도 한다. 예컨대 佇는 사람(人·인)이 오랫동안(宁) 우두커니 서 있는 것을 말하며, 㝢는 오랫동안(宁) 서 있는(立·입) 것을 강조한 글자이다.

蓄은 艸(풀 초)와 畜으로 구성되어 곡물(艸)을 비축하는(畜) 것을 말한다. 畜은 갑골문에서 실타래처럼 꼬인 창자와 그 아래로 달린 밥통을 그렸는데 밥통 속에 음식물이 들어 있는 모습을 형상하여 胃(위) 속에 음식물이 '쌓이다'는 의미가, 다시 '먹이다'는 뜻이 나왔다.

소의 胃에서 보듯 동물은 위로 되새김질도 하고 인간과는 달리 음식을 거기에 저장하기도 한다. 또 동물의 위는 원시시절 물을 긷거나 저장하는 도구로, 여행 때에는 물통으로 요긴하게 사용되었을 것이다. 그리하여 畜에는 '저장하다'는 의미가 생겼고, 家畜(가축)은 사람들이 필요할 때 쓸 수 있도록 집(家)에서 기르는(畜) 동물을 말한다.

이후 정착농경이 본격화되면서 '저축'은 주로 곡물의 저장을 의미했고 그래서 艸(풀 초)을 더한 蓄과 禾(벼 화)를 더한 稸 같은 글자들이 나왔는데, 의미는 모두 동일하다.

그래서 지금이 아무리 消費의 시대라 해도 貯蓄은 아무리 강조해도 지나침이 없는 미덕임에 틀림없다.

055

합동(合同): 합쳐서(合) 하나 됨(同)

合 합할 합
盒 합 합
恰 미치 흡
洽 윤택하게 할 흡
會 모일 회
同 함께 동

合同은 한국어에서는 '모여 하나가 되다'는 뜻이지만, 현대 중국어에서 '허통(合同, hétong)'이라고 하면 契約書(계약서)를 말한다. 함께(合) 동의(同)한다는 뜻이다.

合은 갑골문에서 윗부분은 뚜껑을, 아랫부분은 입(口)을 그렸다. 그래서 合은 장독과 같은 단지의 입구를 뚜껑으로 덮어놓은 것과 같은 모습이다. 뚜껑은 단지와 꼭 맞아야만 속에 담긴 내용물의 증발이나 변질을 막을 수 있다.

고대사회에서 단지와 그 뚜껑의 크기를 꼭 맞추는 것도 기술이었을 것이다. 그래서 合에 符合(부합)하다, 합하다는 뜻이 생겼다. 몸체와 뚜껑이 합쳐져야 완전한 하나가 되기에 '모두', '함께'라는 뜻도 함께 가지고 있다.

한편, 찬합과 같이 뚜껑으로 덮을 수 있는 그릇을 나타낼 때에는 皿(그릇 명)을 더하여 盒이라 사용하게 되었다. 그리고 合에서 파생된 恰은 마음(心)이 합쳐진(合) 것으로 恰似(흡사)함을, 洽은 물(水)이 합쳐진(合) 것으로 洽足(흡족)함을 나타내며, 祫(합사할 협)은 함께 모아(合) 지내는 제사(示) 즉 合祭(합제)를 말한다.

슴과 유사한 구조를 가진 글자가 倉인데, 갑골문에서 윗부분은 지붕을 중간부분은 창고를 아랫부분은 창고의 문(口)을 그렸다. 창고는 고대 중국이 농경사회였던 점을 감안할 때 곡식을 저장하는 창고였으리라. 穀倉(곡창)에는 여러 종류의 곡식을 함께 저장해 두었을 것이고, 이로부터 '모으다'는 뜻이 생겨났다. 따라서 會議(회의)나 同門會(동문회) 등에서 보듯이 會는 곡식을 창고에 모으듯 사람들이 어떤 목적을 위해서 모이는 것을 의미한다.

同은 갑골문에서 아랫부분은 입(口)이고 윗부분은 가마 같은 들 것을 그렸다. 따라서 이 글자는 가마와 같은 무거운 것을 구령(口)에 맞추어 '함께' 들어 올리는 모습을 형상화한 듯하다.

이와 유사한 구조가 여기에 손 네 개(舁·마주 들 여)가 더해진 興(일어날 흥)이다. 興은 손 네 개를 보다 강조하여 형상화함으로써 들 것을 구령에 맞추어 네 손(舁)으로 함께(同) '들어 올리는' 모습을 그렸다.

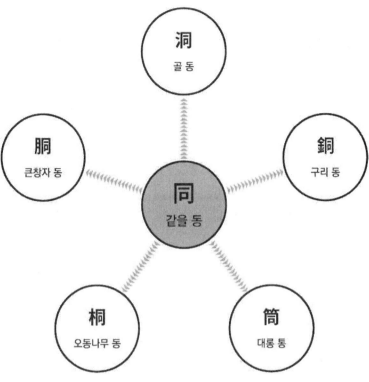

[표-28] '同'으로 구성된 글자들

056

환율(換率): 바꾸는(換) 비율(率)

換 바꿀 환
奐 빛날 환
廾 두 손 마주잡을 공
穴 구멍 혈
率 비율 율·거느릴 솔·장수 수
帥 장수 수

換은 의미부인 手(손 수)와 소리부인 奐으로 이루어졌으며, 어떤 것을 가져와 바꾸다가 원래 뜻이다. 手는 다섯 손가락이 그려진 손을 형상화한 글자이고, 奐은 소전체에서 두 손(廾)과 동굴 집(穴)과 사람(人·인)으로 구성되었는데 『설문해자』에서는 사람(人)이 높은 동굴 집(穴) 위에 서 있는 모습이라고 설명했다.

奐은 인간이 살던 집의 가장 원시적 형태인 동굴에 두 손의 형상을 더함으로써, 어떤 것을 집으로 가져와 바꾸다는 의미를 그렸다. 그러나 이것이 단순히 바꾸다는 의미이기도 하지만, 집의 형상과 그 집에 서있는 사람의 모습과 관련시킬 때, 자신의 소유가 아닌 것을 자신의 소유로 바꾼다는 의미로 보인다. 또 영어의 '입장(Stand-point)'이라는 단어가 서있는 상태의 은유에서 나온 글자이듯, 자신의 입장에 맞도록 어떤 것을 변화시킨다는 것을 뜻한다.

그래서 變換(변환)이라고 하면 그것은 자의적 바꾸기가 아니라 어떤 원칙에 입각해서 자신의 입장에 맞도록 변화시키는 것을 의미한다. 그래서 換率은 돈을 바꾸는 것을 의미하지만 이것 역시 자국 화폐의 사용용도에 맞도록 돈의 가치를 비율에 맞게 변화시킴을 뜻한다.

率은 여러 뜻과 독음을 가지는 글자여서 시험에도 자주 나오는 글
자이다. 率은 금문에서 실타래 모양의 중간 부분과 양쪽으로 점이
여럿 찍힌 모습이다. 중간의 실타래는 동아줄을 말하고 양쪽의 점은
동아줄에서 삐져나온 까끄라기를 상징한다. 동아줄은 비단실이 아닌
삼베나 새끼줄로 만들 수밖에 없다. 그래서 비단실과는 달리 양쪽으
로 삐져나온 까끄라기가 그려졌다.

그래서 率의 원래 뜻은 '동아줄'이다. 동아줄은 배를 묶거나 어떤 거
대한 물체를 끄는데 사용된다. 그래서 率에는 率先(솔선)에서처럼 이
끌다는 뜻이, 또 이끄는 것에 따라가다는 뜻이 생겼다. 이때에는 輕
率(경솔)에서처럼 '솔'로 읽힌다.

한편 동아줄의 이끌다는 의미를 살려 무리를 이끄는 지도자나 우두
머리라는 의미에서 '장수'라는 뜻이 파생되었고, 이 경우에는 '수'로
읽히며 帥와 같이 쓰기도 한다.

지도자와 우두머리는 타인의 본보기가 되고 '모범'이 되어야 하며,
대중의 표본이 되어야 한다. 이러한 의미에서 率에는 다시 '표준'이
라는 뜻이, 그리고 어떤 표준에 근거해 계산하다는 의미까지 생겼다.
이 경우에는 比率(비율)이나 換率에서처럼 '율'로 읽힌다.

05

윤리와 관습

倫理와 慣習

제5장
윤리와 관습

57. 겸손(謙遜): 말을 줄이고(謙) 아랫사람처럼 행동함(遜)

58. 관습(慣習): 익숙해서(習) 버릇이 됨(慣)

59. 규범(規範): 규칙(規)으로 삼아야 할 본보기(範)

60. 용서(容恕): 잘못을 너그러이(恕) 받아들임(容)

61. 윤리(倫理): 사람이 지켜야 할(倫) 이치(理)

62. 진리(眞理): 참(眞)과 곧음(貞)

63. 의지(意志): 속으로 생각하는(意) 뜻(志)

057

겸손(謙遜): 말을 줄이고(謙) 아랫사람처럼 행동함(遜)

謙 겸손할 겸
兼 겸할 겸
秉 잡을 병
廉 청렴할 렴
遜 겸손할 손
孫 손자 손

謙은 言(말씀 언)과 兼으로 이루어졌다. 言은 말을 뜻하고, 소리부도 겸하는 兼은 갑골문에서 손(又·우)으로 볏단(禾·두) 둘을 잡고 있는 모습을 그렸다. 손(又)으로 볏단(禾)을 하나 잡은 모습을 그린 것이 秉임을 고려하면, 兼은 두 가지 이상의 사물이나 행위를 동시에 잡 거나 하는 것을 말한다. 이로부터 兼에는 겸하다는 뜻이, 다시 어떤 것을 '하나로 묶다'는 의미가 생겼다.

그래서 謙은 말(言)을 묶어 둔다(兼)는 의미로 풀이된다. 그것은 말을 많이 하는 것보다 말을 적게 하는 것, 즉 침묵이 미덕으로 간주되고 그 무엇보다 중요한 행동규범으로 기능해온 전통을 형상적으로 그 려낸 글자이다. 동양 사회에서는 전통적으로 모든 불행은 입, 즉 말 (言)로부터 나오기에 말을 삼가는 것이 최고의 덕목으로 자리 잡아 왔기 때문이다.

이처럼 兼으로 구성된 글자들은 주로 '묶(어 두)다'는 의미를 가진다. 예컨대 鎌(낫 겸)은 볏단을 움켜쥐고 베는 금속(金·금) 도구인 낫을 말한다. 또 廉(청렴할 렴)은 처마(广·엄)가 한곳으로 모이는(兼) 곳이 라는 뜻으로부터 '모서리'의 의미가 나왔고, 모서리는 집에서 각진 곳이며, 각이 지다는 것은 품행이 올곧음을 상징하여 '淸廉(청렴)'이라는 뜻까지 나온 글자이다.

그런가 하면 慊(흡족하지 않을 겸)은 어떤 것을 풀지 않고 마음(心·심) 속에 묶어두는(兼) 것을 말하며, 이로부터 '싫어하다'는 뜻이 나왔다. 嫌(싫어할 혐)은 사람(女·녀)에 대한 불만족이나 의혹이나 의심 등을 말하는데, 사람의 상징으로 여자(女)가 채택된 것은 남성중심 사회의 일면을 엿보게 해 준다.

遜은 辵(쉬엄쉬엄 갈 착)과 孫(손자 손)으로 구성되었는데, 孫은 소리부도 겸한다. 辵은 彳(조금 걸을 척)과 止(발 지)가 합쳐져 길(彳)을 가다(止)는 의미를 그렸으며, 이후 행하다나 실천하다는 의미까지 가지게 된 글자이다. 孫은 금문에서 子(아들 자)와 糸(가는 실 멱)으로 구성되어, 실(糸)처럼 계속 이어지는 자손(子)이라는 의미로부터 '손자'의 의미를 그려 냈다.

그래서 遜은 자손(孫)들이 해야 할 행동거지(辵)를 말한다. 즉 자손들이 부모나 조상에 대해 하는 것처럼 언제나 공손하고 양보하며 뒤로 물러나는 '謙遜함'을 말한다.

이처럼 謙遜에서의 謙은 말(言)을 묶어 두고(兼) 적게 하는 것을, 遜은 자손(孫)들이 가져야 할 행동거지(辵)를 말한다.

058

관습(慣習): 익숙해서(習) 버릇이 됨(慣)

慣 버릇 관
貫 꿸 관
毌 꿰뚫을 관
習 익힐 습
羽 깃 우
白 흰 백

慣習은 한 사회에서 '오랫동안 습관이 되어 익숙해진 질서나 규칙'을 말하고, 慣習法은 그러한 '사회적 관습이 사회적 규범으로 자리 잡은 것'으로 성문법과는 구별된다.

慣은 心(마음 심)과 貫으로 이루어졌는데, 貫은 소리부도 겸한다. 貫은 갑골문에서 貝(조개 패)가 빠진 毌으로 써, 끈이나 꼬챙이로 어떤 물건을 꿰어 놓은 모습을 하였는데, 소전체에 들면서 꿰어 놓은 것이 조개(貝)임을 구체화시켜 지금의 貫이 되었고, 그 때문에 화폐의 단위로도 쓰였다.

그래서 貫은 꿰다는 뜻을 가지며, 이로부터 貫通(관통)의 의미가, 다시 習慣의 뜻이 나왔다. 꿰어 놓은 것은 보통 같은 물건이었기에 '동일함'의 뜻도 생겼다. 그리고 고대 중국은 집성촌을 중심으로 마을이 발달했기에 貫은 자신 및 가족이 태어나 자란 혈연적 동일성이 확보된 곳이라는 뜻에서 다시 貫籍(관적·본적지)이나 고향까지 뜻하게 되었다.

그렇게 볼 때 慣은 심리적인(心) 동일성(貫), 즉 같은 무리로 묶을(貫) 수 있는 마음(心)을 의미한다. 따라서 慣은 동일한 마음, 즉 같은 뿌리에서 나온 태생보다 더 오래된 심리적 유대에서 연원하며, 그것은 칼 융의 말을 빌리자면 '집단 무의식'에 해당할 것이다.

習은 갑골문에서 羽(깃 우)와 日(날 일)로 구성되었는데, 소전체에 들면서 日이 소리부인 白으로 되어 형성구조로 변했다. 羽는 날짐승의 깃털을 그린 상형자로 날갯짓을 상징하며, 日은 태양을 그린 글자로 세월이나 날을 의미한다. 그래서 習은 어린 새가 나는 것을 배우기 위해 오랜 세월 동안(日) 끝없이 날갯짓(羽)을 반복하는 모습을 그린 글자로, '여러 번 날다(數飛·삭비)'가 원래 뜻이다.

이후 習은 어떤 것을 배워 자신의 것으로 만들기 위해 반복적으로 練習(연습)하고 익힘을 말하게 되었다. 반복적 연습은 처음에는 연습이지만 지속적으로 쌓이면 '익숙함'이나 習慣이 된다.

고대 중국인들은 새가 태어나면서 바로 날지 못함을 알았다. 새가 하늘을 나는 것은 태생적인 것이라기보다는 끝임없는 반복의 결과로 인식한 것이다. 그것은 처음에는 반복이요 연습이지만, 그 반복의 횟수가 무한대로 증식하면서 태생적 속성처럼 여겨지게 된다.

이처럼 慣習에서 慣은 한 집단의 동일한 마음이자 유사한 사유를 말하며, 習은 그 사유의 수행 즉 사유를 사유로써 끝내지 않고 반복적 실행에 의해 그 사회의 규범으로 정착된 것을 말한다.

●「고대 중국의 紙錢(지전)」.

059

규범(規範): 규칙(規)으로 삼아야 할 본보기(範)

規 법 규
夫 지아비 부
見 볼 견
範 법 범
笵 법 범
氾 넘칠 범

規範은 인간이 행동하거나 판단할 때 마땅히 따르고 지켜야 할 가치판단의 기준을 말한다. 한자가 만들어질 당시 그러한 기준은 무엇이었을까? 規範의 어원을 통해 이의 역사를 찾아가 보자.

規는 소전체에서 夫와 見으로 구성되었는데, 夫는 사람의 정면 모습(大·대)에 비녀를 꽂은 모습을 그려 '성인이 된 남자'를 나타냈고, 見은 사람(儿·인)과 눈(目·목)을 그려 눈을 크게 뜨고 사물을 관찰하는 모습에서 '보다'는 뜻을 형상화했다.

그래서 規는 글자 그대로 성인 남자(夫)가 보는(見) 것을 말한다. 여기서 성인 남자는 결혼한 남자를 뜻한다. 결혼하지 못한 남자는 성인 대우를 받지 못했을 것이고, 결혼은 충동적인 젊은 남자를 판단력 있고 책임감 있는 성숙한 남자로 만든다.

이처럼 고대 중국에서는 나이 든 성인의 지혜를 최고의 판단 준거로 인식했다. 그래서 성인이 된 남자(夫)가 보고(見) 판단하는 것, 그것을 당시 사람들은 그들이 따라야 할 사회의 法度(법도)이자 규범으로 생각했으며, 그 결과 規에는 法度나 典範(전범)이라는 뜻이 생겼다. 그것은 고대 중국이 정착 농경을 일찍부터 시작한 사회로, 이

동 없이 한 곳에 정착해 삶을 꾸려 나갔기 때문에 경험이 중시되었고 경험의 중시는 연장자에 대한 존중으로 이어졌던 문화적 배경과 관련되어 있다.

範은 소전체에서 원래 수레(車·거)로 '길을 떠날 때 도로의 신에게 지내는 제사'를 뜻했고, 笵은 대나무로 만든 모형 틀을 뜻하여 서로 다른 글자였다. 하지만 範은 笵과 글자가 비슷하여 자주 혼동해 쓰이면서, 지금은 모범이라는 의미의 笵이 쓰일 자리를 範이 모두 차지하고 말았다.

笵은 의미부인 竹(대 죽)과 소리부인 氾으로 구성되어, 대나무로 만든 모형을 말했다. '통속문'에서는 '흙으로 만든 형틀을 型(거푸집 형), 쇠로 만든 것을 鎔(鎔·녹일 용), 나무로 만든 것을 模(법 모), 대(竹)로 만든 것을 笵이라 한다고 했다.

그렇다면 笵은 模範에서와 같이 어떤 기물을 만들어 내는 표준, 즉 거푸집이라는 의미이다. 거푸집은 동일한 형태를 찍어내는 표준이 되기에 笵에는 표준이라는 뜻이 담겼다. 그래서 範圍(범위)는 표준(範)을 둘러싼(圍·위) 주위를 말하고, 範疇(범주)는 거푸집이라는 틀(範)에서 만들어져 나온 것을 밭두둑(疇)처럼 구분해 놓은 분류를 말하며, 師範(사범)은 선생(師)의 자질을 만들어 내는(範) 곳을 말한다.

060

용서(容恕): 잘못을 너그러이(恕) 받아들임(容)

容 담을얼굴 용
宀 집 면
谷 골짜기 곡
恕 용서할 서
如 같을 여
心 마음 심

요즈음 세상을 보노라면 容恕가 그 어느 때보다 절실할 때임을 실감한다.

容은 금문에서만 하더라도 內(안 내)와 口(입 구)로 이루어졌는데, 內는 納(들일 납)의 원래 글자이며 口는 그릇의 입을 상징하여, 어떤 물체를 용기에다 넣다는 의미를 형상화한 글자이다. 그래서 容의 원래 뜻은 '담다', 收容(수용)하다이다.

하지만 소전체로 오면서 容의 형체가 조금 변해 지금처럼 宀과 谷으로 구성되었다. 집(宀)은 사람이나 물건이 들어 갈 수 있는 공간이며, 특히 골짜기(谷)는 굳이 노자의 말이 아니더라도 골짜기는 모든 것을 수용하고 받아들일 수 있는 텅 빈, 지극히 넉넉한 공간이다. 속이 가득 차 있으면 다른 것을 받아들일 수 없으며 비어야만 다른 것을 받아들일 수 있듯, 빈 공간은 남의 입장을 이해하고 남의 잘못을 너그럽게 받아들이는 상징이다.

恕는 如와 心으로 구성되었는데, 如는 갑골문에서 다시 女(여자 여)와 口(입 구)로 이루어져 '말(口)을 잘 따라야 하는 여인(女)', 즉 순종적 존재로서의 여성이라는 이데올로기가 반영된 글자이다. 이로부터

如는 따르다, …와 같다는 의미를 가지게 되었다. 心은 원래 심방이 잘 표현된 심장의 실제 모습을 그렸으며, 옛사람들은 마음이나 생각이 심장에서 나온다고 생각했기에 心은 사고활동과 관련된 의미를 가진다.

그래서 恕는 '마음(心) 가는대로(如) 하다'는 의미이다. 마음가는대로 마음처럼 한다는 것은 무엇일까? 바로 상대에 대한 '용서'를 말한다. 공자의 사상을 물었을 때, 증자는 선생님의 사상은 한 마디로 忠(충)과 '恕'라고 했을 정도로 용서(恕)는 공자의 핵심적인 실천 도덕이었기도 하다.

이처럼 容恕는 속에 어떤 것이라도 들어 올 수 있도록 마음을 비우는 것이요, 그 비워진 마음(心)이 시키는 대로(如), 그 마음이 가는 대로 하는 것을 말한다.

물로 순자의 '성악설'도 있지만, 인간의 마음은 언제나 순수하고 착하다고 본 '성선설'이 중국의 전통적인 이해였다. 그래서 恕는 바로 그 순수하고 착한 마음이 결정하는 대로 그대로 따라하는 것이 바로 '容恕'라는 의미이다. 우리는 마음 속 본래의 생각과는 달리 항상 자신이 처해 있는 입장과 상황 속에서 상대를 대하고 자신이 살 방도를 찾기 쉽다. 그것은 항상 자신 속에 들어 있는 원래의 마음과는 다르게 변질되어 나타나도록 만든다. 그것을 경계하여 언제나 텅 빈 마음처럼 해야 한다는 경계를 담은 것이 容恕이다.

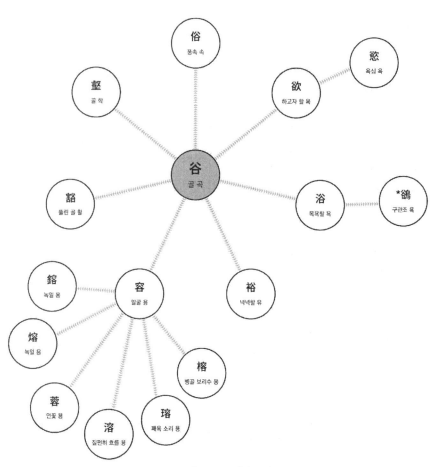

[표-29] '谷'으로 구성된 글자들

061

윤리(倫理): 사람이 지켜야 할(倫) 이치(理)

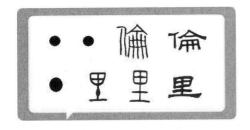

倫 인륜 륜
侖 둥글 륜
輪 바퀴 륜
論 말할 론
理 다스릴 리
里 마을 리

倫理란 인간이 사회를 살면서 지켜야 할 도리와 규범을 말한다. 동양과 서양, 옛날과 오늘날의 倫理가 같을 수는 없겠지만, 동양에서는 전통적으로 親(친), 義(의), 別(별), 序(서), 信(신)을 강조해 왔다. 즉 부모와 자식 간에는 사랑이, 임금과 신하 간에는 의리가, 부부간에는 구별이, 어른과 아이 사이에는 차례가, 친구 간에는 믿음이 있어야 한다는 것이다.

倫은 人(사람 인)과 侖으로 구성되었는데, 侖은 소리부도 겸한다. 侖은 금문에서 多管(다관) 피리를 그린 龠(피리 약)의 모습을 닮았는데, 윗부분은 입을 아랫부분은 대를 엮어 놓은 모습을 그렸다. 아마도 多管으로 된 피리 같은 악기를 불 때의 條理(조리)나 순서를 형상화한 것으로 보인다. 그래서 侖은 순서나 條理(조리)라는 의미를 가진다.

예컨대 倫은 사람들 사이에서의 次序(차서·차례)를 말하는데, 정착농경을 일찍 시작한 고대중국은 경험에 의한 나이 중심의 사회였기에 사람들 간의 次序가 倫理의 핵심 개념으로 자리 잡았다. 또 輪은 수레의 바퀴를 말했는데, 수레바퀴는 여러 부속품으로 구성되어 그 장착에는 일정한 순서가 필요하기 때문에 侖이 소리부로 채택되었다.

그런가 하면 論은 論理에서와 같이 '말의 조리'를 말하는데, 事理(사리)를 분석하여 조리 있게 설명하는 것을 말한다. 그리고 그러한 귀납의 결과를 지칭하기도 하는데, 理論이나 唯物論(유물론) 등과 같은 경우가 그러하다.

理는 의미부인 玉(옥 옥)과 소리부인 里로 구성되었다. 里는 금문에서 밭의 형상을 그린 田(밭 전)과 흙을 뭉쳐 세워놓은 형상을 그린 土(흙 토)로 구성되었다. 밭(田)은 경작지의 상징이고 땅(土)은 거주지를 뜻한다. 그래서 이 둘이 결합된 里는 사람이 모여 사는 마을을 뜻하게 되었고, 鄕里(향리)가 원래 뜻이다. 옛날에는 5隣(린)을 里라 불렀는데, 隣은 다섯 집(家·가)을 헤아리는 단위였다. 그래서 里는 지금의 개념으로 하면 다섯 마을 정도의 의미가 될 것이다. 이후 里는 거리의 단위로도 쓰였는데, 1里는 다섯 마을이 분포하는 마을의 길이에서 나온 것으로 추정할 수 있다.

理는 '옥을 다듬다'가 원래 뜻인데, 原石(원석)에서 옥을 분리해 내기 위해서는 그 무늬 결을 따라서 분리해야만 가능하다. 그래서 理에 다스리다는 의미가 들게 되었다. 또 옥의 무늬 결처럼 존재하는 사물의 理致(이치)나 條理를 뜻하기도 하였다.

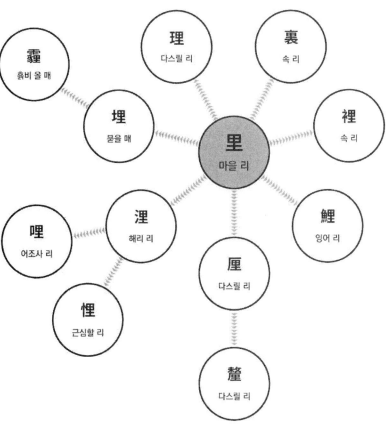

[표-30] '里'로 구성된 글자들

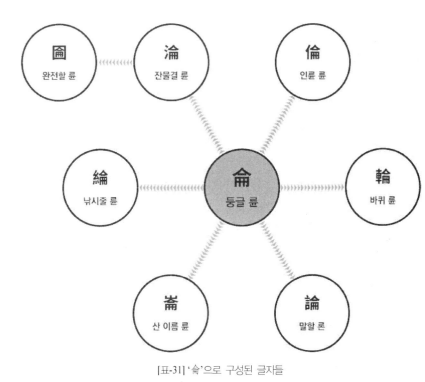

[표-31] '侖'으로 구성된 글자들

062

진리(眞理): 참(眞)과 곧음(貞)

眞 참 진
貞 곧을 정
匕 비수 비
卜 점 복
鼎 솥 정
貝 조개 패

오늘날의 점술가는 미신의 대명사이고, 근대를 위태롭게 하는 전시대의 유물이다. 하지만 고대의 점술가는 미래의 예언가이자 공동체의 불운을 미리 막아주는 우두머리의 역할을 수행했다.

貞과 眞은 이러한 옛 점술가의 지위를 아주 잘 보여주는 글자이다. 眞은 善(선)과 美(미)와 함께 인류가 추구하는 세 가지 지향점 중의 하나이지만 이의 자형에 대해서는 아직 잘 알려져 있지 않다.

『설문해자』에서 '眞은 신선이 모습을 변화시켜 승천하는 것을 말한다. 匕와 目(눈 목)과 ㄴ과 八(여덟 팔)로 구성되었는데, 八은 신선의 탈 것을 말한다'고 했지만, 금문의 자형과 어떤 연계도 지울 수 없다.

眞이 금문에 들어 등장하는 것으로 보아 이의 개념은 전국시대 말부터 유행한 신선사상과 관련 있는 것으로 보인다. 하지만 그 근원은 상나라 때의 貞人(정인·점복관)에서부터 찾을 수 있다.

貞은 갑골문에서 의미부인 卜과 소리부인 鼎으로 구성되었는데, 이후 鼎이 貝로 잘못 변했다. 卜은 거북점을 칠 때 불로 지져 열에 의해 갈라지는 거북딱지의 형상이고, 그 갈라진 각도나 모양으로 점괘를 판단한데서 '점'이라는 뜻이 나왔다. 그래서 貞은 원래 신에게 '물어보다'는 뜻으로 사용되었다. 이후 불에 지져진 거북딱지가 직선을 그리며 갈라진데서 '곧다'는 뜻이 나왔고, 지금은 '곧다'는 의미가 주로 쓰인다.

貞人은 상나라 당시 최고의 점인 거북점을 주관하고 점괘를 판단하던 점복관을 말한다. 때로는 상나라 왕이 직접 貞人의 역할을 수행한 것으로 보아 그 지위가 대단히 높았음을 알 수 있다.

신과 교통하고 신의 말을 인간세계에 전달해 주던 상나라의 貞人처럼, 주나라에 들면서 천지간의 道(도)를 체득한 仙人(선인)을 부를 다른 명칭이 필요하게 되었다. 그것은 신탁의 시대로부터 인문의 시대로 역사가 진전했음의 상징이기도 했다. 그래서 貞으로부터 분화된 글자가 眞이고, 이후 眞人(진인)은 이러한 사람의 최고 호칭이 되었다.

그래서 眞은 신의 소리를 듣기 위해 점복을 행할 때의 몸과 마음가짐처럼의 '眞實(진실)됨'과 '참됨', 그리고 眞理(진리)라는 뜻으로까지 확장되었다.

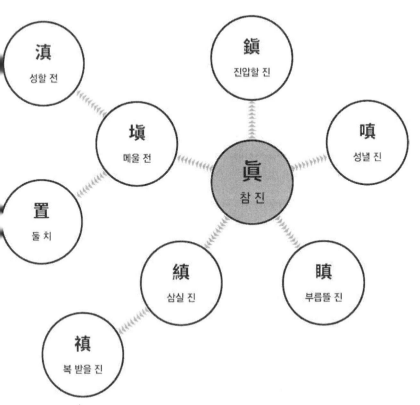

[표-32] '眞'으로 구성된 글자들

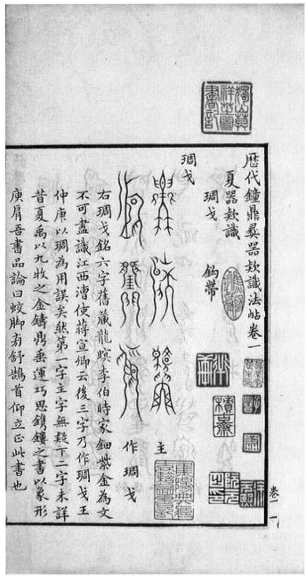

● 송나라 薛尚功(설상공)의 『역대종정이기관지법첩』, 청 嘉慶(가경)
2년(1797) 阮元(완원) 간행본, 1函(함) 2冊(책), 白紙(백지) 線裝(선장),
半框(반광): 19.4×14.1, 鐘鼎文(종정문) 5백10종을 수록하였으며, 송대
금문 저록 연구의 필수 참고서이다.

063

의지(意志): 속으로 생각하는(意) 뜻(志)

心 마음 심
思 생각 사
想 생각할 상
念 생각할 념
意 뜻 의
志 뜻 지

한 단계를 마무리하고 새로운 출발을 할 때면 언제나 뜻을 세운다. 뜻을 세우는 데는 마음을 다잡는 것이 제일 첫 걸음이다.

마음을 뜻하는 心은 금문에서 중간부분은 心室(심실)을, 바깥부분은 心房(심방)을 그렸다. 心臟(심장)이 원래 뜻이며, 이로부터 '마음'이라는 의미가 생겼다.

고대 중국인들은 '생각'이 머리가 아닌 마음에서부터 나온다고 생각했다. 그래서 思·想·念 등과 같은 생각과 관련된 글자들은 대부분 心을 의미부로 삼고 있다.

意는 秦(진)나라의 小篆(소전)에 들어 처음 등장하는데, 글자 그대로 '마음(心)의 소리(音)'라는 뜻이다. 마음속의 생각이 악기의 소리처럼 밖으로 표출될 때 그것은 바로 뜻(意)이 된다. 그래서 意에 口(입 구)가 더해진 噫(탄식할 희)는 마음속에 품은 뜻이 입(口)을 통해 저절로 나오다는 뜻이요, 憶(생각할 억)은 記憶(기억)이나 追憶(추억)에서처럼 마음속에 묻어 두었던 생각(意)을 마음(心) 속에 다시 한 번 묻어둠으로써 축적되어 쌓여있다는 의미를 가진다.

또 지금의 志는 士(선비 사)와 心으로 구성되었지만, 戰國(전국)시대 문자에서는 之(갈 지)와 心으로 구성되었다. 그래서 마음(心)이 가는(之) 바, 즉 志向(지향)이 원래 뜻이었다. '시경'에서 "시란 뜻을 말한 것이요, 노래란 말을 읊조린 것이다(詩言志, 歌永言)"고 한 것은 바로 이를 두고 한 말이다. 즉 뜻이 나아가는 바가 바로 志인데, 志는 아직 밖으로 표현되지 않은 뜻을 말하고, 언어(言)로 그것을 표현한 것이 詩라는 말이다.

하지만 漢(한)나라의 예서에 들면서 志가 士로 구성됨으로써 '선비(士)의 마음(心)이 곧 뜻'이라고 해석되었고, 立志(입지·뜻을 세우다)라는 뜻으로 주로 사용되었다. 그래서 志는 마음이 가는 길이라는 원래의 넓은 의미에서 선비의 뜻으로 의미가 축소되었다. 모든 선비가 관직에 나가는 것은 아니지만 관직에 오를 수 있는 자는 선비여야 했다. 그래서 선비의 뜻의 객관적 기록이 誌(기록할지)가 되는데, 선비의 뜻(志)을 말(言)로 기록하다는 뜻이고, 墓誌石(묘지석)에서처럼 공식적 기록을 誌라고 한다.

思는 원래 머리를 뜻하는 囟(정수리 신)과 心으로 구성되어, 사고가 심장과 두뇌에서 나오는 것임을 그렸다. 思는 맹자가 말한 "심장의 기능은 생각하는데 있다"고 한 것에 비해 두뇌(囟)가 동원되었다는 점에서 다소 진보적이다. 하지만 한나라의 隸書(예서)로 오면서 囟이 田으로 변했다. 그것은 농경을 중심으로 삼았던 중국인들이 논밭(田)에서 나는 농작물의 생산력을 높이기 위해 온갖 마음과 갖은 생각(心)을 다 쏟아 고민하는 모습을 반영한 것이 아닌가 생각된다. 이렇듯 思는 원래 思考하다는 뜻이었으나 이후 思母曲(사모곡)이나 想念에서처럼 그리워하다는 뜻도 포함하게 되었다.

06

군사
軍事

제6장
군사

064

강유(剛柔): 강함(剛)과 부드러움(柔)

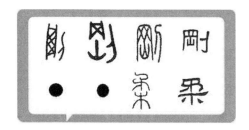

剛 굳셀 강
岡·崗 산등성이 강
綱 벼리 강
鋼 강철 강
柔 부드러울 유
蹂 밟을 유

外柔內剛(외유내강)이라는 말이 있다. 겉은 부드러워 보이지만 속은 더없이 강하다는 뜻이다.

剛은 금문에서부터 刀(칼 도)와 岡으로 구성되었는데, 岡은 소리부도 겸한다. 刀는 칼의 모습을 그렸으며 강함의 상징이다. 또 岡은 山(뫼 산)과 网(그물 망)으로 이루어졌는데 산이 그물망처럼 이어진 산맥의 '산등성이'를 뜻한다. 돌이 드러난 산등성이의 이미지가 '강인함'으로 이어지듯 岡은 '강함'을 뜻한다. 그래서 綱은 그물을 버티는 강한(岡) 줄(糸·멱)을, 鋼은 강한(岡) 쇠(金·금) 즉 강철을 말한다.

하지만 이후 岡의 자형에서 网의 형상을 잘 분별하지 못하게 되자 다시 山을 더한 崗을 쓰기도 하였다. 그래서 崗 역시 岡과 같은 뜻 이며, 다시 이로부터 '산비탈'이나 산등성이 같은 곳에 세워진 '哨所 (초소)'를 뜻하기도 하였다.

만리장성을 가 본 사람이라면 험준한 산등성이를 따라 끝도 없이 만들어진 長城(장성)의 모습을 쉽게 기억할 것이다. 그 長城을 따라 자로 잰 듯 정해진 간격마다 哨所가 세워졌고, 다시 몇 개의 초소마 다 전진 초소가 만들어 있다. 초소는 적의 침입을 막기 위해 언제나

步哨(보초)가 자신의 위치를 지키는 곳이다. 그래서 崗에는 항상 지키는 자리라는 의미에서 '직장'이라는 뜻이 생겼다.

중국이 자본주의 경제체제를 본격적으로 받아들이면서 이전에는 상상도 할 수 없었던 대량의 실업사태가 일어나고 있다. 실직을 현대 중국어에서 '샤강(下崗, xiàgǎng)'이라 하는데, 자신이 지키던 직장(崗)에서 내려오다(下)는 뜻이다.

柔는 소전체에서도 矛(창 모)와 木(나무 목)으로 구성되었다. 창(矛)의 나무자루(木)라는 뜻으로, 훌륭한 창은 창의 재질도 강해야겠지만 그 못지않게 중요한 것이 나무자루의 柔軟(유연)한 탄력성이라는 의미에서 만들어진 글자다. 그래서 柔는 '나무의 성질이 柔軟함'이 원래 뜻이고, 이로부터 부드러움이나 온화함의 뜻까지 생겼다. 蹂躪(유린)이라는 단어에 등장하는 蹂는 발(足·족)로 연약한(柔) 존재를 '짓밟다'는 뜻이다.

강함은 부드러움에 대칭되는 말로 하나는 남성의 상징이요 다른 하나는 여성의 상징이었다. 남성이 절대적 우위였던 시절, 老子(노자)는 부드러움이 강함을 이긴다는 말로 여성의 우위를 역설적으로 표현했다. 더구나 겉과 속으로 이를 모두 갖춘 '外柔內剛'이라면 이야말로 진정한 강함이 아닐까 생각된다.

● "부드러움이 강함을 이기는 법이다(柔弱勝剛強)." 그 연약한 물이 강한 돌을 뚫는다. 『노자』 제6장.

065

경연(硬軟): 딱딱함(硬)과 부드러움(軟)

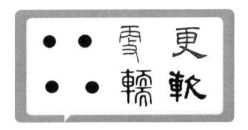

軟·輭 연할 연
微 작을 미
耎 가냘플 연
硬 굳을 경
石 돌 석
更 고칠 경·다시 갱

'마이크로 소프트(Microsoft)'사를 중국어로는 '웨이롼(微軟, Wēiruǎn)' 公司(공사)라고 한다. '마이크로(micro)'를 미세하다는 뜻의 微로, '소 프트(soft)'를 부드럽다는 뜻의 軟으로 번역한 것이다. 이처럼 현대 중국어에서 軟은 부드러운 것, 즉 '소프트(soft)' 한 것을 지칭한다.

軟은 원래 輭으로 썼는데, 지금은 속자인 軟이 정자인 輭보다 훨씬 자주 쓰인다. 輭은 車(수레 거)와 耎으로 구성되었는데, 耎은 소리부 도 겸하고 있다.

耎은 소전체에서 而(말 이을 이)와 大(큰 대)로 이루어졌는데, 而는 원래 턱수염을 그린 글자이고 大는 사람의 정면 모습을 그려 크다 는 뜻을 나타낸 글자다. 그래서 耎은 '커다란(大) 수염(而)'을 말한다. 기다랗게 자란 수염은 짧은 수염에 비해 훨씬 부드럽다. 그래서 耎 에 '부드럽다'는 뜻이 나왔다.

그래서 輭은 '부드러운(耎) 수레(車)' 즉 덜컹거림을 방지하기 위해 수레바퀴를 새끼줄로 감싼 出喪(출상)용 수레를 말했는데, 이후 부드 러움을 나타내는 대표자가 되었다. 다만 耎이 欠(하품 흠)으로 변화 된 속자가 유행해 지금은 속자가 정자를 대표하는 형국이 되었다.

軟과 대칭을 이루는 말이 硬이다. 현대 중국어에서는 '하드웨어'를 '잉젠(硬件, yìngjiàn)'이라 하듯 '하드(hard)'한 것을 모두 '잉(硬)'이라 한다. 硬은 의미부인 石과 소리부인 更으로 구성되었는데, 딱딱함의 이미지를 돌(石)에서 가져왔음을 쉽게 추측할 수 있다.

更은 갑골문에서 '손에 막대를 쥐고(攴·복) 무엇인가(丙·병)를 움직이는 모습'을 그렸는데, 옛날에는 更을 𣜩으로 썼다. 막대로 움직이는 대상은 鬲(솥 역)이라는 鼎(정)처럼 생긴 솥을 말한다고 알려져 있다. 어쨌든 이로부터 移動(이동)이나 바꾸다 등의 의미가 생겼다.

更은 變更(변경)과 같이 바꾸다가 원래 뜻이며, 이후 三更(삼경)과 같이 시간을 헤아리는 단어로, 更新(갱신)과 같이 '다시'라는 부사적 용법으로도 쓰였다. 다만 다시라는 뜻으로 쓰일 때에는 독음을 '갱'으로 읽는데 주의해야 하는데, 更生(갱생)이나 更衣(갱의) 등이 그러하다.

066

사생(師生): 스승(師)과 학생(生)

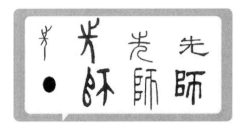

師 스승 사
帀 빙 두를 잡
先 먼저 선
生 날 생
止 발그칠 지
丈 한 길 장

'스승'을 뜻하는 대표적인 한자는 師이다. 師는 갑골문에서 帀이 빠진 모습인데, 이의 상징에 대해서는 의견이 분분하다. 하지만 이것을 가로로 눕히면 丘陵(구릉)의 모습이 되고, 그래서 '작은 언덕'을 그린 것이라는 설이 설득력 있어 보인다.

끝없이 펼쳐진 황토평원에서 丘陵은 여러 가지 특수한 기능을 해왔다. 홍수로부터 침수를 막아 주기도 하며, 주위에서 쳐들어오는 적을 조기에 발견하여 방어할 수 있도록 해주었다. 심지어는 하늘과도 통할 수 있는 곳으로 생각되기도 했다. 그래서 고대 중국인들은 城을 이러한 구릉에다 세웠으며, 王陵(왕릉)도 이러한 곳에다 만들었다.

都城(도성)이나 왕릉이 위치한 곳은 반드시 軍師(군사)들이 지키게 마련이다. 그래서 師에 '軍師'라는 뜻이 생겼으며, 옛날에는 2천5백 명의 軍隊(군대)를 師라고 했다. 금문에 들어 이러한 의미를 더 강조하기 위해 '사방으로 둘러치다'는 뜻의 帀을 더해 지금처럼 師가 되었다.

이후 師에는 軍師처럼 '많다'는 뜻이 생겼고, '三人行必有我師(삼인행

師 說
(사) (설)　韓愈

古之學者必有師。師者，所以傳道受業解
惑也。人非生而知之者，孰能無惑？惑而
不從師，其爲惑也，終不解矣。生乎吾前，
其聞道也固先乎吾，吾從而師之；生乎吾
後，其聞道也亦先乎吾，吾從而師之。吾
師道也，夫庸知其年之先後生於吾乎？是
故無貴無賤，無長無少，道之所存，師之
所存也。

● 韓愈(한유, 768~824)의 「師說(사설)」.
스승의 길이 무엇인지를 설파한 최고의 문장으로 알려져 있다. 『스승의 임무는 도를 전하고, 전문 지식을 전수하며, 의문을 풀어주는 데 있다. 스승에는 귀천도 나이도 존재하지 않으며, 오직 도가 존재하는 그곳이 바로 나의 스승이 있는 곳이다. (師者, 所以傳道受業解惑也. 故無貴無賤, 無長無少, 道之所存, 師之所存也.)

필유아사·여럿이 있으면 그중에는 반드시 나의 스승이 있다)'라는 말처럼 다시 '스승'이라는 뜻이 나왔다.

스승을 부르는 말로 先生이 있다. 先은 갑골문에서 발(止)이 사람(人)의 앞으로 나간 모습으로부터 '먼저'라는 의미를 그렸다. 『韓詩外傳(한시외전)』에서는 '道(도)를 아는 자를 先生이라 하는데, 그것은 먼저 깨우쳐주기 때문이다'고 했다. 경험이 중시되었던 고대 중국에서 '먼저 태어난' 것은 풍부한 지식의 소유자이며 교육의 주체로 간주되었기 때문이다.

이밖에도 스승을 지칭하는 말은 많다. 학문을 파헤친다는 뜻에서 學究(학구)가, 선생을 존중하여 서쪽 자리에 앉게 한다는 뜻에서 西席(서석)이, 학생과 선생의 자리를 한 키(丈) 정도 떨어지게 한다는 뜻에서 '函丈(함장)'이, 스승을 모범삼아야 한다는 뜻에서 '師範(사범)' 등이 그러하다. 이 모두 스승을 존중하고 교육을 중시해 온 전통에서 나온 아름다운 호칭들이다. 그런가 하면 또 師傳(사부)는 군사 지도자(師)와 베 짜는 전문 기술을 지도하고 전수하는 사람(傅)을 합친 말로 고대 사회에서 가장 중요한 전문 기술의 전수자를 일컫는 말이었다.

067

전문(專門): 오로지(專) 대상 분야(門)만을 연구하는 것

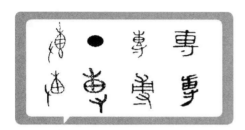

專 오로지 전
尃 펼 부
傅 스승 부
縛 묶을 박
搏 잡을 박
博 넓을 박

專은 갑골문에서 맨 위쪽은 여러 가닥의 실을 단순화하여 표현한 세 가닥의 실이고, 중간부분은 실을 감은 실패, 아래쪽의 원형은 실패 추(紡輪·방륜)를, 옆쪽은 이를 쥐고 있는 손(寸)을 그렸다.

그래서 專은 베 짜는 모습을 상징화했으며, 베 짜기는 예로부터 專門的(전문적)인 기술에 속했고 정신을 집중해야만 원하는 베를 짤 수 있었다. 그리하여 '專門'이나 '專心(전심)하다'는 뜻이 생겼다.

尃의 자형에 관해서는 여러 가지 설이 존재하나, 갑골문에 근거할 때 專과 매우 닮았다. 專에 비해 실패 아랫부분의 실패 추만 빠졌을 뿐 나머지는 같다. 따라서 尃는 專과 연계지어 해석해야만 할 것이며, 베를 짜기 전 실을 실패에 감아 베틀에 걸고 베 짤 준비를 하는 모습을 그린 것으로 추정된다.

지금처럼의 복잡한 베틀이 만들어지기 전, 가장 단순한 베틀은 T자나 A자형의 걸이 대에 여러 가닥의 실을 매달아 놓고 실 사이사이를 머리 땋듯 짤 수 있도록 고안된 것이었다. 이후 실패에다 추를 달았는데, 그것은 베의 강도를 높이고 베올을 촘촘하게 할 수 있는 중요한 발명이었다.

이렇듯 專는 베를 짤 수 있도록 실을 걸고 단장하는 준비 단계를 상징한다. 그래서 專는 베 짜기라는 뜻 외에도 '묶어 늘어뜨리다', '매달다', '준비하다' 등의 의미를 가진다.

예컨대 傅는 베 짜는(專) 전문적인 기술을 지도해 줄 수 있는 사람(人)을, 縛은 自繩自縛(자승자박)에서처럼 실로 '묶다'는 뜻을, 搏은 붙잡아 포승줄로 '묶다'는 의미를 가진다. 그런가 하면 膊(포 포)는 磔刑(책형) 즉 기둥에 '묶어' 놓고 창으로 찔러 죽이던 형벌을 말하며, 鎛(종 박)은 지금의 鐘(종)처럼 '메달아' 놓고 치던 청동 악기를 뜻한다.

또 博은 十(열 십)과 專로 이루어졌는데, 十은 금문에서 긴 세로획(丨)의 중간에 점이 더해진 모습을 하여 이것이 옛날 줄에 매듭을 지어 숫자를 표시하던 結繩(결승)의 흔적임을 보여 주고 있으며, 『설문해자』에서는 十을 '숫자의 完備(완비)'라고 했다. 그래서 博은 베 짜기(專)처럼 專門的인 학식을 두루 갖춘(十) 것을 말한다.

068

승패(勝敗): 승리(勝)와 패배(敗)

勝 이길 승
力 힘 력
朕 나 짐
敗 깨트릴 패
鼎 솥 정
攵·攴 칠 복

민주주의 사회란 選擧의 勝敗를 깨끗하게 인정하는 진정한 勝負(승부)정신에 기반을 둔다.

勝은 소전체에서부터 보이는데, 의미부인 力과 소리부인 朕으로 구성되었다. 力은 갑골문에서부터 쟁기의 모습을 그려, 쟁기질에 필요한 힘을 상징했다. 力이 의미부로 기능하는 勝은 오늘날과는 달리 고대사회에서는 힘(力) 센 사람이 힘 약한 사람을 제압했던 것, 즉 육체의 힘이 勝負(승부)에서 중요했음을 의미한다.

朕은 갑골문에서 배를 그린 舟(배 주)와 두 손으로 무엇인가를 든 모습을 그렸다. 손에 든 것을 두고 불, 도끼, 祭器(제기)라는 다양한 주장이 있다. 하지만 갑골문 때부터 朕은 이미 商(상)나라 왕 스스로를 지칭하거나 '나'·'우리' 등의 의미로만 쓰였기 때문에 이의 정확한 어원을 살피기가 쉽지 않다. 그래서 이러한 용법은 가차에 의한 것이라는 설이 지배적이다.

하지만 朕이 배를 고치는 모습이거나 배가 순항할 수 있도록 제사를 지내는 모습이든, 배의 항로나 그 안전을 책임지는 자는 바로 배의 주인인 '자신', 혹은 자신이 속한 '우리'일 수밖에 없다는 의미에서 朕이 1인칭 대명사, 특히 존중의 의미가 포함된 의미로 사용되게 되었을 가능성도 배제할 수는 없어 보인다.

敗는 갑골문에서 鼎과 攵으로 구성되었는데, 鼎은 간혹 貝(조개 패)로 대체되었으며, 이후 貝가 대표로 남아 지금처럼 되었다. 鼎이 貝로 바뀐 것은 형체의 유사에 의한 오류로 한자 발전사에서 자주 보이는 일인데, 則(법칙 칙)이나 貞(곧을 정)도 그러한 예에 속한다.

鼎은 세발솥을 뜻하고 攵은 손에 막대기를 든 모습이다. 그래서 敗는 손으로 막대를 들고 솥(鼎)을 깨트리는 모습이다. 솥을 깨는 행위가 잘못 만들어진 솥을 깬다는 단순한 의미도 있겠지만, 九鼎(구정)의 전설에서 보듯 鼎은 단순한 솥의 의미를 넘어서 부족이나 국가의 정통성을 상징하는 존재임을 생각해 볼 때 鼎의 파괴는 敗北(패배)와 연결된다. 그래서 敗는 '부서지다'는 뜻이 생겼고, 다시 '敗北(패배)하다'는 뜻도 생겼다.

069

예비(豫備): 미리(豫) 준비함(備)

豫 미리 예
予 나줄 여
杼 베틀 북 저
預 미리 예
抒 풀 서
序 차례 서
備 갖출 비

豫備란 미리 준비한다는 뜻이다.

豫는 소전체에서 象(코끼리 상)과 予로 구성되어, 큰 코끼리를 뜻했다. 코끼리는 의심이 많은 동물이어서 일을 하기 전에 반드시 먼저 생각을 한다. 이러한 특성에서 豫想하다는 뜻이 생겼다. 코끼리는 또 몸집이 대단히 큰 동물이지만 다른 동물을 해치지 않는다. 이러한 특성에서 관대하다는 뜻도 나왔다. 逸豫(일예)가 그런 뜻이다.

지금의 하남성을 줄여서 豫라 부른다. 그리고 하남성의 상징 동물도 코끼리이다. 하남성의 省都(성도)인 鄭州(정주)를 가보면 곳곳에 코끼리로 만든 상징물이 있다. 그것은 상나라 때 코끼리가 그곳에 즐비하게 살았기 때문이다.

預는 頁와 予로 구성되었는데, 머리(頁)을 내밀다(予)는 의미로부터 豫想(예상·미리 생각함)하다는 뜻을 그렸다.

予는 베틀의 북 끝이 서로 교차되어 있는 모습을 그렸는데, 한쪽 북에는 실이 달려 있는 모습이다. 북은 베를 짤 때 씨실의 꾸리를 넣어 날실의 틈으로 오가게 하며 씨실을 풀어 주는 구실을 하는 장치로 배처럼 생긴 나무통을 말한다.

북을 오가게 하면서 베를 짠 데서부터 予는 베틀의 북 이라는 의미 외에 '밀다'는 뜻이 생겼고, 다시 '밀어 주다'는 뜻이 생겼다. 그리고 밀어주는 쪽은 '자기 쪽'을 뜻하여 1인칭 대명사로도 쓰였다. 그렇게 되자 북을 나타낼 때에는 木(나무 목)을 더하여 杼로 분화하였다.

따라서 抒는 손(手·수)으로 풀어내는(予) 것을 말하여, 抒情(서정)은 마음속의 情緒(정서)를 풀어내는 것을 말한다. 序는 나란히 늘어서 있는(予) 집(广·엄)을 뜻하여, 원래는 동서로 늘어서 있는 廂(상·집의 주체가 되는 간의 양쪽으로 늘어선 간살)을 지칭했다. 序는 本堂(본당)과 廂房(상방)이 차례로 늘어서 있음으로부터 順序(순서)나 序列(서열) 등의 뜻이 생겼다.

備는 갑골문에서 화살 통에 화살을 넣어 놓은 모습을 그렸다. 防禦(방어)를 위해 무기를 잘 準備(준비)해 놓은 모습이다. 準備(준비)란 규정에 맞도록 정확하게(準·준) 對備(대비)한다는 뜻이다. 이후 이러한 準備의 주체를 나타내는 人(사람 인)이 더해져 지금처럼 되었다. 『설문해자』에서 備를 설명하면서 "사람은 언제나 勤愼(근신)해야 한다"고 했다. 언제나 삼가고 조심하면서 미래를 對備하고 準備해야 함을 경계했던 것이다.

또 『資治通鑑(자치통감)』에는 이런 말이 있다. "사람이란 다 갖추기를 요구해서는 아니 된다. 단점은 버리고 장점만 취하면 된다."

070

전쟁(戰爭): 싸움(戰)과 다툼(爭)

戰 싸울 전
單 홑 단
戈 창 과
爭 다툴 쟁
諍 간쟁할 쟁
箏 쟁 쟁

戰爭은 승자에게도 패자에게도 돌이킬 수 없는 슬픔을 남긴다. 하지만 오늘날에도 戰爭은 평화나 민주수호, 해방이라는 이름으로 전쟁은 여전히 계속되고 있다.

고대사회에서 戰爭은 사냥이나 수렵행위와 구분되지 않았던 생존의 수단이었다. 戰은 금문에서부터 單과 戈로 구성되었다. 單의 윗부분은 돌 구슬을 양끝에 매단 줄을 던져 짐승을 옭아매던 사냥도구를, 아래쪽은 손잡이가 달린 커다란 그물을 그렸다. 戈는 矛(창 모)가 뾰족한 창을 말하고 戟(창 극)이 끝이 갈라진 창을 말하는데 비해 낫처럼 생긴 창을 말한다.

그래서 戰을 구성하는 왼쪽의 單은 사냥도구를, 오른쪽의 戈는 전쟁을 상징한다. 원시 수렵시절은 더욱 그러했겠지만 고대사회에서 전쟁과 사냥은 둘이 아닌 하나였다. 둘 다 생존과 직결되어 있다는 점에서 그랬고, 평화 시의 수렵도구는 전쟁 시의 무기로, 평화 시의 수렵대열은 전쟁 시의 진군대열이 되었다는 점에서도 그렇다. 그래서 사냥은 곧 전쟁연습이었다. 따라서 戰은 戰爭이나 戰鬪(전투)가 원래 뜻이며, 예나 지금이나 戰爭 앞에서 두려워 떨지 않는 사람이 없었기에 戰慄(전율)이라는 뜻도 생겼다.

爭은 사회가 발달하면서 이후에 발생한 글자로, 소전체에서 어떤 물건을 손으로 서로 빼앗으려 다투는 모습을 그렸다. 즉 국가와 국가, 민족과 민족, 혹은 보다 좁혀서 공동체와 공동체, 그리고 개인과 개인간의 다툼을 형상화한 글자이다. 그래서 爭奪(쟁탈)이나 鬪爭에서처럼 '다투다'가 원래 뜻이며 競爭(경쟁)의 뜻도 나왔다.

따라서 爭에 手(손 수)가 더해진 掙(찌를 쟁)은 다툼(爭) 때문에 상대를 찌르는 동작(手)을, 言(말씀 언)이 더해진 諍은 옳은 견해를 위한 말(言) 경쟁(爭)을, 目(눈 목)이 더해진 睜(눈 크게 뜰 정)은 다툼(爭)으로 눈(目)을 부릅뜨고 상대를 노려봄을 말한다.

다툼은 언제나 싸움을 낳고, 싸우면 소리가 나게 마련이다. 그래서 爭은 싸울 때 나는 날카로운 소리와도 관련되어 있다. 예컨대 箏은 대로 만든 거문고 비슷한 13현의 악기를, 錚(쇳소리 쟁)은 날카로운 쇳소리를, 硞(돌 소리 쟁)은 돌이 깨지는 소리를 뜻한다.

071

종무(終務): 업무(務)를 끝냄(終)

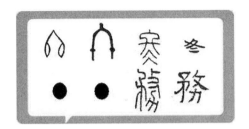

終 끝날 종
冬 겨울 동
務 힘슬 무
矛 창 모
攵·攴 칠 복
力 힘 력

終은 糸(가는 실 멱)과 冬으로 이루어졌는데, 冬은 소리부도 겸한다. 冬의 갑골문 자형에 대해서는 여러 해설이 있지만, 실 끝에 매달린 베틀 북을 그렸다는 것이 일반적이다. 끝에 매달린 베틀 북이라는 데서 '끝'의 의미가 나왔다.

날실 사이를 왔다 갔다 하면서 실을 푸는 역할을 하는 북은 베 짜기의 상징이고, 농경사회를 살았던 그 옛날 겨울은 집안에서 베 짜기에 알맞은 계절이었을 것이다. 이로부터 冬에 '겨울'이라는 뜻까지 나왔다. 우리말의 '겨울'도 '겨시다'에서 그 어원을 찾을 수 있으며 집안에 머무는 때가 바로 겨울이라는 의미를 그려냈음을 볼 때, '冬'과 우리말의 '겨울'은 같은 배경에서 만들어진 단어이다.

이후 冬이 겨울의 의미로 쓰이자 '끝'은 다시 糸을 더해 終으로 분화했으며, '끝'이라는 뜻으로부터 '마치다'나 終了(종료)의 의미가 나왔다.

務는 力과 敄(힘쓸 무)로 이루어졌는데, 力은 쟁기를 그려 힘을 뜻하고 敄는 금문에서 矛와 攵으로 이루어졌다. 矛는 '矛盾(모순)'에서처럼 상대를 찌르도록 고안된 뾰족 창을 말한다. 이에 비해 戈(창 과)

는 상대를 베도록 고안된 낫처럼 생긴 창을, 戟(창 극)은 矛와 戈가 하나로 합쳐진 창을 말한다.

그래서 矜는 창(矛)으로 찌르는(夂) 모습에서부터 '강하다', '힘쓰다'의 뜻이 나왔다. 그리고 이후 의미를 명확하게 하고자 力이 더해졌으며, 있는 힘(力)을 다해 창(矛)을 찌르는(夂) 모습에서 務의 의미가 그려졌다. 그러한 일은 적으로부터 자신들을 지켜내고 보존할 수 있는 가장 중요한 일의 하나였을 것이다. 그리하여 務에는 '일'이라는 의미까지 생겼다.

終務는 힘써 해오던 일(務)을 끝내다(終)는 뜻이다. 마침은 곧 또 다른 시작을 의미할 터, 한 해가 끝날 때면 그 동안 해왔던 각자의 일을 잘 마무리하고 다음 해엔 그간의 경험을 보태어 더욱 발전된 일들을 해 나가는 지혜가 필요하며, 終務式(종무식)과 始務式(시무식)은 이런 의미를 새기고 다짐하는 의식이다.

072

철군(撤軍): 군대(軍)를 거두어들임(撤)

撤 거둘 철
徹 통할 철
轍 바퀴자국 철
軍 군사 군
運 돌릴 운
揮 휘두를 휘

撤軍이란 '군대(軍)를 거두어들이다(撤)'는 뜻인데, 한국 전쟁 때문에 우리 땅에 진주한 미군이라고는 하나 민주화를 명분으로 이라크에 진주한 요즈음의 미군을 보면서 우리의 과거도 자꾸 떠올라 가슴이 저며 온다.

撤은 역사가 오래된 글자로 갑골문에서부터 나타나는데 원래는 세 발솥을 그린 鬲(솥 력)과 손을 그린 又(또 우)로 구성되어, 식사나 제사가 끝난 후 식기를 물리는 모습을 형상화했다. 그래서 '거두어들이다'가 원래 뜻이다. 다만 금문에 들면서 又가 손에 막대를 든 攵(攴·칠 복)으로 변했고, 소전체에 들면서 鬲이 育(기를 육)으로 잘못 변했다. 그리고 손으로 옮기는 행위를 강조하기 위해 手(손 수)가 더해져 지금의 撤이 되었다.

手 대신 彳(조금 걸을 척)을 더한 글자가 徹인데, 이는 식기를 거두어들이는 동작을 강조한 글자다. 『설문해자』에서는 徹을 通(통할 통)으로 해석했지만 원래 뜻은 아니며, 이 역시 '거두어들이다'가 원래 뜻이다. 手나 彳 대신 車(수레 거)가 더해진 轍은 수레가 지나간 흔적을 뜻한다.

軍은 금문에서 車와 勻(적을 균)으로 구성되었는데, 勻은 소리부도 겸하고 있다. 勻은 다시 勹(쌀 포)와 두 점(二)으로 이루어졌는데, 勹는 에워쌈을 뜻하고 두 점은 동등함을 상징하는 지사부호이다. 그래서 勻은 '똑같은 비율로 나누어(二) 둘러싸는(勹) 것'을 의미하며, 均分(균분)하다는 뜻을 가진다.

그렇게 보면 軍은 '전차(車)를 고르게(勻) 배치하는 것'을 의미한다. 그래서 軍은 軍營(군영)에서처럼 주둔한 軍師(군사)를 뜻하기도 하며, 군대의 편제단위를 말하기도 했다. 편제단위로서의 軍은 師(스승 사)와 대칭되는 개념으로, 5旅(려)를 師라 하고 5師를 軍이라고 했던 것으로 보아 약 2천5백 명 쯤 되는 고대의 군사편제에서 가장 큰 규모의 단위였다.

運과 揮는 모두 軍에서 파생한 글자들이다. '軍隊(군대)를 움직이는 (辶·착) 것'이 運이요, '軍隊를 指揮(지휘)하는 것'이 揮이기 때문이다. 그래서 運과 揮에서의 軍은 소리부이면서 의미부도 겸하고 있다.

073

파병(派兵): 병사(兵)을 파견함(派)

派 물갈래 파
兵 군사 병
永 길 영
泳 헤엄칠 영
咏·詠 읊조릴 영
脈·脉 맥 맥

派兵은 군대(兵)를 나누어(派) 보낸다는 뜻이며, 그것은 전쟁을 치르기 위함이다. 하지만 전쟁이 그토록 빈번했던 그 옛날에도 전쟁은 최후의 수단이어야만 했고, 正(바를 정)의 어원에서도 보듯 정의로울 때만 용인되었다. 正은 원래 성(囗·국)을 치러 가는(止·지) 모습을 그렸으며, 그 征伐(정벌)은 언제나 정의로워야 한다는 뜻에서 '正義(정의)'의 의미가 나왔고, 이후 彳(조금 걸을 척)을 더한 征으로 征伐의 원래 의미를 나타냈다.

派는 원래 永에서 만들어진 글자다. 永은 갑골문에서 강(水·수)에서 수영을 하는 사람(人·인)의 모습을 그렸다. 이후 永이 끝없이 이어지는 긴 강처럼 永遠(영원)하다는 의미로 뜻이 확장되자 원래 뜻을 나타낼 때에는 다시 水를 더하여 泳을 만들었다. 그래서 口(입 구)가 더해진 咏은 유유히 흐르는 물처럼 '길게(永) 읊조리다(口)'는 뜻이며, 言(말씀 언)이 더해진 詠도 같은 뜻이다.

『설문해자』에 의하면 永을 반대로 뒤집어 만든 글자가 派라고 했다. 그래서 派는 永과 의미적으로 직접적인 연관을 가지며, 물의 支流(지류)가 원래 뜻이다. 이로부터 나뉘다, 類派(유파), 分派(분파) 같은 뜻이 생겼다.

반면 派에 水 대신 肉(月·고기 육)이 들어간 脈은 血脈(혈맥), 즉 근육(肉)을 따라 물 흐르듯 온 몸 전체를 흐르는 혈관을 말한다. 脈은 달리 혈관을 강조하기 위해 肉 대신 血을 더한 衇으로, 물처럼의 흐름을 강조하기 위해 永을 더한 脉으로도 쓰는데, 모두 같은 글자들이다. 脈은 이후 山脈(산맥)이나 水脈(수맥), 動脈(동맥) 등처럼 혈맥과 같은 속성을 가지는 모든 것을 통칭하기도 했고, 신체의 혈맥처럼 중요하다는 뜻에서 命脈(명맥·목숨)과 같은 용례로도 쓰였다.

兵은 갑골문에서 두 손으로 도끼(斤·근)를 쥐고 있는 모습이다. 그래서 兵器(병기)나 兵士(병사)와 같은 뜻이 생겼다.

현대에 와서는 兵을 변형시킨 새로운 글자로 乒(물건 부딪히는 소리 병)과 乓(풍소리 병) 등이 등장하였는데, 이들이 합쳐진 '핑팡(乒乓)'은 현대 중국어에서 '핑퐁(ping-pong)'의 대역어로 쓰인다.

074

혈맹(血盟): 피(血)로 맹서함(盟)

血 피 혈
皿 그릇 명
盟 맹세할 맹
明 밝을 명
誓 맹세 서
折 꺾을 절

사람들은 미국, 터키 등을 血盟이라고 한다. 血盟은 피로 맺어진 同盟(동맹)을 뜻한다. 따라서 同盟보다는 血盟이 훨씬 강력한 의미를 지닌다. 특히 한·미간의 '血盟'이라는 용어를 사용하는 글들의 행간을 살펴보면 그 곳에는 한국 전쟁 당시 미군이 한국을 위해 얼마나 많은 피를 흘렸는가 하는 암시가 강력하게 담겨 있다.

하지만 同盟이나 血盟은 원래 같은 개념이었으며, 血盟에서의 血은 인간의 피라기보다는 동물의 피를 말한다는 점에서 혈맹의 성립조건은 인간의 피와 죽음이 아니라 죽음 앞에서도 변하지 않는 約束(약속)과 名分(명분)일 것이다.

血(피 혈)은 갑골문에서 그릇 속에 작은 원이 그려진 모습인데, 작은 원은 피를 뜻한다. 이후, 원이 삐침 획으로 변해 지금처럼 되었다. 피(血)를 그리면서 그릇(皿)을 동원한 것은 피가 會盟(회맹)의 주요 도구로 쓰였기 때문이다.

『周禮(주례)』에서는, 나라 간에 불협화음이 생기면 각 제후들이 모여 盟約(맹약)을 했는데, 제후들이 합의를 도출하면 그것을 천지신명 앞에 서약하면서 동물의 피를 서로 나누어 마신다고 했다. 그들은 사각형의 구덩이를 파고 거기서 犧牲(희생)을 죽인 다음 왼쪽 귀를 잘라 옥쟁반에 담고, 옥 사발에 피를 받아 돌려 마시며, 남은 피로 합의된 맹약의 내용을 옥에 기록하여 땅에 묻었다. 이러한 기록을 盟書(맹서)라고 하는데, 이에는 맹약을 위배하는 자는 공동의 적으로 간주하여 처벌할 것을 기록하고 한 부는 땅에 묻고 다른 한 부는 副本(부본)으로 남겨 盟主(맹주)가 보관하게 하였다.

따라서 그릇(皿) 속에 담긴 피(血)는 會盟 때 盟誓를 약속하는 표지이다. 약속 이행을 위한 맹세를 盟誓라고 하지만, 사실 盟과 誓는 다른 개념이었다. 동물의 피를 나누어 마시는 행위를 말하는 盟과 서약을 의미하는 誓가 합쳐진 것이 盟誓다.

盟은 갑골문에서는 그릇 가득 피가 담긴 모습을 그린 會意(회의) 구조였다. 하지만 이후 금문에서는 피(血)가 소리부인 明으로 바뀌었다.

誓는 言(말씀 언)이 의미부이고 折이 소리부라고 하지만 "화살을 부러트려 誓約을 하던" 옛 관습을 생각하면 의미부일 가능성이 높다. 그래서 誓는 군대에서 했던 宣誓(선서)가 원래 뜻이다.

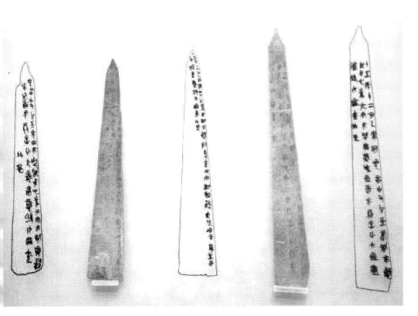

●「侯馬盟書(후마맹서)」. 맹서는 전국시대 때 각 제후나 경대부들 사이에서 맺었던 맹약을 기록한 것으로, 달리 載書(재서)라고도 한다. 1965년 산서성 후마의 晉(진)나라 유적지에서 약 5천여 편이 발견되었다. 맹주였던 趙鞅(조앙)을 중심으로 晉나라 趙氏를 종주로 받들고 충성을 맹약한 내용들이 주를 이룬다.

07

문화코드
文化 Code

제7장
문화코드

곶(串)과 만(灣): 튀어 나온 곳(串)과 들어간 곳(灣)

串 곶 곶/꼬챙이펠 천
毌 꿰뚫을 관
串 꼬챙이 찬
灣 물굽이 만
彎 굽을 만

串은 毌과 같은 어원을 가지는 글자로, 갑골문에서 끈이나 꼬챙이로 어떤 물건을 꿰어 놓은 모습을 그렸다. 毌은 금문에 들면서 그 물건이 조개(貝·패)임을 구체화시켜 지금의 貫이 되었고, 串은 이와 달리 어떤 네모꼴의 물건들을 세로로 꿰어 놓은(丨·곤) 모습으로 분화하였다. 이후 串은 형상성을 더욱 강화하기 串(꼬챙이 찬)을 만들기도 했는데, 串에 다시 세로 꼬챙이(丨)가 하나 더 더해진 모습이다.

그래서 串은 貫과 같은 의미를 가지지만 '꼬치/고지'나 '곶감'이라는 말에서 볼 수 있듯 주로 '꿰다'는 의미에 치중되어 있다. 우리말에서는 '꼬치'처럼 바다 쪽으로 길게 내민 육지를 '곶'이라 하는데, 이 '곶'을 한자의 串으로 표기했다. 따라서 串을 '곶'으로 읽는 것은 우리말에서만 존재하는 특수 용법이다.

灣은 水(물 수)와 彎으로 구성되었는데, 彎은 소리부도 겸한다. 彎은 다시 의미부인 弓과 소리부인 䜌으로 이루어졌는데, 弓은 활을 그린 상형자이다. 그래서 彎은 활(弓)처럼 '굽은(䜌)' 상태를 말한다.

이처럼 灣은 '굽이쳐(彎) 흐르는 물길(水)'이 원래 뜻이며, 이로부터 바다가 육지 쪽으로 굽어 들어 간 곳이라는 의미가 나왔다. 다시 그곳은 배가 정박할 수 있는 곳이라는 의미에서 '정박하다'는 뜻까지 가지게 되었다.

배가 정박하여 머무를 수 있는 곳이 灣이라면 육지가 바다를 향해 튀어나온 곳이라 배가 머물 수 없는 곳이 串이다. 따라서 灣은 이질적인 문화가 섞이고 혼합되며 문화 간 교류가 일어나는 곳이라면, 串은 독자적인 문화가 시작하는 곳이자 고유한 지리적 경계가 그어지는 곳이다.

灣 역시 지리적 경계가 될 수 있지만 灣은 그 특성상 문화적·경제적 교류가 시작되어 지구화와 세계화에 일익을 담당할 수 있는 곳이라면, 串은 육지의 가장 변두리이자 다른 문화와 쉽게 섞이기 힘든 곳이다. 그래서 串은 한 문화의 시발점이 되는 동시에 한 문화의 독자성을 주장하는 장소이기도 하고, 변화하지 않기에 정체될 수 있는 곳이기도 하고, 문화와 문명의 중심에서는 가장 떨어져 있는 변방이자 변두리로 쉽게 배제되고 간과될 수 있는 곳이기도 하다.

● 「간절곶」.

이처럼 邦은 변방이기는 하지만 폐쇄성을 특징으로 하기에, 그곳은 자기문화의 독자성과 자국문화의 우월성을 배타적으로 주장할 수 있는 이중적인 장소이기도 하다. 세계화와 더불어 자본과 동력만이 발전의 개념으로 강조되는 이 시대에 아무도 주목하지 않는 변방으로서의 邦이 가지는 속성과 의미에 주목하여야 하는 일은 의미 있는 일일 것이다.

● 「꼬지」. 한대 화상석, 섬서성 綏德(수덕) 출토.
『한대인물조각예술』(李凇 편, 호남미술출판사, 2001), 311쪽.

076

대화(對話): 마주보며(對) 말을 나눔(話)

對 대답할 대
業 업 업
話 말할 화
言 말씀 언
舌 혀 설
音 소리 음

對는 갑골문에서 왼편(業)은 악기를 내걸기 위한 나무 걸이 대를 그렸고, 오른편은 손(又·우)의 모습이다. 그래서 對는 손(又)으로 악기의 걸이 대를 내달고 있는 모습이고, 이로부터 '올리다', '받들다'는 뜻이 생겼다. 이후 소전체에 들면서 又가 寸(마디 촌)으로 변하고 業의 아랫부분에 土(흙 토)나 口(입 구)가 더해졌으며, 해서체에서는 口가 士(선비 사)로 변해 지금의 자형이 되었다.

話는 言(말씀 언)과 舌로 구성되었는데, 言과 舌은 비슷한 구조에서 출발한 글자이다. 舌은 갑골문에서 아랫부분은 입(口)을, 윗부분은 어떤 것이 길게 뻗어 두 갈래로 갈라진 모습이다. 일반적으로 사람의 혀를 그렸다고 하나, 혀라면 둘로 갈라진 것이 차라리 뱀의 혀라고 해야 할 것이고, '혀'를 그리면서 사람의 혀가 아닌 뱀을 그렸다는 것도 이상하다.

그래서 필자는 위는 대나무를, 아래는 대로 만든 악기의 혀(reed)를 그린 것이라 생각한다. 그것은 갑골문에서 舌에 가로획을 하나 더한 것이 音이고, 音에 다시 가로획을 더한 것이 言이라는 것에서 해석의 근거를 찾을 수 있다. 音은 舌에다 거기서 나오는 소리의 상징부호인 가로획을 더함으로써 그것이 사람의 소리가 아닌 '악기의 소리'를 나타냈으며, 言은 音에다 다시 가로획을 더함으로써 악기의 소리와 사람의 소리를 구분하고자 한 것으로 보이기 때문이다. 話를 달리 譮(화)로 써 '잘 모아놓은(會) 말(言)'이라는 의미를 그렸듯, 話는 '혀(舌)를 잘 놀리는 말(言)'을 의미한다.

그래서 對話라는 단어에서 읽을 수 있는 것은 상대를 존중하고 상대와 조화를 이루어야 한다는 정신이다. 對의 출발이 소중한 악기를 내거는 것처럼 조심스럽다는 뜻이고, 또 나중에 口가 土로 바뀐 것은 對話가 선비의 정신에 입각한 것이어야 한다는 의미를 담고 있다. 그리고 話는 원래 악기의 소리에서 출발한 것처럼, 對話가 악기의 화음만큼이나 조화로워야 한다는 것으로 생각되었기 때문이다.

● 플라톤(Plato, 기원전 427~기원전 347)의 『대화』.

077

문자(文字): 기초자(文)와 합성자(字)

文 글월 문
紋 무늬 문
斌 빛날 빈
彣 채색 문
紊 어지러울 문
字 글자 자

플라톤(Plato)은 말이란 영혼 안에 쓰인 것으로 "영혼의 본성에 대해서 통찰하도록 하는" 특징을 지니고 있는 반면, 문자는 영혼 안의 지식을 전달하지 못하고 영혼 외부의 표지로서 자기 자신을 반복하는 것에 불과하며, 외부적인 기호에만 의존하게 됨으로써 지혜의 실체를 망각하도록 만드는 매개로 생각했다.

이러한 사상은 줄곧 서구 형이상학의 토대를 이루어왔으며, 현대 언어학의 비조라 불리는 소쉬르(Saussure, 1857~1913)가 문자가 아닌 말에 우선성을 부여했던 것도 이러한 철학적 전통에 기반을 두고 있으며, 그는 "말과 문자는 두 개의 구별되는 기호체계이지만, 문자가 존재해야 하는 유일한 이유는 말을 기록하기 위해서이지 다른 이유는 없다"고 주장하기도 했다.

과연 한자에서도 말과 글에 대한 이러한 관계가 유효한 것일까? 한자에서 말은 늘에 글은 文字에 해당할 것이다. 文字는 지금 한 단어로 쓰이지만 文과 字는 서로 다른 뜻이었다. 文은 文字가 더 이상 분리되지 않는 것처럼 단독으로 된 기초자를, 字는 字字가 宀(집 면)과 子(아들 자)의 결합으로 이루어진 것처럼 기초자인 文이 둘 이상 합쳐진 합성자를 말한다.

文은 지금은 글자를, 그리고 글자가 모여 글이 되기에 文章(문장)을 뜻하지만, 최초에는 '무늬'를 뜻했다. 文은 갑골문에서 사람의 가슴 부위에 칼집을 새겨 넣은 모습이다. 무슨 목적으로 몸에다 칼집을 내었던 것일까? 그 대상은 산 사람이었을까 죽은 사람이었을까?

원시 수렵 시절, 하늘로부터 받은 수명을 다하여 죽는 자연사보다는 수렵이나 전쟁 과정에서 죽는 사고사가 훨씬 많았고 보편적인 죽음이었을 것이다. 원시인들은 사고로 피를 흘리며 죽어가는 동료를 보면서 몸속에 든 영혼이 피를 타고 나와 육체로부터 분리되는 바람에 죽음에 이른다고 생각했다.

하지만 드물긴 했지만 피를 흘리지 않은 채 죽은 사람도 생겼으며, 그럴 경우에는 영혼이 육체로부터 분리될 수 있도록 인위적으로 칼집을 새겨 피가 흐르도록 했다. 그래도 피가 흐르지 않을 때에는 朱砂(주사·붉은색 안료)를 시신에 칠하거나 뭉친 흙을 붉게 칠해 시신 주위에 뿌리기도 했는데, 이는 '피 흘림'을 통해 영혼이 육체로부터 분리될 수 있도록 하기 위한 주술 행위였다.

이로부터 文에는 시신에 새긴 칼집이라는 뜻에서 무늬의 의미가 나왔고, 글자가 획을 교차시켜 무늬처럼 만든 것이기에 '글자'라는 뜻이 생겼다. 이후 文은 글을 주로 하는 文人(문인)이라는 의미까지 갖게 되었고, 그러자 원래의 무늬라는 뜻은 糸(가는 실 멱)을 더한 紋으로 분화되었다.

字는 금문에서 宀(집 면)과 子(아이 자)가 합성된 글자로, 원래는 집 안에서(宀)의 아이(子)를 낳아 자손을 불려가듯 '불려나가다'는 것을 뜻했다. 하지만 이후 字는 字가 더 이상 분리되지 않는 기초자인 文이 둘 이상 결합하여 만들어진 글자를 뜻하게 되었다.

이렇게 볼 때 文은 원래 영혼을 육신으로부터 분리될 수 있도록 하기 위해 시신에 무늬를 새겼던 조치였던 것처럼, 文은 영혼이 출입하는 통로였고, 그래서 언제나 정신(心)과 통하거나 밀접하게 연결되는 전통을 보여 왔으며, 단순히 글자나 무늬가 아닌 人文(인문) 정신을 통칭하는 개념으로 쓰여 왔다.

音의 경우, 아래 부분은 사람의 입(口)을, 윗부분은 퉁소의 소리를 내는 부분인 혀(舌, reed)를, 양쪽에 첨가된 두 획은 대의 잔가지를 그린 것으로 추정할 수 있다. 이 두 획은 생략되기도 하고 가끔 두 점으로 나타나기도 하는데, 퉁소에서 나는 '소리'를 추상화한 것으로 해석되기도 한다.

그래서 音은 원래 악기이름, 특히 23개의 관을 연결한 다관 악기처럼의 큰 퉁소를 불렀던 것임을 말해주며, 이후 音이 사람의 '말'을 뜻하게 되자 다시 言(큰 퉁소 언)으로 분화하고, 악기의 소리는 音에다 소리를 상징하는 가로획을 더한 音으로 독립한 것으로 추정된다.

이렇게 볼 때, 音은 인간의 혀가 아닌 퉁소와 같은 악기가 만들어내는 개별적 소리에서 출발했을 뿐이며, 그래서 文이 인간의 영혼과 연계된 관계로 모든 인문 정신을 포함하는 개념으로 기능한 반면 音은 訛(譌·그릇될 와), 詐(속일 사), 變(변할 변) 등에서처럼 대부분이 부정적이고 가변적이며 믿을 수 없는 것으로 인식되었다.

이렇게 볼 때, 音은 인간 영혼 일반의 은유로 사용된 것이 아니라 현상이자, 부분이며, 인간이나 사물의 변하기 쉬운 소리였기 때문에 그 속에 영혼이나 정신이 개입할 여지는 없었던 것으로 보인다.

이에 반해 文은 音이 가지고 있는 이러한 불완전한 속성을 지양하고 인간의 정신이나 정신의 내면성과 더 긴밀하게 연관되고 있다. 文이 어원적으로 무늬에서 출발한다는 말은 정신이 아닌 육체의 아

름다움, 혹은 치장의 표면적인 아름다움을 뜻하는 것이 아니라, 시간
과 더불어 사라지는 유한한 육체에 칼집을 내어서 인간의 정신의
영원함을 보전하기 위한 시도로 보이기 때문이다.

따라서 言과 文의 어원을 통해 한자에서는 정신의 내면성을 설정하
는 것은 言이 아니라 文이라는 결론에 이르게 되며, 소쉬르가 문자

● 「창힐상」. 倉頡(창힐)은 약 4천여 년 전 黃帝(황제) 때 史官(사관)을 지
냈고 그가 한자를 만들었다는 전설상의 인물이다. 창힐은 보통사람에 비해
매우 특이했던 것으로 묘사되어 있는데, 용의 얼굴에 번쩍번쩍 빛나는 눈이
4개나 달려 있었고, 그 때문에 무엇보다도 사물을 정확하게 볼 수 있었다.
그는 하늘의 달이 시시각각으로 차고 이지러지는 모습과, 땅위의 새와 동물
의 발자국이 각기 서로 다른 것을 보고서 한자를 창안했으며, 창힐이 글자
를 만들자 하늘에서는 오곡이 비 오듯 내렸고 귀신은 놀라 밤새도록 울었다
고 한다(『회남자・본훈경』).

의 특성으로 폄하하였던 바로 그 속성도 한자에서는 文에 해당하는 것이 아니라 言에 해당되고 있다는 것을 보여준다.

● '측천무후 창제문자', 「武周陸公夫人崔氏墓誌(무주육공부인최씨묘지)」.
낙양 출토, 聖曆(성력) 2년(699) 정월 28일 하장. 높이 46.5, 넓이 46.5센티미터, 해서 12행, 매 행 12자. 國, 正, 人, 聖, 天, 年, 月, 日 등이 모두 측천무후의 창제글자('武周新字')로 기록됨. 측천무후는 天授(천수) 원년(690) 낙양에서 나라이름을 唐에서 周로 고치고 황제에 등극함. 당나라의 전장제도를 고치는 동시에 새로운 글자를 창제함. 『선화서보』에 의하면, 19자를 창제했다고 하나 실제로는 이체자를 포함해 20여자를 창조함. 측천무후 생존 당시에는 사용되었으나 사후에는 도태됨. 측천무후의 이름자로만 사용되는 瞾(=照)만 남게 됨. 이 비석의 각석시기가 바로 측천무후의 집정 때여서 '무주신자'를 살피는 대표적 실물자료가 됨. 현재 낙양 관림 비각묘지진열실 소장. 『中國關林』, 78쪽.

078

정의(正義): 올바른(正) 도리(義)

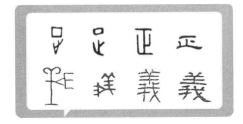

法 법 법
正 바를 정
征 칠 정
廌 해태 치
義 옳을 의
我 나 아

사람들은 法과 正義를 동일하다고 생각한다. 그러나 엄밀하게 말하자면 法과 正義는 동일한 것이 아니다.

法은 水(물 수)와 去(갈 거)로 이루어져 물(水)의 흐르는(去) 속성을 강조했다. 물은 언제나 낮은 곳으로 흐르는 항상성을 지닌다. 이는 法의 정신이 보편성과 일관성과 형평성에 기반하고 있음을 보여준다.

물론 法의 자형을 역추적 하여 금문으로 거슬러 올라가면 이에는 廌(해태 치)가 덧붙여져 있다. 해치는 중국에서 옳지 않은 사람을 자신의 뿔로 받아 죽여 버린다는 전설의 동물이다.

해치의 존재는 法에 기초한 통치가 확립되기 이전의 징벌의 형태를 알려주고 있다. 하지만 이후 廌가 생략됨으로써 法이 징벌의 의미를 넘어 물(水)의 흐름(去)이 지니는 항상성과 보편성처럼 모든 사람에게 공통으로 적용되어야만 하는 규약이나 약속의 의미가 강조되었다.

반면 正義는 성문화된 규약이라기보다는 개별의 공동체가 주어진 상황에 대처하는 방식의 정당성을 뜻한다고 보여 진다. 우선 正은 원래 囗(나라 국)과 止(갈 지)로 구성되어 성(囗)을 정벌하러 가는(止) 모습으로써 征伐(정벌)의 의미를 그렸는데, 囗이 가로획(一)으로 변해 지금의 正이 되었다. 征伐 즉 전쟁은 언제나 초법적이요 法의 바깥에 있을 수 있지만, 그럼에도 불구하고 전쟁은 타당하고 모두가 합의할 수 있는 올바른 명분을 가져야만 한다. 여기서 正에 '바르다'는 뜻이 나왔고, 그러자 원래의 뜻은 彳(조금 걸을 척)을 더해 征으로 분화했다.

義는 갑골문에서도 羊의 뿔과 날이 여럿 달린 창을 그린 我로 구성되어, 창(我)에 양 뿔(羊) 장식을 단 '의장용 창'을 그렸다. 여기에서의 羊은 해치를 '뿔이 하나 달린 양'으로 묘사해 왔듯이 악한 자를 처벌하는 해치와 통하는 개념으로 볼 수 있다. 我는 외부의 적과 싸우기 위한 무기가 아니라 내부의 적을 처단함으로써 단결을 고취하기 위한 상징으로서의 창이기 때문에, '의장용 창'인 我가 '우리'라는 의미를 가지게 되었다. 따라서 義는 '우리'라는 집단 내부의 결속을 다져 '정의를 실현하고 구현하는 창'인 셈이다.

이렇듯 어원에 입각해서 法과 正義의 개념을 살필 때, 法이 모든 사람에게 적용되는 보편적인 것이라면, 정의는 성을 정벌하러 간다(正)든가, 우리(我)의 공동체 내부의 선을 실현하는 대단히 구체적이고 특수한 상황과 연계되어 있다고 볼 수 있다.

●「法獸(법수)」. 한나라 화상석(남양 화상석박물관).

079

비평(批評): 잘 따져서(批) 평가함(評)

批 칠 비
比 견줄 비
評 품평할 평
平 평평할 평
論 말할 론
侖 둥글 륜

批는 手(손 수)와 比로 이루어졌는데 比는 소리부도 겸한다. 手는 손의 형상을 그렸고, 比는 갑골문에서 몸을 굽히고 손을 위로 받든 두 사람이 나란히 선 모습으로부터 '나열하다'나 '견주다'의 뜻을 그려냈다.

評은 言(말씀 언)과 平의 합성자인데 平은 소리부도 겸한다. 言은 갑골문에서 혀(舌·설)에다 추상부호인 가로획(一)이 더해진 모습으로, 혀에 의해 만들어지는 '말'을 형상화했다. 平의 금문 자형에 대해서는 아직 정확한 어원이 밝혀지지 않고 있다. 『설문해자』에서는 '말이 고르게 퍼지는(八) 것'을, 혹자는 나무를 평평하게 깎는 손도끼를, 또 다른 이는 저울을 그렸다고도 했지만 모두 자형과 그다지 일치해 보이지 않아 확정하기 힘들다.

다만 批評은 물건 등을 손(手)으로 나열시켜(比) 놓고 어느 것이 더 낫고 못한 지를 언어(言)로써 가려내고 저울질하는(平) 작업이라 풀이할 수 있을 것이다. 그래서 비평의 언어는 자신의 이해관계나 유·불리에 좌우되지 않는, 편견과 치우침이 없는 공평한(平) 언어(言)를 사용해야 한다. 하지만 오늘날과 같은 복잡한 사회에서 공평무사한 어휘를 찾기란 쉽지 않다. 그것은 사회 그 자체가 무엇보다 인간 간의 관계를 근본으로 하고 있기 때문이다.

批評은 종종 '評論'이라는 단어로 대체되기도 한다. 평론이란 문학이나 음악이나 회화 작품 등이 순서에 맞고 구도에 맞아 조화를 잘 갖추었는가, 즉 그 질서와 구도가 제대로 잡혔는가를 말로 평가하는 것이다.

評은 앞의 설명처럼 '공평한 언어'를 말하며, 論은 言과 侖으로 구성되었다. 侖은 금문에서 윗부분은 입을 아랫부분은 대를 엮어 놓은 모습을 하여 管(관)이 여럿 달린 피리(侖·약)와 닮았다. 아마도 侖과 같은 악기를 불 때의 條理(조리)나 순서를 형상화한 것으로 보인다. 그래서 論은 사리를 분석하여 조리 있게(侖) 설명함(言)을 말한다.

평론은 물론 정치나 사회에 대한 論評일 수도 있다. 하지만 어원적으로 볼 때, 評과 論이 결합된 評論이 질서(侖)와 구도에 맞게 잘 되었는가를 말(言)로 평가(評)하는 것이라면, 批와 評이 결합된 批評은 구체적 대상을 손(手)으로 나열해(比) 놓고 평가(評)하는 것이기에 보다 구체적이고 세밀하기 마련이다.

그래서 특정 영화나 특정 소설 등과 같이 제시될 수 있는 구체적 대상이 있는 경우에는 批評이라는 말이 적합하고, 정치 전반이나 광범위한 문화적 현상에 대해서는 評論이 보다 적절한 어휘라 생각된다.

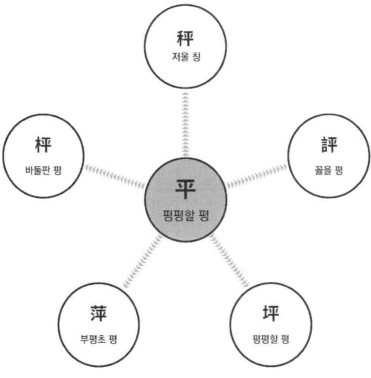

[표-33] '平'으로 구성된 글자들

080

번역(飜譯): 뒤집어(飜) 다른 말로 바꿈(譯)

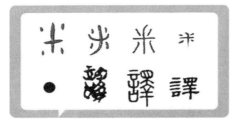

釋 풀 석
釆 분별할 변
悉 모두 실
睪 엿볼 역
譯 통변할 역
繹 풀어낼 역

'풀다'는 뜻을 가진 釋은 의미부인 釆과 소리부인 睪으로 구성되었다. 釆은 갑골문에서 들짐승의 발자국 모양을 그렸는데, 금문에 들면서 획을 조금 구부려져 발자국이 더욱 사실적으로 변했으며, 이후 지금처럼 굳어졌다.

들짐승의 발자국은 수렵 시절 그것을 辨別(변별)해 뒤쫓아 가며 사냥을 했기 때문에 釆에 分別(분별)하다는 뜻이 생겼다. 釆은 지금 부수로만 사용되지만, 悉에는 아직 원래의 의미가 남아 있다. 즉 悉은 釆과 心(마음 심)으로 구성되어, 짐승의 발자국(釆)을 마음(心)으로 헤아린다는 뜻이다. 그로부터 '잘 알다', 남김없이 '모두' 헤아리다는 의미가 나왔다.

睪은 소전체에서 위쪽은 目(눈 목)을 가로로 눕힌 모습이고 아래쪽은 幸(다행 행)으로 되었다. 目은 보다는 뜻을 가지고, 幸은 원래 수갑을 그려 죄인을 상징한다. 그래서 睪은 '죄수를 감시하다'가 원래 뜻이다.

그렇다면 '자세히 관찰하다'는 뜻을 가지는 睪도 釋의 의미결정에도 관여하는 셈이다. 왜냐하면 釋은 짐승의 발자국(釆)을 자세히 살펴

(釆) 변별하듯, 상세하게 풀어내는 것을 뜻하기 때문이다.

그래서 '실을 풀어내다'는 뜻을 가지는 繹 또한 뒤엉킨 실(糸·멱)을 자세히 살펴(釆) 풀어내는 것으로 해석할 수 있다.

또 言(말씀 언)과 釆이 결합된 譯은 『설문해자』의 풀이처럼 '이민족의 말을 풀어내는 것', 즉 飜譯(번역)을 말한다. 한 언어를 또 다른 언어로 풀어내는 것은 至難(지난)한 작업으로 대상언어의 의미를 잘 살펴야 함은 물론 대응 '어휘(言)'를 대단히 '섬세하게 살펴(釆)' 選擇(선택)해야만 가능한 일이다.

당나라 때 인도로 건너가 온갖 역경을 겪으며 구해온 불경을 19년간의 장구한 세월에 걸쳐 번역해 낸 玄奘(현장) 법사의 번역 정신은 아직도 인류의 번역사에서 신화로 남아있다. 산스크리트 문자와 한자라는 완전히 다른 문자체계, 불교와 유교라는 전혀 이질적인 사상체계 속에서 그토록 철학적이고 전문적인 용어들을 한자 어휘로 완벽히 소화해 내고, 생소한 경험들을 친숙한 중국의 이야기로 변형시킨 그의 번역 정신과 솜씨는 지금도 여전히 모범이기 때문이다.

●「玄奘三藏院(현장삼장원)」. 중국 최고의 번역가로 알려져 있는 삼장 법사 玄奘의 기념관. 중국 섬서성 서안 소재.

081

선물(膳物): 남에게 드리는(膳) 물건(物)

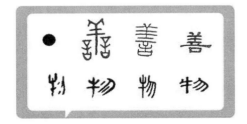

膳 반찬 선
月·肉 고기 육
善 착할 선
賂 뇌물 줄 뇌
各 각각 각
物 만물 물

膳은 月과 善으로 이루어졌는데, 善은 소리부도 겸한다. 月은 원래 잘라놓은 고깃덩어리를 그렸다. 善은 갑골문에서 양의 눈을 그렸고, 금문에서는 羊과 誩(말 다툴 경)의 결합으로, 말다툼(誩)과 같은 분쟁을 羊의 신통력으로 판단해 준다는 믿음으로부터 옳고 선한 의미를 형상화 했다.

그러므로 膳은 좋은(善) 일에 쓰이는 고기(肉)를 말한다. 고대사회에서 제일 중요하고 좋은 일이 제사였으므로, 膳은 그 '제사에 쓰이는 고기'를 말했다. 제사를 위한 고기는 가장 신선하고 맛있는 것을 쓰기에, 평소에 고기를 쉽게 접할 수 없었던 당시 제사 후 나누어 먹는 고기는 대단한 膳物이었을 것이다. 지금이야 먹을 것이 풍부하여 명절이나 제사 음식이 제 가치를 인정받지 못하게 되었지만, 먹을 것이 귀하던 시절 최상급의 고기는 더할 나위 없이 좋은 膳物이었을 것이다.

따라서 한자의 어원으로 본 膳物은 정말 순수한 개념의 선물이다. 마르셀 모스(Marcel Mauss, 1872~1950)는 선물이라는 것이 당장의 이익을 발생시키지는 않는다 하더라도 눈에 보이지 않는 미래의 이익을 위해 마련하는 것이기에 '지연된 교환가치'라고 설명한 바 있다.

이것은 한자의 뿌리에 들어 있는 膳物이 공동체 모두의 즐김과 나눔에 초점이 놓인 이해타산과는 아무런 관계가 없는 개념이었지만, 자본이 우리 삶의 구석구석까지 침범한 오늘날, 선물의 순수성을 논하는 것 그 자체가 점차 힘들어지고 있음을 의미한다.

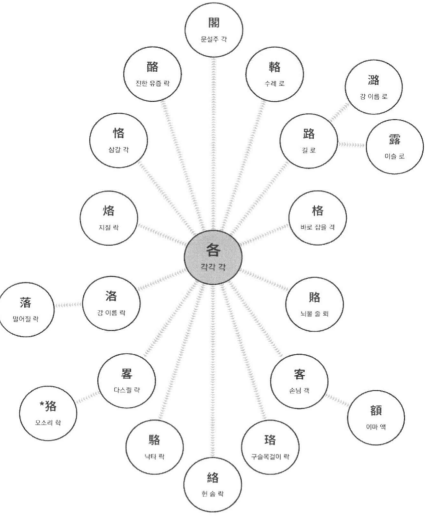

[표-34] '咎'으로 구성된 글자들

賂는 貝와 各으로 구성되었는데, 貝는 조개화폐로 재화를 상징한다. 各은 갑골문에서 거꾸로 된 발(止·지)과 집의 입구(口·구)를 그려 집에 '도착하다'는 뜻을 형상화 했다. 그래서 賂는 재화(貝)가 이르는 (各) 것을 말한다.

그래서 賂物이란 화폐를 다른 사람의 집으로 가져가는 것이며, 발이 거꾸로 그려졌다는 것은 그것이 비정상적이며 다른 사람의 눈을 피해서 이루어지는 행위를 말하고 있는 지도 모른다. 21세기를 살아가는 지금도 賂物의 원래 의미는 전혀 변하지 않았다. 단지 뇌물을 전달하는 도구가 인간의 발보다 훨씬 효율적인 차량 등 훨씬 교묘한 것으로 바뀌었을 뿐이다. 그럼에도 뇌물의 전달에 예나 지금이나 변하지 않은 것은 우편과 같은 다른 수단을 동원하지 않고, 직접 전달의 원칙을 고수한다는 점이다. 어떤 매개체를 이용하거나 모두가 공유할 수 있는 정당한 경로는 비밀이 새어나갈 위험에 노출되어 있기 때문이다.

082

실재(實在): 실재로(實) 존재함(存)

實 열매 실
貫 꿸 관
在 있을 재
才 재주 재
土 흙 토
屮 새싹 날 철

實은 금문에서 宀(집 면)과 田(밭 전)과 貝(조개 패)로 구성되어 집 안(宀)에 곡식(田)과 화폐(貝)가 가득 들어 있는 모습을 그렸다. 그러던 것이 진나라의 소전체에 들면서 田과 貝가 합쳐져 돈을 꿰놓은 형상인 貫으로 변해 지금의 자형이 되었다.

그래서 實의 원래 뜻은 집안에 곡물과 재물이 '가득 차다'이며 이로 부터 充滿(충만)과 充實(충실)의 뜻이 생겼다. 이후 과일은 꽃이 수정 되어 열매가 열리고 속이 가득 차 맛있는 먹거리가 된다는 점에서 果實(과실)이라는 뜻이, 다시 結實(결실)에서처럼 열매를 맺다는 뜻까 지 갖게 되었다. 속이 가득 찬 것은 속이 텅 빈 虛構(허구)와 대칭을 이루면서 事實(사실)이나 진실의 의미가 생겨났다.

在는 금문에서 才와 土로 이루어졌는데, 才는 소리부도 겸한다. 才는 갑골문에서 새 싹(屮)이 땅(一)을 비집고 올라오는 모습을 그렸다. 겨 우내 움츠렸던 그 연약한 새싹이 단단한 대지를 뚫고 올라온다는 것은 여간 경이로운 일이 아니며 신비스럽기까지 하다.

그래서 才는 더없이 연약한 새싹이 딱딱한 땅바닥을 비집고 올라 올 정도의 훌륭한 재주나 才能(재능)을 뜻하게 되었다. 그리고 땅위로 새싹을 틔우려면 온 힘을 다해야할 뿐더러 그것은 여간 힘겨운 일이 아닐 터, 才에는 '겨우'라는 부사적 의미까지 생겼다.

이후 才에다 흙을 뜻하는 土를 더하여 새싹이 움트고 있는 곳이 바로 대지이며, 그 대지 위로 생명이 탄생하고 존재함을 나타냈다. 이로부터 在에는 存在(존재)나 實在, 實存 등의 뜻이 생겼다. 在와 유사한 예로 存은 才에 子(아들 자)가 더해진 것으로 아이(子)가 새싹을 틔우듯(才) 태어나 살아가고 존재함을 형상화 한 글자이다.

그러므로 어원적으로 볼 때, 實在는 인간이 쉽게 지각할 수 있는 집안에 가득한 화폐, 곡식, 과실 등과 같은 사물을 의미하는 實과 대지 위로 갓 솟아오르기 시작하는 새싹 등과 같은 사물을 형상화 한 在가 합쳐져 만들어진 글자로, 인간의 지각여부와는 별개로 실제로 존재하는 모든 것을 지칭하는 개념이라 풀이할 수 있다.

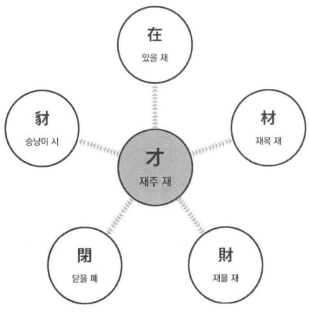

[표-35] '才'로 구성된 글자들

●「재물신」. 섬서 지방의 전통 剪紙(전지) 공예.

083

애도(哀悼): 슬퍼하고(哀) 또 슬퍼함(悼)

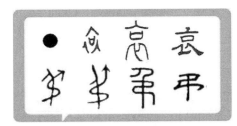

哀 슬플 애
衣 옷 의
悼 슬퍼할 도
卓·桌 높을 탁
倬 클 탁
掉 흔들 도

哀는 금문에서 □(입 구)와 衣로 구성되었다. □는 입을 그렸고, 衣
는 목과 옷섶이 함께 그려진 상형자이다. 그래서 □는 슬퍼 우는 哭
(곡)을 상징하고, 衣는 喪禮(상례) 때 입는 상복을 뜻한다. 사랑하는
사람이 죽었을 때보다 더 슬픈 일이 있을까? 그래서 '슬픔'의 의미를
곡소리(□)와 그 때 입는 옷(衣)을 합쳐 만들었다.

悼는 의미부인 心(마음 심)과 소리부인 卓으로 구성되어, 슬퍼하는
마음(心)의 의미를 그려냈다. 卓은 금문에서 서 있는 사람(人·인)과
早(새벽 조)로 이루어졌는데, 일찍(早) 서는 아이(人)를 말한다. 금문
의 다른 자형에서는 早가 子(아이 자)로 바뀌어 이러한 의미를 더욱
강조하기도 했다.

直立(직립)은 인간이 동물과 구별되는 중요한 특징의 하나이다. 곧바
로 서서 걸어 다님으로써 인간의 두 손은 해방될 수 있었고, 해방된
두 손으로 도구를 사용하고 노동을 함으로써 문명을 일으킬 수 있
었다. 그래서 일찍부터 설 수 있다는 것은 조숙함으로, 나아가 뛰어
난 것으로 인식되었을 것이다. 이로부터 卓에는 卓越(탁월)과 같이
뛰어나다, 높다 등의 뜻이 생겼다.

여기서 파생된 倬은 人이 더 보태어져 뛰어난(卓) 사람(人)을, 晫은 태양(日·일)이 높이 떠 강하게 빛나는 것을, 樔(탁상 탁)은 나무(木·목)로 높게(桌) 만든 탁자를 말한다.

하지만 높이 있는 것(卓)은 손(手·수)로 흔들면 떨어지게 마련이다. 그래서 掉에는 '떨어지다', '버리다'의 뜻도 생겼다. 그렇다면 掉에서처럼 悼는 떠나가는 사람을 버리는(卓) 마음(心)이라 풀이할 수 있다.

그래서 哀悼의 哀는 상복을 입고 곡을 하는 모습을, 悼는 떠나가는 사람을 버리는(卓) 마음(心)을 그렸다. 즉 哀悼는 사랑하는 사람을 떠나보내며 상복을 입고 슬피 곡을 하는 '의식(ritual)'을 표현한 단어이다. 이는 죽음을 단순히 슬퍼하기나 극복하기 위한 관습이라기보다는 哀悼라는 절차를 통해 다른 세상으로 떠나버린 존재와 자신을 분리하는 행위이자 '의식'이다.

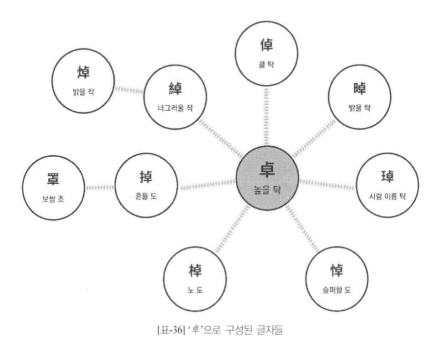

[표-36] '卓'으로 구성된 글자들

084

독약(毒藥): 독(毒)과 약(藥)

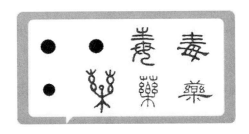

藥 약 약
艹 풀 초
樂 음악 악·즐길 락·좋아할 요
白 흰 백
毒 독 독
每 매양 매

그리스(희랍)어 '파르마콘(pharmakon)'은 藥과 毒이라는 어원을 함께 가진다.

그러나 한자의 어원은 다소 다르다. 藥은 艹와 樂으로 구성되었는데, 樂은 소리부도 겸한다. 樂은 갑골문에서 두 개의 幺(요·실타래)와 木(목·나무)이 합쳐진 모습인데, 幺는 현악기를 木은 나무로 만든 악기를 뜻한다. 금문에 들어 白이 더해졌는데, 白은 소리부라는 것이 일반적인 풀이이다. 그래서 樂의 원래 뜻은 악기이며, 이로부터 '음악'이라는 뜻이 생겼다.

음악(樂)은 고대 중국에서 禮(예)와 함께 개인의 심성을 닦고 나라를 다스리는 가장 중요한 개념의 하나였다. 그것은 사람의 마음이 음악으로 안정되고 즐거워지는 특성을 활용한 것이다. 이로부터 樂에는 즐겁다는 뜻이, 다시 좋아하다는 뜻이 생겼다. 물론 전자는 '락'으로, 후자는 '요'로 읽힘에 유의해야 한다.

이렇듯 藥은 즐거움(樂)을 주는 풀(艹)을 말한다. 고통에서 벗어나게 해 주는 藥, 그 약은 지금처럼 화학물질이나 가공된 약이 아니라 생활 주변에서 쉽게 찾을 수 있는 풀이 가장 대표적이었을 것이다.

毒은 『설문해자』에서는 의미부인 屮(싹 날 철)과 나머지가 소리부로 구성된 형성구조이며, 이의 이체자로 菌(메꽃 복)과 刀(갈 도)가 합쳐진 글자를 제시하여, 식물의 일종으로 풀이했다.

하지만 소전체를 자세히 살피면 毒은 비녀를 꽂은 여인(毎)에 가로획이 둘 더해진 모습으로, 머리에 비녀 등 장식물을 여럿 꽂아 화려하게 치장한 모습임을 알 수 있다.

따라서 毒은 평범하고 정숙한 부인과는 달리, 비녀 이외에 많은 장식물을 주렁주렁 달고 짙은 화장을 한 아름다우나 남자를 파멸로 몰아갈 수 있는 여성의 모습을 담았다고 할 수 있다. 毒은 소위 '팜므 파탈(femme fatale)'의 이미지, 즉 그 화려함과 아름다움이 어머니(毎)에 비교될 수 없을 정도로 뛰어나지만 그 유혹이 너무나 강하여 사람을 파멸로 몰고 가는 여성을 말한다.

여성은 창녀와 어머니 두 부류밖에 없다고 했던가. 毒이 약용으로 쓰인 '메꽃'을 뜻하다가 '독'으로 쓰인 것은 분명 남성중심사상이 확립된 이후의 일일 것이다.

085

유가(儒家): 유학(儒)의 학파(家)

儒 선비 유
需 구할 수
濡 젖을 유
懦 나약할 나
孺 젖먹이 유
糯 찰벼 나

동양 사회에서 지식인을 뜻하는 儒는 갑골문에서 떨어지는 물과 팔을 벌리고 서 있는 사람을 그려 목욕하는 모습을 형상화했다. 제사를 지내기 전 沐浴齋戒(목욕재계)하는 모습이다. 이후 이러한 제사가 주로 祈雨祭(기우제)였던 때문인지 금문에 들어 물이 雨로 바뀌었고, 이후 사람의 모습이 而(말 이을 이)로 잘못 변해 需가 되었다.

需는 초기 단계에서 여러 가지 뜻을 함께 가졌다. 먼저, 목욕재계하여 제사나 禮式(예식)을 집전하는 사람이라는 뜻에서 제사장을 의미했다. 또 그들은 제사를 통해 신에게 어떤 요구를 했을 것이며, 거기에는 신에게 바치는 물품이 필요했다. 그래서 구하다, 기다리다, 필요한 물품 등의 뜻까지 생겼다.

이러한 여러 의미들은 이후 적당한 의미부를 첨가하여 새로운 글자로 독립하였는데, 제사장을 의미할 때에는 人(사람 인)을 더하여 儒가 되었다. 제사장은 그 집단의 지도자였으며, 지도자는 여러 경험과 학식을 갖춘 사람이어야 했다. 그래서 이후 儒는 학자나 지식인을 통칭하는 개념으로 쓰였으며, 그러한 사람들의 집단을 儒, 그러한 학파를 儒家(유가), 그러한 학문을 儒學(유학)이라 부르게 되었다.

고대의 학자들은 斌(빛날 빈)에서 볼 수 있는 것처럼 文(문)과 武(무)를 겸비했다. 하지만 이후 세월이 흐르면서 武는 점점 경시되고 文이 중시되는 사회로 변해갔다. 특히 조선 시대에는 그러한 경향이 더욱 강해, 당시 사용했던 俗字(속자)에서 儒를 人과 需의 조합이 아닌 人과 文의 조합으로 사용함으로써 지식인은 곧 文人임을 천명하기도 했다.

다음으로, 물(水·수)를 다시 보태어 濡가 되었는데, 목욕재계하는 물에 주목하여 새 글자를 만든 것이다. 굳이 老子(노자)의 말을 빌리지 않더라도 물은 부드러움과 柔軟(유연)함의 상징이다. 이 때문에 懦는 마음(心·심)이 柔弱(유약)함을 말하고, 孺는 軟弱하고 부드럽기 그지없는 보들보들한(需) 갓난아기(子·자)를 뜻하며, 糯는 쫀득쫀득하여(需) 찰진 쌀(米·미)을 뜻하며, 蠕(꿈틀거릴 연)은 지렁이 같이 연한(需) 벌레(虫·충)가 움직임을 말한다.

다만 제사에 바치는 물품인 祭需(제수) 등을 뜻할 때에는 원래 글자 그대로 남았다. 祭需는 제사(祭)에서 필요(需)로 하는 여러 가지 물품을 말한다.

● 「孔子(공자, 기원전 551~기원전 479) 像(상)」.

086

음양(陰陽): 음(陰)과 양(陽)

陰 응달 음
陽 볕 양
阜·阝 언덕 부
昜 볕 양
今 이제 금
云 이를 운

陰은 秦(진)나라의 小篆(소전)에서처럼 통상 阝(阜)가 의미부로 솔이 소리부로 간주된다. 하지만 陰의 원래 형태는 솔이며, 阝가 추가된 것은 이후의 일이다. 솔은 今이 소리부이고 云이 의미부인데, 云은 지금은 '말하다'는 의미로 쓰이지만, 원래는 구름(雲·운)의 모습을 그린 글자다. 따라서 솔에 뿌리박힌 생각은 구름으로 인해 해가 보이지 않는다는 것이다.

하지만 세월이 지나면서 흐린 날의 경우는 雨(우)를 더하여 黔(흐릴 음)으로, 응달의 경우는 阝를 더하여 陰이 되었다. 阝는 지상가옥의 건축술이 발달하기 이전, 땅을 파 반지하식 흙집을 만들어 살았던 시기에 집안으로 들어가기 위한 계단을 그린 글자로 이후 '집 위쪽의 땅'을 의미하였다. 따라서 陰은 자연스레 陰地(음지)와 연관지어졌다.

陽은 원래 昜으로 썼다. 昜은 갑골문에서처럼 제단(T) 위로 솟아있는 태양(日·일)을 그렸으나, 나중에 햇빛을 강조하기 위해 광채(彡·삼)를 더하여 昜이 되었다. 여기서 제단은 태양신을 모시던 흔적으로 보인다. 이후 다시 阜가 더해져 陽이 되었고, '햇빛을 받고 있는 땅'이라는 의미에서 陽地(양지)와 연관지어졌다.

하늘/땅, 빛/어둠 등의 이분법적 개념에 익숙한 우리는 陽을 긍정적 개념으로 陰을 부정적 개념으로, 또한 양을 남성/하늘과 연결시키고 음을 여성/땅과 연결시켜 양을 음의 상위개념으로 생각하는 경향이 있다.

하지만 어원으로 보면 음/양은 이러한 위계질서를 나타내는 개념이 아니라, 손등/손바닥, 등/배와 같은 대칭적 개념이었다. 즉 陰은 구름이 해를 가린 모습이며, 陽은 제단 위로 태양이 크게 솟아있는 모습이다. 따라서 陽은 주로 밖으로 훤히 드러난 외양을, 陰은 숨어 있거나 가려져 있는 내면을 나타낸다고 볼 수 있다.

예컨대 덕이란 마음(즉 내면)으로 쌓고 그 덕을 베풀 때에도 밖으로 과시하지 않아야 하기에 陰德(음덕)이라 하고 陽德이라고는 하지 않는다. 반대로 陽尊(양존)은 '겉으로만 존경하는 척하는 행위'를 뜻한다. 그러므로 양과 음은 대칭적 개념에 불과하지 좋고 나쁨의 가치판단이 더해진 개념은 아니었다. 남/녀의 개념이 양/음과 연결되고 다시 尊(존)/卑(비)의 개념이 연관된 것은 그 한참 이후의 일이다.

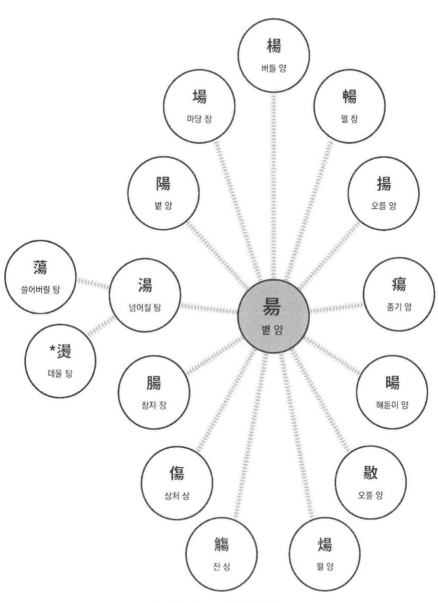

[표-37] '昜'으로 구성된 글자들

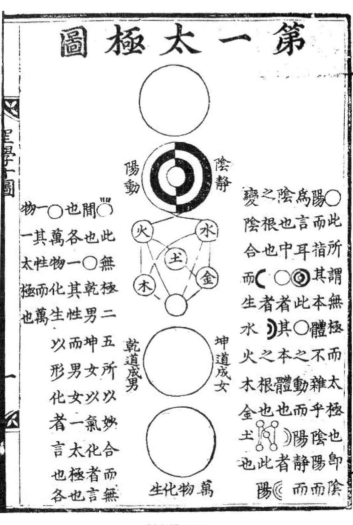

●「太極圖(태극도)」

087

잡종(雜種): 씨(種)가 다양하게 섞임(雜)

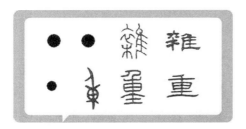

雜·襍 섞일 잡
衣 옷 의
集 모일 집
種 씨 종
禾 벼 화
重 무거울 중

雜은 소전체에서 衣와 集으로 구성되어, 원래는 襍으로 썼는데 지금의 구조로 변했다. 衣는 목둘레와 옷섶을 그렸고, 集은 새(隹·추)가 나무(木·목) 위에 모여 앉은 모습으로부터 '모이다'는 뜻을 그려냈다. 集은 원래 새(隹)가 여럿 모여 앉은 모습(雥·잡)이었는데 생략되어 지금처럼 되었다.

그래서 雜은 『설문해자』의 해석처럼 색깔이 여럿 모인 것을 말했다. 고대 사회에서 가장 화려한 색상과 다양한 색깔을 지닌 것이 옷감이었기에 衣와 集의 결합으로 '뒤섞임'을 나타냈던 것이다.

種은 소전체에서 禾와 重으로 구성되었는데, 重은 소리부도 겸한다. 禾는 조가 익어 고개를 숙인 모습으로써 '곡식'의 의미를 그렸고, 이후 벼가 곡물의 대표로 자리 잡자 벼를 지칭하게 되었다.

重은 금문에서 사람(人·인)과 東(동녘 동)으로 구성되기도 하고, 복잡한 경우에는 문신용 칼(辛·신)과 눈(目·목)과 東(동녘 동)과 흙(土·토)으로 구성되었는데, 東은 소리부이다. 그래서 重은 童(아이 동)과 같은 근원을 가진다. 죄를 짓거나 전쟁에 패해 눈을 자해당한 채 노예가

된 남자 종을 童이라 한 것처럼, 重도 그런 남자 종이 힘든 일을 하고 있는 모습을 형상화했으며, 힘든 일로부터 '무겁다'의 뜻이 생겼다. 그래서 童과 重은 鐘(종 종)을 鍾으로 쓰는 것처럼 종종 같이 쓰인다.

따라서 種은 곡식의 씨를 심는 고된 일을 하는 노예(重·童)의 모습에서 '播種(파종)'과 '씨앗'의 의미를 그려냈다. 이후 種은 곡식은 물론 동물의 씨, 그리고 種族(종족)까지 의미하게 되었다.

이처럼 雜種은 여러 가지 씨앗(種)들이 뒤섞여 있음(雜)을 말한다. 원래 雜種이란 말은 식물에서 연원한 생물학적 용어로 인간이나 동물에 사용될 때에는 純種(순종)과 대비적 의미로 쓰인다. 특히 우리나라는 단일 민족 국가여서 그런지 純種에 비해 雜種에 대한 인식이 무척 낮다. 하지만 최근 들어 한국 출신의 미국 슈퍼볼 스타 혼혈 청년 하인스 워드(Hines Ward, 1976~)의 성공기와 함께, 純種만을 고수하기 보다는 두루 섞이고 차이를 인정하고 존중하는 '雜種化'에 대한 논의와 주장이 확산되고 있는 것은 고무적인 일이다.

088

주변(周邊): 에워싼(周) 변두리(邊)

周 두루 주
稠 빽빽할 조
凋 시들 조
邊 가 변
臱 보이지 않을 면
辵 쉬엄쉬엄 갈 착

周의 갑골문 형체에 대한 해석은 다양하다. 어떤 이는 砂金(사금)을 채취하는 뜰채를 그렸다고 하며 어떤 이는 물체에 稠密(조밀)하게 조각을 해 놓은 모습이라고도 한다. 하지만 稠나 凋 등과의 관계를 고려해 볼 때 이는 밭(田·전)에다 곡식을 빼곡히 심어 놓은 모습을 그린 것으로 보인다.

곡식을 밭에 빼곡히 심어 놓은 것처럼 '稠密하다'가 周의 원래 뜻이 었는데, 이후 나라이름으로 쓰이게 되자 원래 뜻을 나타낼 때에는 禾(벼 화)를 더한 稠로 분화함으로써 그것이 곡식임을 구체화했다. 또 冫(얼음 빙)이 더해진 凋는 빼곡히 자란 곡식(周)이 얼음(冫) 같은 서리를 맞아 시들어가는 모습으로부터 '시들다'의 뜻을 만든 것으로 추정된다.

또 周나라는 그 시조를 '곡식(稷·직)의 신(后·후)'라는 뜻의 后稷(후직)으로 설정한 것에서도 알 수 있듯 周는 곡식을 숭배하는 국가였고, 중국의 경우 周나라에 들면서 정착농경이 확고히 자리 잡게 되었고 그 때문에 周가 나라이름으로 쓰일 수 있었으리라 생각된다.

周의 갑골문 자형은 이후 口(입 구)가 더해져 지금의 周가 되었다.

口가 더해진 것은 周가 '조밀하게' 심겨진 곡식으로 식용의 대상이었음을 더욱 강조하기 위한 것으로 추정된다.

이후 周는 다시 여러 뜻으로 파생되었다. 첫째가 周邊이라는 뜻인데, 그것은 성을 중심으로 국가를 형성했던 고대 중국에서 중심지에 식량을 제공하는 경작지는 성을 둘러싼 '주변'에서 이루어졌기 때문이다. 또 주변까지를 아우른다는 뜻에서 '두루'의 의미가, 곡식의 수확에서 수확까지의 한 주기를 뜻하는데서 週期(주기)라는 의미까지 생겨났는데, 週는 주기의 운행(辶)을 강조한 글자이다.

邊은 금문에서 辶과 𦤩으로 구성되었는데, 𦤩은 소리부도 겸한다. 辶은 어떤 곳으로의 이동을 의미하고, 𦤩은 시신의 해골만 따로 분리해 코(自·자, 鼻의 원래 글자)의 구멍(穴·혈)을 위로 향하게 하여 구석진 곳(方·방)에 안치해 두던 옛날의 髑髏棚(촉루붕)의 습속을 반영한 글자이다. 그래서 邊은 시신의 해골만 분리해 구석진 곳으로 옮긴다는 뜻에서 '가장자리'나 '변두리'의 의미가 나왔다.

상나라의 후기 수도였던 하남성 殷墟(은허)의 많은 무덤에서는 당시 가장 강력한 적이었던 羌族(강족) 등을 포로로 잡아 목을 자르고 해골만 따로 모아 가지런하게 정리해 놓은 유적이 자주 발견되는데, 이것이 바로 髑髏棚의 존재를 확인해 주고 있다.

이상 周邊이라는 단어를 하나로 놓고 볼 때 다음의 해석이 가능해진다. 즉 周는 중심에 제공되어 중심을 먹여 살리는 곡식으로, 邊은 중심에 의해 핍박받고 제물로 바쳐지기 위해 목까지 잘려 시신과 분리된 해골로 상징된다. 곡식과 해골이라는 두 개의 어울리지 않는 의미가 만나서 하나의 단어, 周邊을 만들었다.

이를 이렇게 해석해 보면 어떨까? 예를 들어 우리사회에서 제3국의 불법체류 노동자들은 열악한 조건 속에서도 우리가 꺼리는 힘든 일을 기꺼이 함으로써 중심부인 한국사회에 곡식을 제공해 주는 역할을 떠맡고 있지만, 그들의 존재는 언제까지나 법의 테두리 속에서는 존재할 수 없는 범법자로서, 인간이라기보다는 오히려 제물로 바쳐지기 위해 목까지 잘렸던 해골에 가까운 존재들이다.

나아가 그들은 단순히 해골 그 자체라기보다는 어원이 의미한 것처럼 언제나 보이지 않는 곳을 구성하고 있어야 하며, 그것을 위반하여 중심부의 눈에 보이게 되는 순간 중심부를 먹여 살렸던 그간의 공헌에도 불구하고 그들은 정말 법 바깥으로 추방되어야 하는 존재이다. 이렇게 볼 때 周邊이라는 어원 속에 숨겨진 중심과 주변과의 역학 관계는 오늘날 이 시점에서도 여전히 유효한 개념이 아닐까?

089

차이(差異): 들쭉날쭉하여(差) 구별됨(別)

差 틀릴 차·들쭉날쭉할 치
搓 비빌 차
左 왼 좌
異 다를 이
別 나눌 별
冎 뼈 발라 낼 과

差는 금문에서 左와 나머지 부분으로 구성되었는데, 左는 왼손을, 나머지 부분은 짚을 그렸다. 그래서 差는 왼손으로 새끼를 꼬는 모습을 형상화하였으며, 왼손으로 꼬는 새끼는 오른손으로 하는 것에 비해 정확하지도 못하고 굵기가 가지런하지 못하기 마련이다.

이로부터 差에는 參差(참치·들쭉날쭉하여 가지런하지 못한 모양)에서와 같이 '들쭉날쭉하다'나 差異에서처럼 '모자라다'는 뜻이 생겼다. 이것은 아마도 오른손이 긍정적 의미로 작용했던 것에 비해 고대 사회에서의 왼손에 대한 부정적 의식이 반영되었기 때문일 것이다. 그러자 원래의 '꼬다'는 뜻은 手(손 수)를 더하여 搓(비빌 차)로 분화했다.

異는 갑골문에서 가면을 쓴 얼굴을 한 사람의 정면 모습에다 두 손으로 얼굴을 가리키고 있는 형상이다. 얼굴에 가면을 쓴 모습은 鬼(귀신 귀·가면을 쓴 사람의 모습)나 畏(두려워 할 외·가면을 쓴 사람이 창을 든 모습)에도 나타나는데, 옛날 역병이 들면 귀신을 쫓아내기 위해 얼굴에 무서운 형상의 가면을 썼던 것에서 유래한다. 커다랗게 만든 무서운 가면을 얼굴에다 썼으니, 이는 분명 다른 사람과는 달리 보였고 그 모습은 特異(특이)했을 것이다. 이로부터 異에

'다르다'나 '특별나다'는 뜻이 생겼다.

別은 지금의 모습과는 달리 갑골문에서 冎와 刀(칼 도)로 이루어져, 칼로 뼈를 발라내는 모습을 그렸다. 이로부터 구분해 내다는 뜻이 생겼고, 분리라는 의미도 생겨났다.

이렇게 볼 때, 差異는 글자 그대로라면 모자라고(差) 이상하다(異)는 뜻이었으나 異에는 特異에서처럼 다른 것과 달라 훌륭하다는 뜻까지 존재함을 볼 때 꼭 부정적 의미만 담긴 것은 아니다. 하지만 差別은 모자라는(差) 존재를 전체에서 발라내 구분한다(別)는 뜻을 담고 있다. 이렇게 볼 때 差異가 수평적 개념이라면 差別은 수직적 개념이라 할 수 있다. 현대사회에서 差別보다는 差異를 인정하는 사회가 중요하다고 하는 것은 바로 이 때문이다.

090

건곤(乾坤): 하늘(乾)과 땅(坤)

乾 하늘 건
坤 땅 곤
申 아홉째지지 신
電 번개 전
神 귀신 신
地 땅 지

乾과 坤은 八卦(팔괘)의 괘 이름으로, 乾(☰)은 하늘을 坤(☷)은 땅을 상징하여 天地(천지)를 뜻하기도 한다. 그런가 하면 하늘과 땅의 속성처럼 乾은 양을 뜻하여 강건함의 대명사가, 坤은 음을 뜻하여 부드러움의 대명사가 되었다.

乾은 소전체에서 乙(새 을)과 倝(해 돋을 간)으로 구성되었는데, 乙의 어원에 대해서는 의견이 분분하지만 『설문해자』의 해석에 의하면 '乙은 식물이 자라는 모습을, 倝은 태양(日·일)이 숲 사이 솟아오를 때 빛이 온 사방으로 뻗는 모습을 그렸다'고 했다. 그렇다면 乾은 초목이 햇빛을 받으며 자라는 모습을 형상화했다고 볼 수 있다.

坤은 의미부인 土(흙 토)와 소리부인 申으로 이루어졌는데, 申은 의미부도 겸한다. 坤은 땅을 뜻하기 때문에 의미부로 土가 채택된 것은 쉽게 이해되지만 申이 소리부이자 의미부로 채택된 연유는 좀 더 깊은 관찰을 요구한다.

申은 지금은 간지자로 쓰이지만, 갑골문에서는 번개의 모습을 그렸다. 강렬한 섬광을 내뿜으며 번쩍이는 번개의 모습을 그린 申이 이후 간지자로 가차되자 의미를 분명하게 하고자 雨(비 우)를 더해 電

으로 분화했다. 번개는 비가 올 때 나타나기 때문이다.

하지만 번개는 자연현상으로서의 단순한 번개 뿐 아니라 여러 상징을 가진다. 여러 문명권에서 번개는 햇빛과 마찬가지로 번식과 파괴의 양면을 가지는 상징으로 이해되지만, 중국에서는 자연의 대단한 힘과 무한한 생명력을 상징한다. 그래서 번개(申)를 제사(示·시) 대상으로 삼아 그 어느 신보다 중시하던 모습을 그린 것이 神이다. '번개신'이 이후 모든 '신'들의 총칭으로 자리 잡게 된 것도 이러한 배경 때문이다.

번개는 음전기와 양전기가 만나 강렬한 에너지를 발산하고, 음과 양의 결합은 새 생명의 탄생을 의미한다. 그래서 坤은 대지(土)가 갖고 있는 생명력(申)의 상징이다. 坤과 같은 의미를 가지는 地(땅 지)가 土와 여성의 음부를 뜻하는 也(이끼 야)로 구성되어 대지가 갖는 생명력을 형상화한 것과 같은 이치이다.

그렇다면 머리를 크게 그린 사람의 정면 모습을 그려 머리와 맞닿은 하늘을 그린 天(하늘 천)이 실제 존재하는 하늘을 뜻한다면 乾은 초목 등 만물을 성장하게 하는 태양과 같은 하늘의 역할을 형상화한 글자로 보인다. 마찬가지로 土에 생식력의 상징인 也가 더해진 地가 실재 존재하는 땅을 뜻한다면, 坤은 대지 위의 만물의 생장을 주관하는 땅의 기운이나 神 등을 형상화한 것으로 해석할 수 있다.

091

허구(虛構): 속이 빈(虛) 구조(構)

虛 빌 허
丘 언덕 구
虍·虎 범 호
構 얽을 구
冓 짤 구
講 익힐 강

虛構는 소설이나 영화처럼 만들어진 이야기나 실제 일어난 사실이 아니라는 뜻으로 쓰인다. 어원으로 볼 때에도, 虛構의 虛는 빈 공간이나 집 등을 지을 수 있는 커다란 언덕을, 構는 그 공간 속에 무엇인가를 얽어 넣는다는 뜻이다.

虛는 소전체에서 의미부인 丘와 소리부인 虍(虎의 생략된 모습)로 이루어졌다. 丘는 갑골문에서 언덕과 언덕 사이의 움푹 들어간 丘陵地(구릉지)를 그려 커다란 언덕을 뜻했으며, 虎는 입을 크게 벌리고 울부짖는 호랑이의 모습을 그린 상형자이다.

황토 평원 지역에서 언덕은 동굴 집을 짓기에 대단히 편리한 곳이었으며, 많은 사람들이 거기에다 집을 지어 살았다. 『설문해자』에서 '옛날 아홉 집마다 우물 하나를 파고, 우물 네 개마다 邑(읍)을 세웠다. 네 邑이 하나의 丘를 이루었으며, 丘는 달리 虛라고도 했다'고 한 것으로 보아 虛는 대단히 큰 거주 단위였음을 알 수 있다. 아울러 丘나 虛는 원래 같은 글자였으나 이후 丘는 언덕의 의미로만 쓰이고, 소리부인 虍가 더해진 虛는 '비다'는 뜻으로 쓰이게 되었음도 추정할 수 있다.

그래서 虛는 '커다란 언덕'이 원래 뜻이다. 이후 그곳에 많은 사람들이 굴을 뚫어 동굴 집을 만들어 살았으므로, 空虛(공허)와 같이 '비다'는 뜻이 나왔고, 다시 盈虛(영허·차고 이지러짐)처럼 '차지 않다'나 虛僞(허위)와 같이 '거짓' 등의 뜻까지 생겼다. 그러자 원래의 뜻을 나타낼 때에는 土(흙 토)를 더한 墟(폐허 허)를 사용하였다.

冓는 갑골문에서 대나무 같은 것을 서로 얽어 놓은 모습을 그렸다. 이후 의미를 더욱 구체화하기 위해 木(나무 목)을 더한 構로 나무로 얽은 구조물을, 竹(대 죽)을 더한 篝(배롱 구)로 대로 엮은 광주리를 표현했다.

그래서 冓는 구조물이 원래 뜻이며, 冓로 구성된 글자들은 모두 '교차시켜 엮다'는 의미를 갖는다. 예컨대, 溝(봇 도랑 구)는 논에 물(水·수)을 잘 댈 수 있도록 이리저리 구조물(冓)처럼 파 놓은 도랑을, 購(살 구)는 화폐(貝·패)로 상내와 상대를 엮어(冓) 다른 물건으로 바꾸는 행위를, 媾(겹혼인 할 구)는 혼인(女·여)이 복잡하게 얽힌(冓) 것을, 逅(만날 구)와 길을 가면서(辵) 서로 교차되어(冓) 만나는 것을, 覯(만날 구)는 서로(冓) 만나서 보는(見·견) 것을 말한다. 그런가 하면, 講은 말(言·언)이 구조물을 엮듯 잘 짜여진(冓) 해설이나 講義(강의)를 말한다.

092

길상(吉祥): 운수가 좋고(吉) 상스러움(祥)

羊 양 양
示 보일제사 시
祥 상스러울 상
善 착할 선
誩 말 다툴 경
美 아름다울 미

한자에서 羊은 대단히 좋은 의미로 쓰인다. 道德(도덕)의 지향점인 善에도, 藝術(예술)의 지향점인 美에도 羊이 들어 있는데, 모두 吉祥의 최고 상징어들이다.

羊은 양을 그린 상형자로, 곡선 모양의 뿔을 특징적으로 그렸다. 고기와 젖은 양식으로, 가죽과 털은 옷감으로 쓰였고, 성질 또한 온순하고 군집생활을 하는 특징 때문에 羊은 일찍부터 가축화되었던 동물이다. 따라서 고대 중국에서 羊은 대단히 유용하고 중요한 존재이자 신에게 바치는 가장 대표적인 희생물이었기에 犧牲羊(희생양)이라는 말도 생겼다.

羊에 示가 더해지면 祥이 된다. 祥은 가장 소중한 가축인 양을 상에 올려 정성껏 제사를 모시는 모습이다. 이러한 정성에서 나온 신의 계시는 주로 吉兆(길조)였기에 지금의 상서럽다는 뜻이 생겼다.

羊은 善惡(선악)과 是非(시비)를 가릴 수 있는 정의의 동물이기도 했다. 善은 갑골문에서 羊의 눈(目)을 그렸다. 이후 目(목) 대신 誩이 더해졌고, 다시 지금처럼 변했다. '양의 눈'으로 묘사된 善은 양의 정의로움과 정직함을 상징한 글자이다. 誩은 말다툼, 즉 訟事(송사)를 뜻하여 是是非非를 가려 줄 수 있는 양의 상징성을 그렸다. 뾰족하고 긴 뿔을 가진 양은 不正(부정)한 이를 받아 죽이는 동물로 묘사되고 있다. 그래서 '뿔이 하나인 양(一角之羊)'으로 해치(獬豸)를 묘사했고, 해치는 정의와 法(법)의 수호신으로 존재해 왔다.

美는 羊과 大로 이루어졌다. 이를 두고 살찌고 큰(大) 羊이 유용했기 때문에 이것이 바로 '아름다움'이라는 유물론적 해석과 원시축제에서 볼 수 있듯 양가죽을 덮어쓰고 아름답게 치장하여 춤추는 모습에서 '아름다움'이 나왔다는 유심론적 해석이 나왔다. 하지만 어원으로 본다면 大는 사지를 벌리고 서 있는 사람의 정면 모습을 그린 글자니 후자가 더 원시적 의미에 근접해 보인다.

하지만 양가죽을 덮어 쓴 것은 양을 잡아 오거나 양을 부리는 사람이 그 만큼 용맹스럽고 건강한 모습을 과시하기 위한 행위였을 것이며, 고대 사회의 가치에 부합하는 그러한 인간형과 큰 양이 가지는 유용성이 당시의 심미관을 형성했다고 볼 수 있기에 이 두 해석이 대립되는 것만은 아니다. 美자에 반영된 미의식은 美가 인간에게 작용하는 유용성과 인간의 당대의 가치에 의해 형성되었음을 보여주고 있다.

●「三羊開泰(삼양개태)」

양 세 마리와 소나무와 태양으로 구성되었다. 羊은 태양을 뜻하는 陽과 발음이 같기 때문에 양 세
마리는 三陽(삼양)을 의미하고, 三陽은『주역』의 陽卦(양괘)를 뜻한다. 泰는 陽卦의 하나로 천지의
기운이 회합하여 모든 것이 형통함을 말한다. 태양과 소나무는 각각 하늘과 땅의 상징이다. 그래서
'三羊開泰'는 온 천지에 길한 기운이 와서 만상이 새롭게 바뀌는 것을 상징한다. 여기서도 양이
길한 징조를 열어준다는 전통 사상을 엿볼 수 있다.『民間剪紙圖形』, 245쪽.

08

음식
飲食

제8장
음식

93. 숙맥(菽麥): 콩(菽)과 보리(麥)

94. 열풍(熱風): 뜨거운(熱) 바람(風)

95. 장차(將次): 앞으로 다가올(將) 차례(次)

96. 초점(焦點): 빛을 모아 태우는(焦) 점(點)

97. 기도(企圖): 일을 꾀하여(企) 도모함(圖)

98. 질량(質量): 질(質)과 양(量)

99. 식초(食醋): 술(酒)과 식초(醋)

100. 흑차(黑茶): 검은(黑) 차(茶)

101. 짐작(斟酌): 헤아려서(斟) 잘 따름(酌)

093
숙맥(菽麥): 콩(菽)과 보리(麥)

菽 콩 숙
叔 아재비 숙
豆 콩 두
梪 나무그릇 두
麥 보리 맥
來 올 래

菽麥이라는 말이 있다. 콩과 보리도 구분하지 못하는 우둔하기 그지 없는 자를 말한다. 춘추시대 진(晉)나라 도공(悼公)의 형이 그처럼 무능했던 데서 나온 말이다. 이 말의 의미를 오늘나렝 그대로 가져오게 되면 菽麥 아닌 젊은이를 찾아보기 힘들지도 모를 일이다.

菽은 금문에서 叔으로 써, 손으로 콩을 따는 모습을 그렸다. 그림 왼쪽의 윗부분은 콩 넝쿨을, 세 점은 콩을 형상화 했다. 오른쪽의 손(又·우)은 간혹 갈퀴로 대체되어 의미를 더욱 강하게 그려내기도 했다.

叔은 이후 叔父(숙부)에서처럼 '아재비'라는 뜻으로 가차되어 쓰이게 되는데, 그러자 콩을 나타낼 때에는 艸(풀 초)를 더해 菽을 만들었다.

하지만 지금은 大豆(대두)처럼 콩이라고 할 때 豆를 자주 쓴다. 豆는 원래 아가리가 크고 굽이 높은 祭器(제기)를 말했으나 콩을 豆에 많이 담았던 때문인지 이후 '콩'이라는 뜻으로 쓰이게 되었다. 그러자 木(나무 목)을 더한 梪로 원래 뜻을 나타냈다.

갑골문의 麥은 來와 같은 근원을 가지는 글자이다. 來는 익은 보리의 모습을 그렸는데, 來가 '오다'는 뜻으로 쓰이자 뿌리(夊·치)를 더해 麥이 되었다. 來가 '오다'는 뜻을 가지게 된 것은 가차라는 설도 있지만, 보리가 중앙아시아에서 중국으로 들어 '온' 것이기 때문이라고도 한다. 여하튼 보리(麥)는 건조한 곳에서도 뿌리를 깊이 내려 잘 자라기 때문에 길게 뻗어 내린 '뿌리(夊)'를 상징화해 麥으로 표현했다.

麥은 이후 의미가 확장되어 '밀'도 뜻하게 되었는데, 밀과 보리는 유사하여 구분이 힘들기 때문이다. 그래서 보리를 大麥(대맥)이라 하고 밀을 小麥(소맥)이라 한다. 麥은 또 麵(국수 면)과 빵을 만드는 재료가 된다. 麵은 보리(麥)를 이겨 종잇장처럼 납작하게(面·면) 밀어 만든다는 뜻이 담겼다.

중국어에서는 맥도널드를 '마이땅라오(麥當勞, Màidāngláo)'라고 빈역하는데 단순한 음역에 그치는 것만은 아닌 듯하다. 왜냐하면 이 속에는 '빵(麥)은 노동자(勞)에게 알맞은(當) 음식'이라는 메시지가 담겨있기 때문이다. 그렇다면 이는 노동자 농민의 혁명에 의해 세워진

● 각종 곡식들. 菽(숙)은 콩을, 麥(맥)은 보리를 뜻한다.

'중화인민공화국'에 대단히 적합한 말이다. 제국주의의 상징이자 최고의 다국적 기업다운 맥도날드의 치밀한 판매 전략이 기묘하게 반영된 번역어이다.

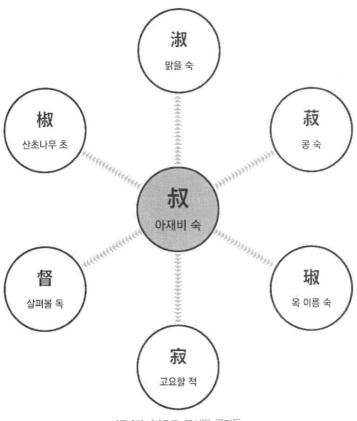

[표-38] '叔'으로 구성된 글자들

094

열풍(熱風): 뜨거운(熱) 바람(風)

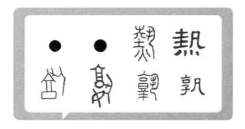

熱 더울 열
熟 익을 숙
孰 누구 숙
享 누릴 향
亨 형통할 형
烹 삶을 팽

熱과 熟은 지금은 비슷한 자형이지만 역사적으로는 전혀 다른 어원을 가진다.

熱은 갑골문에서 손에 횃불을 들고 있는 모습인데, 횃불의 받침대와 타 오르는 불꽃이 사실적으로 그려졌다. 금문에 들면서 횃불이 나무처럼 변함으로써 埶(심을 예)와 혼용하게 되었고, 『설문해자』에서는 금문의 자형을 계승하고 다시 火(불 화)를 더하여 지금처럼의 熱로 변했다.

그래서 熱은 '불을 태우다'가 원래 뜻이며, 이후 加熱(가열)이나 熱情(열정) 등의 뜻이 생겼다. 현대 중국어에서는 갑자기 유행하거나 인기 있는 것을 '러(熱, rè)'라고 하기도 하는데, 우리말에서의 熱風(열풍)이나 '붐(boom)' 정도에 해당할 것이다.

熟은 갑골문에서는 火가 더해지지 않은 孰으로 되었다. 孰의 왼쪽(享)은 커다란 기단 위에 지어진 높은 집 모양으로 宗廟(종묘)를 상징하고, 오른쪽은 두 손을 받쳐 들고 있는 사람의 형상으로 종묘에 祭物(제물)을 올리는 모습을 그렸다. 익힌 고기를 祭物로 사용했던 때문인지 孰은 처음에 '삶은 고기'라는 뜻으로 쓰였다.

금문에 들면서 孰의 자형이 조금 복잡해지는데, 祭物의 내용을 구체화하기 위해 羊(양 양)을 더하는가 하면, 동작을 강조하기 위해 발을 그려 넣기도 했다. 그러다가 隸書(예서)에 들어 지금처럼의 孰으로 고정되었다.

이후 孰이 '누구'나 '무엇'이라는 의문대명사로 가차되어 쓰이자, 원래 뜻을 표현할 때에는 火를 더하여 熟으로 분화했다. 그리하여 熟은 '익(히)다'는 뜻을 전담하여 표현했고, 다시 成熟(성숙)이나 熟練(숙련) 등의 뜻은 물론 사람 간의 익숙함도 뜻하게 되었다.

참고로, 享과 亨은 같은 어원에서 출발한 글자로 그림에서처럼 宗廟의 모습을 그려 모두 '祭物로 드리는 삶은 고기'가 원래 뜻이었다. 하지만 이후 둘로 분화하여, 享은 제사를 받는 입장에서 '누리다'는 뜻을, 亨은 제사를 드리는 입장에서 제사를 잘 모시면 만사가 亨通(형통)한다고 해서 亨通의 의미로 쓰였다. 그러자 '삶다'는 뜻을 나타낼 때에는 다시 火를 더하여 烹이 되었다. 烹은 兎死狗烹(토사구팽)이라는 고사로 우리에게 매우 익숙한 글자이기도 하다.

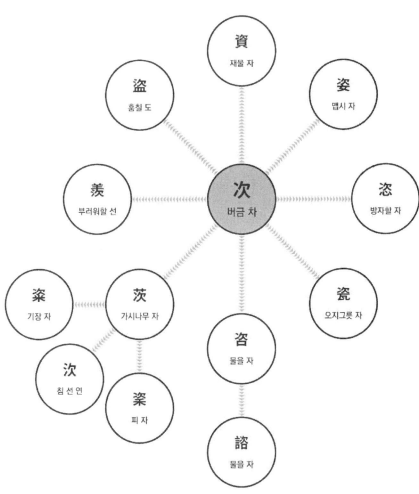

[표-39] '次'로 구성된 글자들

095

장차(將次): 앞으로 다가올(將) 차례(次)

將 장차 장
獎 칭찬할 장
醬 젓갈 장
次 버금 차
恣 방자할 자
咨 물을 자

將은 갑골문에서 鼎(솥 정)과 肉(고기 육)과 爿(나무 조각 장)으로 이루어져, 제사에 쓸 고깃덩어리(肉)를 솥(鼎)에서 삶아 도마(爿) 위에 놓는 모습을 그렸다. 여기서 爿은 물론 소리부도 겸한다. 將은 금문에 들면서 솥(鼎)이 손(又·우)으로 변하고, 소전체에 들면서 又가 다시 寸(마디 촌)으로 변하여 지금의 자형이 되었다.

그래서 將은 제사상에 고기를 올리다가 원래 의미이며, 이로부터 바치다는 뜻이 나왔다. 바치는 것은 이끌고 나아가야 하므로 다시 將帥(장수)에서처럼 '이끌다'의 뜻이, 나아가다는 의미로부터 다시 將來(장래)와 같이 앞으로의 일이라는 뜻이 생겨났으며, 미래 시제를 나타내는 말로도 사용되었다.

將에 犬(개 견)이 더해진 獎은 獎勵(장려)하다는 뜻으로 쓰이는데, 개고기(犬)를 주어(將) 용기를 북돋워 주었던 데서 나온 글자이다. 소전체에 들면서 犬이 大(큰 대)로 바뀌었는데, 그것은 그 당시 이미 장려할 때 쓰던 물품이 개고기에서 다른 커다란 상품으로 바뀌었음을 반영해 준다.

또 醬은 將과 酉(열째지지 유)로 이루어졌는데, 酉가 원래 술통을 그렸음을 고려하면 醬은 제사에 쓸(將) 통(酉)에 담긴 술을 말한다. 그래서 醬의 원래 뜻은 술이나 술처럼 신맛이 나는 음료를 말했다. 이후 마시는 액체나 각종 간장 종류까지 광범위하게 지칭하게 되었다. 漿은 醬의 酉가 水(물 수)로 바뀌어 분화한 글자로 '미음'과 같이 마실 묽은 죽을 말한다. 그런가 하면 槳(상앗대 장)은 상앗대를 말하는데, 배를 앞으로 나아가게(將) 하는 나무(木)라는 뜻이다.

次는 갑골문에서 입을 크게 벌린 사람의 모습(欠·흠)과 두 점으로 이루어져, 침을 튀기며 이야기 하거나 재채기를 하여 침이 튕기는 모습을 그린 것으로 보인다. 이야기를 할 때 침을 튀기거나 다른 사람 앞에서 재채기를 하는 것은 예의에 어긋난 放恣(방자)한 행동이 아닐 수 없다.

그래서 次는 放恣한 행동과 같이 '제 멋대로 하다'가 원래 뜻이다. 하지만 이후 '차례'나 '순서' 등의 의미로 가차되면서, 원래 의미는 心(마음 심)을 더한 恣로 분화했다. 咨는 次에 口(입 구)가 더해진 글자인데, 口는 입을 그렸으며 말을 상징한다. 그래서 咨는 침을 튀기며(次) 반복해서 물어보는(口) 것을 말하며, 이후 의미의 강조를 위해 言(말씀 언)을 더한 諮(물을 자)가 만들어졌는데, 의미는 같다.

096

초점(焦點): 빛을 모아 태우는(焦) 점(點)

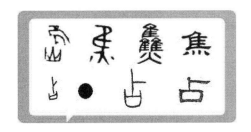

焦 그을릴 초
隹 새 추
點 점 점
黑 검을 흑
占 점칠 점
卜 점 복

焦는 금문에서부터 등장하는데, 지금처럼 隹와 火(불 화)로 구성되었고, 새(隹)를 불(火)에 굽고 있는 모습으로부터 '굽다'는 의미를 그려냈다. 이후 굽는 과정에서 나타는 특징으로부터 '황흑색'이나 '파삭파삭하다' 등의 뜻이 나왔다. 새는 돼지나 닭 등 다른 가축과는 달리 크기가 작았기 때문에 한눈을 팔았다가는 모두 태워먹기 십상이다. 그래서 焦에는 불을 크게 피웠다 새를 다 태워버릴까 안절부절 조바심을 내다는 뜻에서 焦燥(초조)의 뜻이 나왔다. 따라서 焦에는 절대 한 눈 팔지 말고 집중해야 한다는 의미가 스며있다.

點은 의미부인 黑과 소리부인 占으로 이루어졌는데, 黑은 갑골문에서 墨刑(묵형·이마에 먹물을 들이던 고대의 형벌)을 한 모습으로써 '검다'는 뜻을 형상화 한 글자이다.

占은 갑골문에서 卜과 口(입 구)로 결합된 모습인데, 卜은 옛날 점을 칠 때 불로 지진 거북딱지나 동물 뼈가 갈라지면서 생기는 흔적을 상형한 글자이고, 口는 그러한 흔적을 보고 길흉을 해석함을 의미한다. 갑골문의 다른 자형에서는 占의 의미를 더욱 강조하기 위해 동물 뼈의 형상을 더해 놓은 경우도 있는데, 그것은 동물 뼈가 거북딱지와 함께 占卜에 가장 보편적으로 사용되었기 때문이다.

그래서 占은 '점치다'는 뜻을 가지며, 갈라진 형상을 보고 점괘를 해석한다는 의미에서 '살펴보다'는 뜻도 나왔는데 佔(볼 점)은 바로 사람(人·인)이 갈라지는 형상에 근거해 길흉을 점친다(占)는 뜻이다.

점을 치기 위해 거북딱지나 동물 뼈를 불로 지지면 갈라지는 흔적이 나타나게 된다. 그로부터 占에는 '있다'나 占有(점유)에서와 같이 '차지하다'는 뜻이, 다시 '자리'의 뜻이 나왔다. 그래서 苫(거적 점)은 풀로 만든 '자리'를 말하며, 帖(표제 첩)은 기둥이나 바람벽에 써 붙이는 글귀를, 粘(끈끈할 점)이나 黏(찰질 점)은 무엇인가를 붙일 수 있는 끈적끈적한 성질을 말한다.

그렇게 볼 때 點은 '먹물(黑)이 찍힌 자리나 지점(占)'으로 해석할 수 있으며, 이 경우 點에서의 占은 의미의 결정에도 관여하게 된다. 點은 이후 地點(지점)이나 斑點(반점)의 뜻으로부터 長短點(장단점)에서처럼 사물의 어떤 '부분'을 지칭하는 개념으로 확장되었다.

그래서 焦點은 먹물을 찍어 정확히 표시해 놓은 어떤 지점(點)을 한눈 팔지 않고 집중하다(焦)는 뜻으로, 모든 사람들의 관심이나 시선이 한곳으로 모이는 사물의 중심이나 문제점을 말한다.

● 「focus(焦點)」

礁
물에 잠긴 바위 초

瞧
몰래볼 초

醮
초례 초

焦
그을릴 초

蕉
파초 초

憔
수척할 초

樵
땔나무 초

[표-40] '焦'로 구성된 글자들

097

기도(企圖): 일을 꾀하여(企) 도모함(圖)

企 꾀할 기
止 발그칠 지
圖 그림 도
囗 나라 국에워쌀 위
啚·鄙 마을 비
邑·阝 고을 읍

企圖는 어떤 일을 이루려 꾀하는 것을 말한다. 企는 갑골문에서 사람(人·인)과 발(止)의 모습을 그려, 발꿈치를 들고 멀리 바라보는 사람의 모습을 형상화시켰다. 이로부터 바라다보나 희망하다의 뜻이 생겼다.

圖는 금문에서부터 출현하는데, 囗과 啚로 구성되었다. 囗은 사방이 성으로 둘러싸인 모습으로부터 都邑(도읍)을, 도읍이 나라의 중심된 성이라는 뜻에서 다시 나라라는 의미로 확장된 글자이다.

啚는 곡식창고가 세워진 지역을 나타내는 글자로, 곡식창고는 주로 성의 변두리에 만들어졌기에 주로 바깥쪽에 위치한 '마을'을 뜻했으며, 이로부터 변방이라는 의미가 나왔다. 이후 변방의 마을임을 더욱 강조하기 위해 阝(邑)을 더하여 鄙가 되었다. 그래서 鄙는 5백 집을 단위로 하는 고대 중국의 행정단위라는 뜻 이외에도, 중심의 도읍에 비해 떨어진 변두리라는 의미에서 鄙賤(비천)하고 鄙陋(비루)하다는 뜻까지 갖게 되었다.

그래서 圖는 중심도읍을 뜻하는 囗과 변방마을을 뜻하는 啚가 결합된 글자이다. 지도(圖)란 모름지기 도읍(囗)과 변경(啚)을 함께 모두 그려 넣어야 한다는 뜻에서 地圖(지도)라는 의미가 나왔다.

초나라의 옛 수도였던 湖南(호남)성 長沙(장사)의 마왕퇴라는 무덤에서 1973년 기원전 2세기 때의 비단에 그려진 정교한 지도가 여러 장 발견되었다. 어떤 지도에는 그 지역의 도시와 시골 마을은 물론 산과 강을 비롯해 말이 다니는 길까지 정교하게 그려졌으며, 또 다른 지도에는 군사요지와 마을의 몇몇 중요한 집의 이름은 물론 그들 간의 거리까지 표기되었고 세 가지 색깔을 사용해 이들을 구분해 두기도 했다. 이들은 지금까지 발견된 중국 최고의 지도였는데 그 정교함이 세상을 놀라게 했다.

地圖는 이렇게 상세하고 모든 지역을 정교하게 그려 넣어야 하는 복잡한 과정이 필요한 것이므로, 그것을 그리려면 몇 번이고 구상하고 생각을 반복해야만 했다. 그리하여 圖에는 '미리 생각하다'는 뜻까지 생겼는데, 意圖(의도)나 圖謀(도모)는 모두 그러한 용법에 해당한다.

따라서 企圖는 '탈출을 企圖하다'는 용례에서처럼 목적하는 바가 성공할 수 있도록 몇 번이고 구상하고 세밀하게 설계하여 지도를 그리듯 준비하는 것을 말한다. 하지만 企圖는 발꿈치를 들어 먼 곳을 바라보는 모습을 그린 企의 어원에서 볼 수 있듯 주로 실현되지 아니한 일을 나타낼 때 자주 쓰인다.

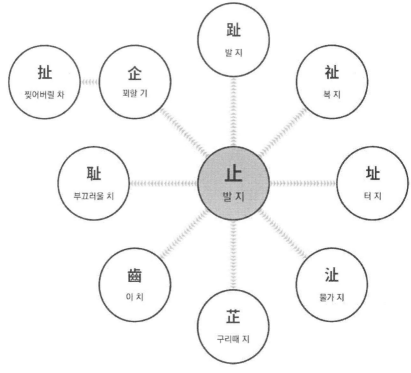

[표-41] '止'로 구성된 글자들

098

질량(質量): 질(質)과 양(量)

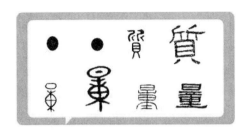

質 바탕 질
斦 모탕 은
斤 도끼 근
量 헤아릴 량
東 동녘 동
糧 양식 량

質은 전국문자부터 등장하는데 대체로 소전체의 형체와 비슷하며, 斦과 貝(조개 패)로 구성되었다. 貝는 갑골문에서 조가비의 모습이고, 조가비는 옛날에 화폐로 쓰였기에 다시 돈이나 재물이나 재산 등의 의미를 갖게 되었다. 斦은 도끼를 그린 斤(도끼 근)이 둘 모여서 모탕, 즉 나무를 패거나 자를 때 받쳐 놓는 나무토막을 말한다.

그래서 質은 모탕처럼 '돈(貝)과 같이 가치 있는 것의 밑받침(斦)이나 바탕이 될 수 있는 것'이라는 뜻에서 처음에는 '抵當(저당·담보로 잡힘)'의 뜻으로 쓰였다. 그래서 '質이 좋다'나 '質이 나쁘다'의 쓰임에서처럼 質에는 질 좋은 원자재가 나중에 실제 쓰일 수 있는 물건으로 가공되었을 때 화폐가치가 높은 잠재성을 가진다는 뜻을 내포되어 있다. 따라서 質자가 전국시대 때부터 등장하기 시작했다는 것은 그 시대가 이미 물물교환의 단계를 지나서 화폐경제에 진입했다는 것을 뜻한다.

물론 質은 그 글자의 구성에서 보듯, 화폐나 돈 자체를 말하는 것이 아니라 많은 돈을 벌게 해 줄 수 있는 밑바탕을 의미한다. 실재하는 현상물의 실체가 바로 밑바탕이라는 의미에서 質에는 '실체'라는 의미가 생겼고, 바탕은 언제나 가공되기 전의 소박함을 특징으로 한기에 다시 質朴(질박)이라는 의미까지 생겼다.

한편 質의 원래 의미가 돈을 빌리기 위해 저당 잡히는 재물이나 물건 등을 뜻했던 것처럼, 人質(인질)은 사람(人)을 볼모로 잡아(質) 어떤 대가를 요구하다는 뜻이다.

量은 갑골문에서 口(입 구)와 東으로 구성되었는데, 東은 양끝을 동여매어 놓은 자루를 그렸고 口는 네모꼴의 용기를 그려 자루 속에 담긴 내용물의 양을 용기로 재는 모습을 형상화 했다. 이로부터 量은 부피를 나타내는 중요한 단위의 하나로 쓰였고, 度量衡(도량형)에서처럼 부피를 상징하는 글자가 되었다. 이로부터 다시 限量(한량)에서처럼 양의 한계도 뜻하게 되었는데, 無量(무량)은 양의 한계가 없다는 뜻이다.

糧은 量에 米(쌀 미)가 더해진 글자로, 고대 문헌의 용례를 살펴보면 처음에는 길을 떠날 때 갖고 가는 양식을 말했으나, 이후 食糧(식량)을 뜻하는 일반적인 의미로 확장되었다. 아마도 여행이나 행군 때 가져갈 양식은 여행의 일정을 고려해 거기에 알맞은 식량(米)을 용기로 재서(量) 가져가야 했을 것이다. 그렇게 본다는 糧에서의 量 또한 단순히 소리부의 기능만 담당하는 것은 아니다.

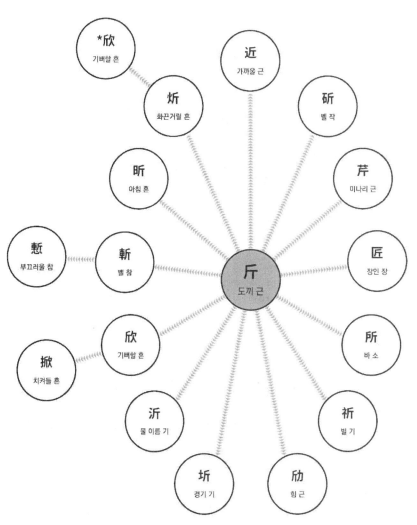

[표-42] '斤'으로 구성된 글자들

099

식초(食醋): 술(酒)과 식초(醋)

醋 초 초
昔 예 석
惜 아낄 석
腊 포 석
錯 섞일 착
借 빌릴 차

시샘을 하거나 질투하는 것을 현대 중국어로는 '츠추(吃醋, chīcù)'라고 하는데 글자 그대로 '식초(醋)를 먹다(吃)'는 뜻이다. 우리말에도 '초를 치다'는 말이 있지만 의미는 조금 달라 한창 잘되고 있거나 잘되려는 일에 방해를 놓아서 일이 잘못되거나 시들하여지도록 만드는 것을 말한다.

식초는 현대인들의 산성의 기름진 식단을 알칼리성의 부드럽게 바꾸어 주는 대단히 유용한 음식이지만, 신맛과 독특한 냄새와 강력한 살균력 때문에 우아한 분위기를 깨트리고 남녀 간의 사랑을 질투하는 존재로 인식되었을 것이다.

식초는 술 등과 같은 알코올에서 쉽게 간단하게 생성되는데, 옛날 막걸리를 오래 두어 식초로 만들어 먹던 것을 생각하면 쉬 이해가 갈 것이다. 식초를 뜻하는 영어의 비니거(vinegar)는 프랑스어의 'vin(포도주)'와 'aigre(신 맛)'를 합친 'vinaigre'에서 온 말로 알려져 있으며, 이는 원래 포도주를 초산 발효시켜 식초를 만들었기에 붙여진 이름이다. 그것은 한자에서도 마찬가지여서 술(酉·유)을 오래 동안(昔) 방치해 두면 자연 발효하여 식초(醋)가 만들어짐을 잘 보여 주고 있다.

酉는 원래 배가 볼록하고 목이 잘록하며 끝이 뾰족한 술독을 그렸는데, 뾰족한 끝은 황하 유역을 살았던 고대 중국인들이 모래 진흙으로 된 바닥에 꽂아두기 좋도록 만들었기 때문이다. 그래서 '술독'이 酉의 원래 의미이나, 이후 간지자로 가차되었고, 열 번째의 상징인 '닭'까지 뜻하게 되었다. 그러자 '술'은 다시 水를 더해 酒(술 주)로 분화한 글자이다.

그런가 하면 昔은 갑골문이나 금문에서 모두 日과 巛(재앙 재·災의 원래 글자)로 구성되어, 물이 넘쳐흘러 큰 재앙(巛)이 났던 그 옛 시절(日)이라는 의미로부터, '옛날'과 '오래되다'는 뜻을 그려낸 글자이다. 그래서 昔으로 구성된 글자들은 모두 '오래 된'이라는 의미를 가진다.

예컨대 앞서 들었던 醋가 술(酉)을 오래 두면(昔) 만들어 지는 것임을 그렸고, 借는 갓 사귄 사람이 아닌 아주 오래 동안(昔) 사겨왔던 사람(人)이어야만 그로부터 무엇인가를 '빌릴' 수 있음을 그렸다.

또 惜은 마음(心·심) 속에 오래(昔) 넣어둔 채 아끼다는 뜻으로부터 愛惜(애석)하다는 뜻을 그렸고, 腊(포 석)은 냉장 시설이 변변치 않던 옛날 고기(肉·육)를 오래(昔) 보존하는 방법이 바로 얇게 저며 양념해 말리는 '포'임을 그렸다. 그런가 하면 쇠(金·금)가 오래되면(昔) 녹이 나게 마련이고 녹이 나게 되면 '어긋나' 못쓰게 되기 마련인데, 이러한 의미를 담은 글자가 錯이다.

나아가 厝(둘 조·숫돌 착)는 '두다'는 뜻으로 쓰이지만, 고대 중국에서는 오래 동안(昔) 살아왔던 집(厂·엄)을 말하여 주로 전통식 가옥을 지칭하는데 사용되었다. 措(둘 조)도 사실은 손(手·수)을 이용해 오래(昔) 자리할 수 있도록 어떤 곳에 놓아 두다는 뜻으로, 시신을 안치하거나 일을 안배하는 것을 말한다.

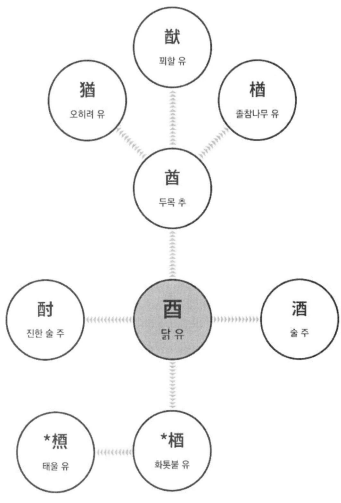

[표-43] '酉'로 구성된 글자들

100

흑차(黑茶): 검은(黑) 차(茶)

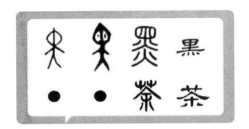

茶 차 다차
荼 씀바귀 도
余 나 여
舍 집 사
塗 진흙 도
途 길 도

영어에서 'black tea'라고 하면 紅茶(홍차)를 말한다. 그러나 중국에서는 黑茶를 연상시키는데, 중국에서 黑茶는 보통 완전발효차를 한다. 운남성의 普洱茶(보이차)나 호남성의 '黑茶', 귀주성의 六堡茶(육보차) 등이 이에 포함된다.

차(tea)는 비단(silk)과 도자기(china)와 함께 서구에 전해진 중국 문화의 대명사라 해도 지나치지 않다. 사실 차가 세계의 문화에 끼친 영향은 결코 비단이나 도자기에 결코 뒤지지 않는 것으로 평가되고 있다. 중국에서 차는 당나라 때에 성행했지만, 張華(장화, 232-300)의 『博物志(박물지)』라는 책에 이미 "眞茶(진차)를 마시면 잠이 준다"라는 말이 나오는 것으로 보아, 적어도 晉(진)나라 때부터는 차를 마셨던 것으로 보인다.

茶의 경우, 원래는 荼로 써, 艸(풀 초)가 의미부이고 余가 소리부로, 쓴 맛을 내는 식물(艸)인 씀바귀를 말했다. 이후 쓴 맛을 내는 채소(苦菜·고채)를 지칭하게 되었고, 그런 맛을 내는 '차'까지 지칭하게 되었다. 하지만 茶가 대단한 기호 식품으로 자리 잡게 되자 의미를 구분하기 위해 '차'는 가로획을 하나 줄여 茶로 구분해 쓰게 되었다.

다만 한국어 독음에서 '다'는 고대 음이고, '차'는 근대 음으로, 시기에 의한 독음의 차이이지 의미와 관련된 것은 아니다.

인도에서 전해진 차는 중국에서 당나라 때 성행하였고, 이 차는 16세기 말 쯤 포르투칼사람들에 의해 유럽으로 전해지기 시작했다. 16세기 말엽부터 그들은 중국에서 차를 수입했는데, 그들은 당시 표준중국어에 근거해 차를 '차(chaa)'라고 불렀다. 하지만 이후 극동 지역의 잎차 수입은 네덜란드사람들에 의해 장악되었고, 그들은 중국 남쪽의 하문 지역의 방언 발음에 근거해 차를 '테(te)'라고 했는데, 이것이 '테(teh)'가 되고, 다시 영어에서의 '티(tea)'로 남게 된 것이다.

이 덕분에 차에 관련된 여러 영어 단어들에 중국의 흔적이 남게 되었다. 예컨대 '보히(Bohea)'는 복건 지역의 武夷(무이)차를, '피코(Pekoe)'는 白毫(백호)차를, '코고우(Cogou)'는 工夫(공부)차를, '히손(Hyson)'은 熙春(희춘)차를, '탄카이(Twankay)'는 屯溪(둔계)차를, '키문(Keemun)'은 祁門(기문)차를 · '오롱(Oolong)'은 烏龍(오룡)차를, '영 희순(Young Hyson)'이나 '위젠(Yu-chien)'은 雨前(우전)차 등을 말하는데, 중국식 이름이 고스란히 들어 있다.

또 차가 보편화되면서 영국인들의 일상생활에서도 차와 관련된 새로운 어휘들이 적잖게 생겨났는데, 'tea cloth'(차보), 'teapot'(찻주전자), 'teacup'(찻잔), 'teakettle'(차물주전자), 'tea urn'(차 주전자), 'teaspoon'(찻숟가락), 'tea table'(찻상), 'teatray'(찻잔 받침대), 'teaset'(다기), 'tea rose'(월계화), 'tea biscuit'(다과), 'tea gown'(차를 마실 때 입는 예복), 'tea party'나 'tea fight'(다과회), 'tea service'(차 대접) 등이 그러하다.

그런가 하면 일부 영국인들은 차를 마시면 사람이 겁이 많아진다고 생각하여 '차 마시기 좋아하는 사람'을 'tea-spiller'나 'tea-sot'라고 했다. 또 'to take tea with'는 '다른 사람과 따지다'라는 뜻으로, 특히 적대적인 의미를 내포하고 있는 숙어인데, 이는 상해어의 '喫講茶(끽강차)'

라는 말과 유사해 보이는데, 喫講茶는 옛날 건달들 사이에서 다툼이 일어났을 때 쌍방이 찻집에 모여 앉아 중재자를 두고서 곡직을 논하여(講) 화해의 차(茶)를 마시는(喫) 것을 말하는데, 비용은 잘못한 쪽이 부담했다고 한다.

● 중국 전통 종이자르기에 표현된 찻잎 따기.(「母女採茶」,(『民間剪紙木版畵』, 左漢中(편), 호남미술출판사, 1995, 10쪽.)

101

짐작(斟酌): 헤아려서(斟) 잘 따름(酌)

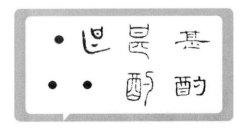

斟 따를 짐
甚 심할 심
斗 말 두
酌 따를 작
酉 닭 유
勺 구기 작

斟酌이라 하면 우리말에서는 '어림잡아 헤아림'을 말하고 현대 중국어에서는 '再考(재고)'의 의미이지만, 원래는 '술을 나누다'는 뜻이었다.

斟은 의미부인 斗와 소리부 겸 의미부인 甚으로 구성되었는데, 斗는 손잡이 달린 국자 모양의 容器(용기)를 그렸다. 그래서 斟은 원래 '술(甚)을 국자(斗)로 나누어 담음'을 의미했다.

甚은 금문에서 甘(달 감)과 匕(순가락 비)로 구성되었는데, 소전체에 들면서 약간 변하여 지금처럼 甘과 匹(짝 필)의 결합이 되었다.

『설문해자』에서는 甚을 두고 입(口·구)에 가로획(一)이 더해져 입(口) 속에 맛난 것(一)이 들어 있음을 형상화한 甘과 짝을 뜻하는 匹이 합해져 '큰 즐거움'을 말한다고 했다. 후세 문자학자들은 匹은 짝이 되는 여성을 뜻하여 짝과 함께 할 때의 '즐거움'을 말한 것이라고도 했다.

하지만 이러한 해석은 모두 소전체에 근거한 것으로 근거가 약해 보인다. 금문에서처럼 甚은 원래 匹이 아닌 匕로 구성되었고, 匕는

'오디'. 뽕나무 열매.

지금처럼 밥숟가락이라기보다는 술 뜨는 기구를 말했기에, 甚은 술과 관련지어 설명되어야 한다.

특히 고대 문헌에서 자주 등장하는 葚(오디 심)·椹(오디 심)·黮(오디 담) 등과 관계 지어볼 때 甚은 뽕나무 열매인 '오디'를 말한 것으로 보인다. 즉 '오디'를 원래는 甚으로 나타냈으나 艸(풀 초)나 木(나무 목)을 더하여 '오디'의 속성을 더욱 구체화했으며, 오디가 익어 띠는 색인 黑(검을 흑)을 더하여 각각의 글자로 분화했던 것이다.

그렇게 볼 때 甚은 오디술을 말하고 斟은 이를 匕로 뜨는 장면을 그린 것이라 보인다. 오디술은 예로부터 대단히 좋은 술의 하나로 인식되었으며 고급 연회에 자주 등장하는 술이었다. 그래서 오디술은 대단히 맛있는(甘) '큰 즐거움'을 주는 술이었으며, 이로부터 '대단히', '심히'라는 뜻이 생겼을 것이다.

또 이러한 해석은 斟과 언제나 짝을 이루어 왔던 酌에서도 그 증거를 찾을 수 있다. 즉 酌은 酉와 勺으로 구성되었는데, 酉는 술독을 그렸고, 勺은 금문에서처럼 국자에 술이 담긴 모습을 그려, 술을 퍼 나누는 모습을 그렸다.

● 고대 중국의 「勺(국자)」(섬서성 역사박물관 소장)

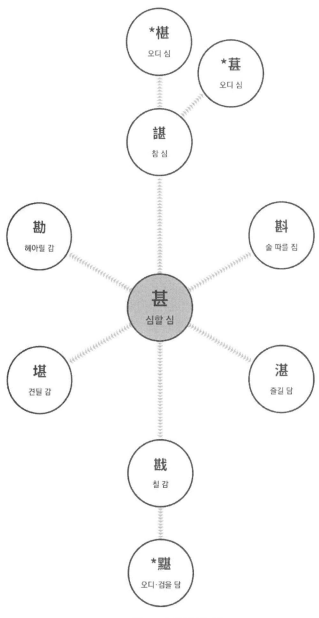

[표-44] '甚'으로 구성된 글자들

09

주거
住居

제9장
주거

102

공명(孔明): 매우(孔) 밝음(明)

孔 구멍 공
穴 구멍 혈
空 빌 공
工 장인 공
爪 손톱 조
乳 젖 유

구멍을 뜻하는 대표적인 한자에 孔과 穴, 空이 있다. 모두 빈 공간과 구멍을 뜻하지만 그 뿌리는 서로 다른 문화적 층위를 지닌다.

우선 孔은 금문에서 아이(子·자)의 머리에 선이 연결되어 있는 모습을 했다. 이 선에 대해서는 의견이 분분하지만, 머리의 특정 부위를 지칭하는 지사부호로 보인다.

그래서 孔은 어린아이의 '숨구멍'에서 유래한 글자이다. 아이의 숨구멍은 생명의 중요함과 신비함이 동시에 스며있는 곳이다. 그래서 孔은 단순히 구멍이라는 의미 외에도 孔德(공덕·큰 덕)처럼 '깊다'나 '위대하다'는 뜻을 가진다. 그리고 구멍이라는 뜻을 나타낼 때에도 毛孔(모공)이나 瞳孔(동공)처럼 인간의 신체와 관련된 부위에 주로 쓰인다.

그러자 일반적인 구멍을 나타내기 위해 다른 글자가 필요했는데, 穴과 空이 그것으로 모두 고대중국의 생활환경과 연관되어 만들어졌다. 穴은 소전체에서 동굴 집을 그렸다. 갑골문이 주로 사용되던 황허 강 유역은 질 좋은 황토로 이루어졌으며, 돌을 구하기가 힘들어 주로 황토 언덕에다 굴을 파 집으로 사용했다.

동굴 집은 여름에는 시원하고 겨울에는 따뜻하며 습도까지 조절되는 친환경적인 최고의 거주지였다. 더구나 황토로 되었으니 그 장점은 우리도 너무나 잘 알고 있다. 다만 穴에서는 황토굴이 무너질까 양쪽으로 받침대를 댄 모습이 두드러지게 표현되었다.

空은 穴에 工이 더해진 모습인데, 工은 소리부 겸 의미부이다. 工은 앞에서도 말했지만 황토를 다지는 절굿공이를 그렸다. 황토 평원인 황허 강 유역에서는 황토를 다지는 절굿공이가 가장 대표적이고 중요한 工具(공구)였으므로 이것이 도구를 대표하는 글자가 되었다.

空은 이러한 도구(工)로 황토언덕에 구멍(穴)을 파 생겨난 空間(공간)을 뜻한다. 이후 하늘을 뜻하게 되었고, 텅 빔을 의미하는 철학적인 용어로도 쓰였다.

한편 孔에 손(爪)의 모습이 더해진 글자가 乳인데, 갑골문에서 손(爪)을 내밀어 아이를 가슴에 안고 젖을 먹이는 어미의 모습을 대단히 사실적으로 그렸다. 다만 乳에서의 孔은 보다 높은 추상화된 의미를 얻지 못하고, 그냥 단순한 아이만을 뜻한다.

103

교량(橋梁) : 대들보처럼(梁) 높다랗게 만든 다리(橋)

橋 다리 교
喬 높을 교
轎 가마 교
驕 교만할 교
梁 들보 량
杠 깃대다리 강

다리를 뜻하는 橋는 木(나무 목)과 喬로 이루어졌는데, 喬는 소리부도 겸한다. 喬는 금문에서 止(발지)와 高(높을 고)로 이루어져, 발을 높이 치켜들며 춤추는 모습을 상징화 했다.

중국의 민속놀이에 장대다리 놀이라는 것이 있다. 사다리 같은 가짜 다리를 발에 달고 뒤뚱거리며 돌아다니는 놀이인데, 喬는 바로 그러한 모습을 연상시킨다. 그래서 喬는 '높다'는 뜻을 가지며, 喬木이라 하면 '줄기가 곧고 굵으며 높이 자라는 나무'를 말한다.

또 轎는 '높이(喬) 들고 다니는 수레(車)'를 말하며, 驕는 '키가 큰(喬) 말(馬)'을 말한다. 키가 큰 말(驕)은 다른 말보다 잘 달리므로 뛰어남을 자랑삼을 만하다. 그래서 중국어에서 '쟈오(驕傲, jiāo'ào)'는 자긍심을 뜻한다. 하지만 지나친 자랑은 驕慢(교만)해 지기 쉬운 법, 그래서 驕慢이라는 뜻이 나왔다.

梁은 금문에서 의미부인 水(물 수)와 소리부인 刃(날 인)으로 구성되었으나 이후 의미를 더 구체화하기 위해 木을 더해 梁이 되었다. 刃은 칼(刀·도)에 점이 더해져 그곳이 '칼의 날'임을 표시한 지사자이다. 『설문해자』에서는 梁을 '물에 설치한 다리(水橋)'라고 했으며, 청나라 때의 유명한 『설문해자』 연구가인 段玉裁(단옥재)는 '물을 건너가게 만든 나무로, 지금의 橋에 해당 한다'고 했다.

이 말에 근거해 본다면 梁이 옛날 말이고 橋는 이후에 출현한 말이 된다. 옛날 尾生(미생)이라는 자가 다리 밑에서 연인을 만나기로 했는데 강물이 불어나는데도 연인과의 약속을 지키려 다리 기둥을 붙잡고 기다리다 익사했다는 尾生之信(미생지신)의 고사에 등장하는 다리는 '梁'이다. 당시의 梁이 수레가 지나갈 정도의 큰 다리였다면 사람이 지나다닐 수 있는 조그만 나무다리는 杠이라 하였다.

한편 어원으로 볼 때, 橋가 배 등이 아래로 지나갈 수 있도록 높다랗게(喬) 아치형으로 설계된 다리를 말한다면 梁은 그냥 직선으로 놓인 다리나 浮橋(부교)를 뜻한다. 역사적으로는 한나라 이전에는 다리를 梁이라 불렀으나 한나라 이후부터는 橋가 그 자리를 대신하게 되었으며, 지금은 둘을 합쳐 橋梁이라 부른다.

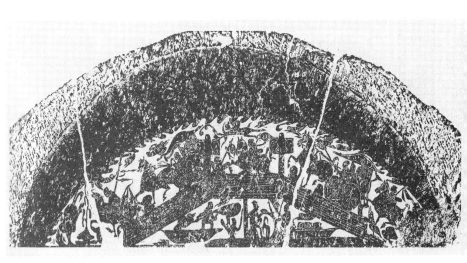

● 「車馬過橋(거마과교)」. 차마가 옛날의 다리를 건너는 모습. 한나라 화상석.

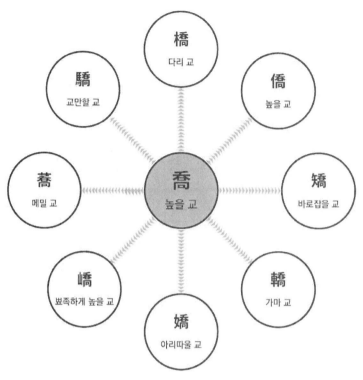

[표-45] '喬'로 구성된 글자들

● 「고교놀이(踩高蹺)」. 종이를 잘라 만든 작품. 민간에서 명절놀이 공연에 등장하는
프로그램 중의 하나로, 특히 섬서 북부와 關中(관중) 지역에서 유행했다. 나무다리는
버드나무로 만든다. 제작법은 간단해 굵은 나무막대를 젓가락처럼 세워서 가름목과
연결시켜 단단히 묶고 다시 그 위에 올라 선 뒤 발을 단단히 묶은 후 바짓가랑이나
치마로 가리면 된다. 연출자에 따라 다양한 모습의 해학적인 걸음이 연출된다. 그림에는
한 여자가 高蹺(고교)를 연출하는 모습으로, 한 손에는 花燈(화등)을 들었고 다른 한
손으로는 비단 부채를 부치고 있으며 옛날의 전통 연극 복장을 갖추었다.
『陝西民間剪紙賞析』, 15쪽.

104

극(隙)과 격(隔): 틈과 격리

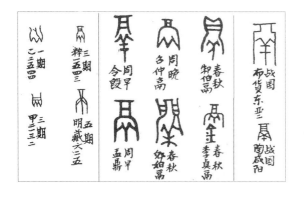

隙 틈 극
隔 사이 뜰 격
阜 언덕 부
鬲 솥 력
融 화할 융
獻 바칠 헌

間隙(간극)이나 間隔(간격)에서처럼 隙과 隔은 각기 '틈'이나 '사이'를 뜻한다. 隙이나 隔 모두 阜가 의미부여서 이들의 의미가 흙 담(阜)과 관련되어 있음을 쉽게 추정해 볼 수 있다.

隙은 지금도 대단히 형상적인 글자로 흙 담(阜)의 작은(小·소) '틈' 사이로 비추어 들어오는 햇빛(日·일)을 직접 그렸다. 금문에서는 원래 阜가 빠진 모습이었으나 소전체에 들면서 阜를 더하여 그것이 흙 담의 '틈'임을 강조하였다. 『설문해자』에서는 日을 白(흰 백)으로 보아 '밝은 빛'으로 해석했지만 의미의 차이는 없다.

그래서 隙은 隙大墻壞(극대장괴·틈새가 커지면 담벼락이 무너진다)라는 말에서처럼 '담의 틈새'가 원래 뜻이며, 이후 구멍은 물론 느슨하다는 뜻으로까지 확장되었다.

隔은 阜가 의미부이고 鬲이 소리부인 구조로, 隔璧(격벽·칸막이 벽)에서처럼 담(阜)으로 隔離(격리)시킨 것을 말했다. 鬲은 형상이나 용도에서 鼎(세발 솥)을 매우 닮은 용기인데, 세 개의 발(足·족)과 둥근 배(腹·복)에 두 개의 귀(耳·이)를 가졌다. 주로 제사에 쓸 육 고기를 삶는데 쓰였으며, 열효율을 높이기 위해 속이 빈 가랑이 발(分襠足·분당족)로 만들어 놓았다.

갑골문의 자형은 鬲의 이런 특징을 잘 보여주고 있다. 지금은 鬲이 기물 이름 외에는 단독으로 잘 쓰이지는 않지만 融이나 獻 등에서 원래의 용도를 추정해 볼 수 있다.

融은 鬲이 의미부이고 虫(벌레 충)이 소리부인 구조로, 『설문해자』에서는 솥(鬲)에서 김이 하늘로 올라가는 모습을 그렸다고 했다. 하늘로 올라간 김은 공기와 融合(융합)되고 이로부터 融化(융화)하다는 뜻이 생겼고, 김이 공기 속을 흘러 다님으로 해서 다시 金融(금융)에서처럼 유통이라는 뜻이 생겼다.

獻은 원래는 鬲과 犬(개 견)으로 구성되어, 제사에 쓸 개고기를 솥에 삶는 모습으로 '바치다'는 뜻을 형상화 했는데, '살진 개를 국으로 끓여 제사상에 올린다'는 문헌의 기록은 이를 반영한다. 간혹 鬲 대신 鼎이 들어가기도 했지만 의미에는 변화를 주지 않는다. 금문에 들면서 소리부인 虍(호랑이 호)가 더해져 지금의 자형이 되었다.

105

시계(時計): 시간(時)을 계산하는(計) 기계

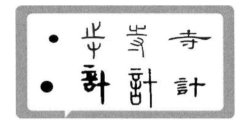

時 때 시
寺 절 사내시 시
之 갈 지
持 가질 지
侍 모실 시
計 꾀 계

시간이란 무엇일까? 일반적으로 시간은 주기적으로 떴다가 지는 해나 차고 이지러지는 달, 수확에서 다음 수확까지의 시간이나 연어가 바다로 나갔다가 되돌아오기까지의 기간 등과 같이 일상생활에서 관찰되는 반복적 주기를 문자나 숫자의 형태로 객관화하고 표준화한 것이라 말해진다.

고대 중국의 경우 달(月·월)은 달의 주기에서, 年(해 년)이나 歲(해 세)는 수확의 주기에서 그 개념을 가져왔지만, 하루의 시간은 주로 태양의 운행으로써 형상화했다. 그래서 시간을 뜻하는 時는 지금의 자형에서는 의미부인 日(날 일)과 소리부인 寺로 구성되었지만, 이전의 갑골문과 금문에서는 日과 之로 구성되어 '태양(日)의 운행(之)'이라는 의미를 직접적으로 그려냈다.

時의 소리부인 寺는 금문에서 손(又·우)과 之로 구성되었지만 이후 又가 손의 마디를 그려낸 寸(마디 촌)으로 변하고 之가 士(선비 사)로 잘못 변해 지금처럼 되었다. 之는 어떤 정해진 곳으로 감을, 又는 인간의 일이 대부분 손에 의존했기 때문에 '일하다'는 뜻을 가진다.

그래서 寺는 '어떤 곳으로 가서 일을 처리하다'가 원래 뜻이며, 그러한 일을 처리하는 사람을 寺人(사인)이라 했다. 또 그런 사람들이 모여 있는 곳이라는 의미에서 大常寺(태상시·종묘의 제사 등을 관장하던 고려시대 때의 관아)처럼 '관청'을 뜻하기도 했는데, 寺는 '조정(廷·정)을 말하며 법도가 있는 곳'이라고 한 『설문해자』의 해설은 이를 두고 한 말이다. 이로부터 이후 불교 사원인 '절'의 의미까지 갖게 되었다.

그러자 일을 처리하다는 원래의 의미는 手(손 수)를 더하여 持로, 그런 일을 하는 사람은 人을 더하여 侍로, 그런 행위는 彳(조금 걸을 척)을 더하여 待(기다릴 대)로 분화했다. 그리고 그런 일을 하는 사람은 마음(心·심) 속에 믿음이 있어야 한다는 뜻에서 恃(믿을 시)가 만들어졌다. 한편 詩는 원래 言(말씀 언)과 之로 구성되어 말(言)이 가는대로(之) 표현하는 문학 장르를 말했으나 이후 言과 寺의 구성으로 변하면서 말(言)을 가공하고 손질하는(寺) 것이라는 의미로 변화했다.

計는 소전체에서부터 言과 十(열 십)으로 구성되었는데, 사람들이 일하는 시간을 숫자(十)로써 보다 자세하게 일러준다(言)는 의미를 담고 있다. 이로부터 計에는 計算(계산)이라는 뜻이, 다시 計略(계략)처럼 미리 계산해 둔다는 의미에서 '꾀'라는 뜻까지 나왔다.

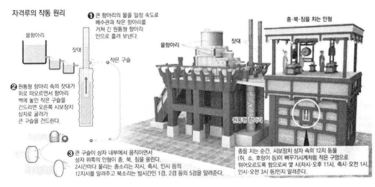

▶ 自擊漏(자격루)

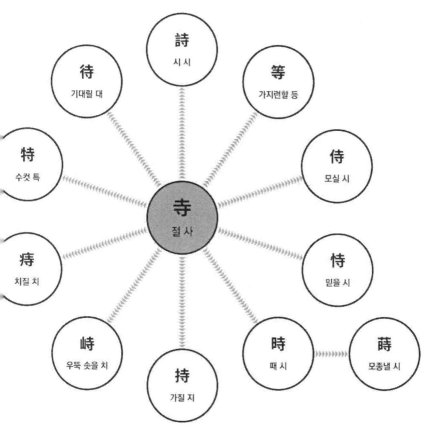

[표-46] '寺'로 구성된 글자들

106

기초(基礎): 터(基)와 주춧돌(礎)

基 터 기
其 그 기
箕 키 기
礎 주춧돌 초
楚 가시나무 초
疋 발 소필 필

基는 의미부인 土(흙 토)와 소리부인 其가 결합된 것으로, 其는 의미부도 겸한다. 基는 집이나 담을 세울 수 있는 터를 말한다. 황하 지역의 황토 평원에서는 흙을 다져 담이나 성을 쌓는 版築法(판축법)이 일찍부터 유행했다. 그곳의 진흙은 대단히 찰지기 때문에 단단히 다지면 대단히 높고 큰 건물도 지을 수 있었다.

河南(하남)성의 성도인 鄭州(정주)에 가면 지금도 상나라 초기 때 판축법으로 쌓은 10여 미터 높이의 성벽이 7킬로미터 이상 남아 있다. 흙을 다져 만들었는데도 무려 3천5백년 이상이나 원형을 보존해 온 것이다.

基에서 其는 터를 다지기 위해 흙을 담아 나르던 도구를 형상한 글자로 보인다. 원래 其는 갑골문에서 곡식을 까부는데 쓰이는 '키'의 모습을 그렸다. 갑골문에서는 其가 밭에 거름을 내거나 쓰레기를 버릴 때도 자주 사용되어 이후의 삼태기와 같은 기능도 함께 했다. 하지만 이후 其가 '그'라는 지시대명사로 가차되어 쓰이게 되자 다시 竹(대 죽)을 더한 箕로 원래의 의미를 나타냈다. 竹이 더해진 것은 키는 예나 지금이나 대나무를 엮어서 만드는 것이 가장 보편적이었기 때문이다.

礎는 의미부인 石(돌 석)과 소리부인 楚로 구성되어 기둥을 받치는 주춧돌을 뜻한다.

楚는 고대 중국에서 남방문명의 상징이자 북방의 한나라와 마지막까지 대결을 했던 楚나라로 잘 알려진 글자이지만, 원래는 가시나무의 일종인 牡荊(모형)이라는 나무를 가리키는 글자였다. 갑골문에서부터 출현하는 楚는 나무가 중첩된 모습인 林(수풀 림)과 소리부인 疋로 구성되어 이것이 나무를 지칭함을 그렸다.

牡荊이라는 가시나무는 가시가 많아 그 자체로도 아픔이나 어려움의 상징이 되기에도 충분하지만 나무의 재질이 단단하여 곤장을 치는 매의 재료로 쓰기에 알맞았다. 그래서 楚에는 가시나무라는 원래 뜻 이외에도 刑杖(형장·죄인을 심문할 때 쓰던 몽둥이)의 뜻이, 다시 苦楚(고초)에서와 같이 아픔과 어려움의 의미가 생겼다. 그래서 礎를 구성하는 楚는 기둥 아래를 받치는 주춧돌의 의미로 기둥을 받치며 힘든 압력을 견뎌낸다는 뜻으로, 의미부의 역할도 겸한다.

따라서 基礎는 흙을 다져 터를 닦고(基) 돌로 주춧돌을 만드는(礎) 작업을 뜻한다. 그것은 대단히 힘들고 어려운 일이지만 충실하게 잘 다져지기만 한다면 저 상나라의 성벽처럼 수 천 년의 세월이 지나더라도 튼튼하게 살아남을 것이다.

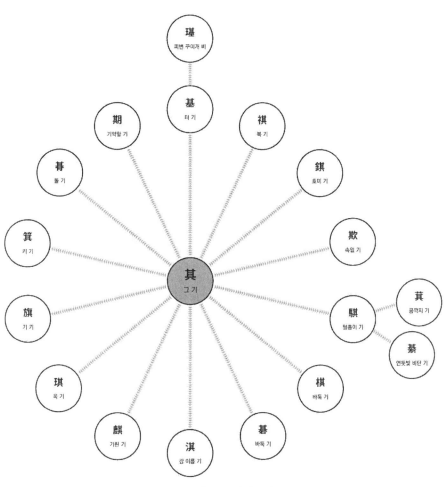

[표-47] '其'로 구성된 글자들

● 「鄭州城(정주성)」. 하남성 鄭州에 있는데, 鄭州는 상나라 중기 때의 수도였다. 도성은 판축법에 의해 10센티미터씩 다져 10미터 높이까지 쌓았으며, 총 연장 7킬로미터 정도에 이른다. 3천 5백 년이 지난 오늘날까지도 상당 부분이 완전하게 남아 있어, 판축법의 대단함을 보여 준다.

10

생태환경
生態環境

제10장
생태환경

107. 환경(環境): 옥고리처럼(環) 둘러싸고 있는 상태(境)

108. 경지(境地): 경계(境) 안의 땅(地)

109. 기상(氣象): 대기(氣)에서 일어나는 형상(象)

110. 태풍(颱風): 큰(颱) 바람(風)

111. 폭염(暴炎): 불꽃처럼(炎) 사나운(暴) 더위

112. 해양(海洋): 가까운 바다(海)와 먼 바다(洋)

환경(環境): 옥고리처럼(環) 둘러싸고 있는 상태(境)

環 고리 환
睘·瞏 놀라서 볼 경
袁 옷 길 원
哀 슬플 애
境 지경 경
竟 다할 경

온실 가스의 배출이 급증하면서 지구 온난화가 날로 빨라지고 지구 環境이 날로 악화되고 있다. 우리를 '고리처럼(環) 둘러싸고 있는 주 위 여건(境)'이 環境인데, 環은 어떻게 만들어진 글자일까?

環은 玉(구슬 옥)과 睘으로 이루어졌는데 睘은 소리부도 겸한다. 睘 은 원래 瞏으로 썼는데, 지금은 단독으로 쓸 때를 제외하고는 睘으 로 줄여 쓴다. 睘은 금문에서처럼 目(눈 목)과 袁으로 구성되었는데, 目은 보는 행위를 상징하고, 袁은 둥근 璧玉(벽옥)으로 치장한 옷(衣· 의)의 모습을 그렸다. 때로는 玉 옆에 손을 그려 넣음으로써 차림새 를 가다듬는 모습을 강조하기도 했다. 그런가 하면 가장 간단한 자

형은 연결된 둥근 고리 두 개를 그려 그것이 둥근 고리이자 서로
연결되었음을 상징적으로 표현하기도 했다.

고대 중국에서 璧玉은 왕권의 상징으로 여겨질 정도로 높은 가치를
지니는 玉 중의 玉으로 여겨졌다. 그래서 瞏은 대단히 아름답고 화
려한 장식용 옥을 매달아 盛裝(성장)을 한 모습을 '놀라워하며 보다'
는 뜻이다. 그러자 瞏의 핵심 내용물인 璧玉처럼 '둥근 玉'을 나타낼
때에는 玉을 더하여 環을 사용했다.

瞏과 유사한 글자가 袁이다. 袁은 瞏(睘)에서 윗부분의 目이 빠진 형
태로, 옷에 장식한 둥근 옥을 그린 모습이다. 『설문해자』에서는 袁
을 긴 옷의 모습을 그렸다고 했지만, 사실은 옷을 장식한 둥근 옥의
모습이 원래 뜻이며 '긴 옷'은 파생 의미이다.

그래서 袁이나 瞏은 모두 '둥글다'는 뜻을 기본적으로 가진다. 예컨
대 環은 중간에 구멍을 뚫은 '둥근(瞏) 玉'이요, 還은 '멀리 갔다가(辵·
착) 원을 그리듯(瞏) 되돌아오다'는 뜻이다. 또 圜(두를 환)은 '둥글게
(瞏) 사방을 에워싼(囗·위) 것'을, 鐶은 '쇠(金·금)로 만든 둥근(瞏) 고
리'를, 圜(기내 환)은 '수도를 에워싼(瞏) 주위 1천리 안쪽의 땅'을 말
한다.

袁은 지금은 주로 성씨로 쓰여 원래 뜻을 잘 살피기 어려워졌지만,
園(동산 원)이나 遠(멀 원) 등에서 그 흔적을 찾을 수 있다. 즉 園은
'둥글게(袁) 주위를 둘러 싼(囗)' 정원을 말하며, 遠은 '먼 곳'을 뜻하
는데 먼 곳은 언젠가는 다시 '되돌아(袁) 올(辵)' 것이기 때문이다. 멀
리 떠나간 것을 다시는 돌아오지 않는 이별이 아니라 되돌아옴으로
인식한 중국인들의 지혜가 놀랍다.

● 「璧玉(벽옥)」. 고대 사회에서 황제의 상징이었다.

108

경지(境地): 경계(境) 안의 땅(地)

境 지경 경
竟 다할 경
音 소리 음
鏡 거울 경
鑑·鑒 거울 감
監 볼 감

境과 鏡은 모두 竟으로 구성되었지만 竟의 기능과 결합 과정은 사뭇 다르다.

竟은 갑골문에서도 지금처럼 音과 人(사람 인)으로 구성되었다. 『설문해자』에서는 竟을 '음악이 끝나다'는 뜻이라고 했지만 人에 대해서는 따로 설명하지 않았다. 아마도 '사람(人)의 소리(音)'는 전해지는 거리에 한계가 있다는 뜻에서 '끝'이나 '다하다'는 의미가 나왔을 것이다.

竟에 土(흙 토)가 더해진 境은 땅(土)의 끝(竟)을 말하여, 영역이 끝나는 境界(경계)나 邊境(변경)을 뜻한다. 그래서 境에서의 竟은 소리부와 의미부를 겸하고 있다.

鏡은 鑑과 연관되어 탄생한 글자다. 지금의 거울은 대부분 유리로 만들지만 그 전에는 주로 청동을 사용했다. 청동거울도 없던 그 옛날에는 큰 대야에 물을 받아 거울을 대신했다.

그런 모습을 반영한 글자가 監인데, 갑골문에서 물이 담긴 그릇(皿·명)에 얼굴을 비추는 모습을 형상적으로 그렸다. 그래서 監은 거울로 쓸 수 있는 아가리가 넓은 큰 그릇을 말했으나 이후 '살피다'나 '보다'는 뜻도 함께 가지게 되었다. 그러자 그릇을 지칭할 때에는 金(쇠 금)을 더하여 鑑으로 분화했다.

監에서 분화된 鑑은 물을 담는 커다란 그릇이자 거울이기도 했다. 이 때문에 전적으로 '거울'을 표시할 글자가 다시 만들어졌는데, 그 것이 바로 鏡이며, 鏡은 鑑의 소리부인 監 대신 竟을 넣어 만든 글 자다.

鏡자의 등장은 청동거울의 보편적인 사용을 의미한다. 그러다 한나 라에 들면 거울 뒷면의 무늬가 그대로 투영되어 나타나는 '마법의 거울'까지 등장하기도 한다.

청동은 불투명성인데 어떻게 뒷면의 무늬가 비추어진단 말인가? 그 래서 사람들은 이를 魔鏡(마경)이라 불렀다. 1832년 이 魔境이 서구 에 전해졌을 때 그 비밀을 풀고자 많은 과학자들이 달려들었지만 그 해답은 1백년이나 지나서야 겨우 얻을 수 있었다. 그 비밀은 거 울 뒷면의 무늬를 돋을새김 하여 거울 면에 극도로 정교한 볼록면 을 만들고 굴절도를 조절한데 있었다. 현대의 첨단기술로도 1975년 에 이르러서야 이의 복원에 성공할 수 있었으니 한나라 때의 높은 공예 수준을 짐작해볼만 하다.

●「魔鏡(마경)」.

동경의 매끄러운 뒷면을 비추는데, 거울 뒷면에 새겨진 무늬가 비추어지는 신비한 거울이다. 그래서 마수의 거울이라 이름 붙여졌다. 이 신비한 현상에 대해 조선 헌종 때의 학자 李圭景(이규경, 1788~?)은 이렇게 설명한 바 있다.

"햇빛에서 거울을 보면 그 뒷면에 새긴 용무늬가 보이고, 실내에서 보면 그 무늬가 숨어 보이지 않는 동경이 있다고들 한다. 그 동경은 오래 두면 거울 뒷면에 꽃 같은 푸른 얼룩이 지는 것을 볼 수 있다. 사람들은 그 이유를 알아내지 못하고 이상한 보물로만 여기고 있다. 그 비밀은 다름 아닌 제작법에 있다. 먼저 약간의 精銅(정동)으로 거울을 주조하는데 용의 무늬나 꽃무늬 같은 무늬를 거울 뒷면에 새겨 넣고, 주석을 두 배의 양으로 넣어 만든 합금 동을 녹여 무늬를 새긴 곳에 부어 채운다. 다음에는 그것을 잘 갈고 닦아서 매끈하게 하고 그 위를 납으로 덮는다. 그것을 햇빛에 비추면 용의 무늬가 잘 드러난다."(『한국민족문화대백과』) 기원전 5세기까지 거슬러 올라가는 세상에서 가장 신비한 기술의 하나인 이의 비밀을 서양인들은 1932년이 되어서야 밝혀냈다고 한다.(『그림으로 보는 중국의 과학과 문명』, 74쪽)

109

기상(氣象): 대기(氣)에서 일어나는 형상(象)

氣 기운 기
气 기운 기
三 석 삼
米 쌀 미
象 코끼리 상
像 형상 상

氣象은 구름·바람·비·기온 등과 같은 '기운(氣)의 모습(象)'을 말하지만, 어원적으로는 어떤 의미를 지닐까?

氣는 갑골문에서 气로 써, 세 가닥의 구름 띠가 하늘에 퍼져 있는 모습을 그렸다. 갑골문의 자형이 三과 닮아 금문에서는 아래위 획을 조금씩 구부려 三과 구분했다.

气는 이후 소리부인 米가 더해져 氣가 되었다. 이 때문에 혹자는 气가 밥 지을 때 피어오르는 蒸氣(증기)를 그렸으며, 이후 의미를 정확하게 하기 위해 米가 더해졌다고 주장한다.

하지만 갑골문이 만들어졌던 中原(중원) 지역의 대평원에서는 해가 뜨고 질 때 얇은 층을 이룬 구름이 온 하늘을 뒤덮고 있는 모습을 쉽게 볼 수 있다. 낮에는 그런 현상이 잘 나타나지 않지만 아침저녁으로는 습한 공기 때문에 자주 만들어진다. 气가 밥 지을 때 나는 蒸氣라면 갑골문처럼 가로로 그리지는 않았을 것이다.

그래서 雲氣(운기·엷게 흐르는 구름)가 氣의 원래 뜻이다. 구름의 변화가 大氣(대기)의 상태를 가장 잘 말해 주기에 天氣(천기·날씨)나 氣

運(기운)이라는 말이 나왔다. 천체를 흐르는 기운, 그것이 바로 동양학에서 말하는 氣라 할 수 있다.

象은 갑골문에서 기다란 코와 육중한 몸체를 가진 코끼리를 사실적으로 그렸다. 商(상)나라 때만 해도 지금의 하남성에는 코끼리가 대량으로 서식했다. 하지만 이후 삼림의 황폐화와 기후의 변화로 점점 남하하여 지금은 서남쪽의 운남성에서만 서식한다.

코끼리가 중원지역에서 사라지자 그 印象的(인상적)인 동물을 두고 온갖 想像(상상)이 더해진 이야기들이 난무했다. 코끼리가 어떤 모습이었을까? 그 코끼리(象)를 생각(想)하던 것이 바로 '想像'이다. 想像을 원래 '想象'으로 썼던 이유가 바로 여기에 있다.

사람들이 想像했던 코끼리가 진짜 코끼리와 닮았던 때문일까? 象에 '비슷하다'나 '닮다'는 뜻이 생겼다. 그러자 코끼리라는 원래 뜻과 구분하기 위해 人(사람 인)을 더해 像을 만들어 내 닮은꼴이나 모양을 표시했다. 하지만 想像에서 보듯, 아직도 象과 像은 혼용되어 사용되는 곳이 많다.

● 「천문기상잡점」.

...호남성 장사 마왕퇴 3호 묘 출토, 적어도 기원전 223년 초나라가 망하기 전에 제작된 것으로 보인
...다. 31*58.5센티미터. 현존하는 중국 최초의 천문서적으로 천문학사에서 중요한 의의를 지닌다. 구
...름, 기운, 별, 혜성 등에 관해 설명해 놓았으며, 특히 혜성에 관한 부분에서는 2천3백 여 년 전의
...혜성도와 이와 관련한 점괘를 기록해 두었다. 총 31종(적게는 29종으로 보기도 함)의 각종 혜성을
...크게 세 가지로 분류해 놓았는데 혜성의 핵(머리)과 핵을 싸고 있는 기체와 꼬리 등 세 부분의 특
...징에 근거해 분류했다. 이는 현대의 소련 천체학자인 오르로프(1880-1958)에 의해 구분된 N, C, E
...형 혜성과 거의 유사하여, 당시의 천체 관측 수준과 그 정확성에 놀라게 만든다.(王勝利, 「帛書
天文氣象占'中彗星圖占新考」)

110

태풍(颱風): 큰(颱) 바람(風)

颱 태풍 태
台 별 아기쁠 태
臺 돈대 대
擡 들 대
風 바람 풍
鳳 봉새 봉

颱風은 남중국해에서 부는 큰 바람을 뜻하는 영어 '타이푼(typhoon)'의 음역어로 알려져 있다. 하지만 'typhoon'이 중국어에서 건너간 음역어라는 사실은 잘 알지 못하고 있다.

'typhoon'은 16세기의 서양문헌에서 처음 보이지만 중국인들은 그전부터 이를 大風(대풍·큰 바람)이라 불렀으며, 大風의 광동식 발음이 서구로 들어가 'typhoon'으로 번역된 것이다.

이후 'typhoon'이 중국으로 역수입되면서 臺風으로 번역되었는데 이는 臺灣(대만)의 큰 바람이라는 뜻이었다. 이후 臺가 약자인 台로 바뀌어 台風이 되었는데 일본에서는 아직도 台風이라 쓴다. 台는 다시 의미의 구체화를 위해 風을 더해 颱가 되어 지금에 이르게 되었다.

颱는 의미부인 風과 소리부인 台로 이루어졌지만, 台가 쓰이게 된 연원을 보면 분명 의미부도 겸하고 있다. 臺는 소전체에서 高(높을 고)의 생략된 모습과 至(이를 지)가 결합되어, 사람들이 가서(至) 사방을 조망할 수 있는 높은(高) 건축물을 그렸다. 그래서 樓臺(누대)와 같이 臺는 조망을 할 수 있는 높고 평평한 건축물은 물론 그렇게 생긴 것까지 두루 지칭하게 되었다. 그래서 臺는 '높고 크다'는 뜻을 가진다. 예컨대 擡(들 대)는 손(手·수)으로 어떤 것을 높이(臺) 들어 올림을 뜻한다.

風은 의미부인 虫(벌레 충)과 소리부인 凡(돛·무릇 범, 帆의 원래 글자)으로 이루어졌는데, 갑골문에서 높은 볏과 화려한 날개와 긴 꼬리를 가진 아름다운 봉새를 그렸다. 그래서 風은 鳳과 같은 글자였으며, 그 당시는 아직 미분화된 상태로 있었다.

봉새를 그린 상형자에 이후 소리부인 凡이 더해져 하나는 鳳이 되었고, 봉새가 다시 虫으로 대체되어 만들어진 것이 風이다. 그래서 바람(風)은 봉새(鳳)와 절대적 관련을 가진다. 또 凡도 원래는 돛을 그렸고, 돛은 당시 실생활에서 바람을 필요로 했던 가장 대표적인 존재였음을 고려해 본다면 단순한 소리부로 보기는 어렵다.

봉새는 중국에서 바람을 관장하는 신의 상징으로 대단히 신비로운 새로 그려지고 있다. 『설문해자』에서의 봉새는 이미 '전반신과 후반신이 각각 기러기와 기린의 몸이며, 뱀의 목에 물고기의 꼬리를, 학의 이마에 원앙의 볼을, 용의 무늬에 호랑이 등을, 제비의 턱에 닭의 부리를 가졌으며, 오색을 다 갖춘 완벽한 새이자, 봉새가 나타나면 온 천하가 태평성대로 드는 것으로 묘사되었다.

●「四方風(사방풍) 卜辭(복사)」. 동서남북 사방의 바람 이름과 그것을 관장하는 신의
이름이 적혔다.

111

폭염(暴炎): 불꽃처럼(炎) 사나운(暴) 더위

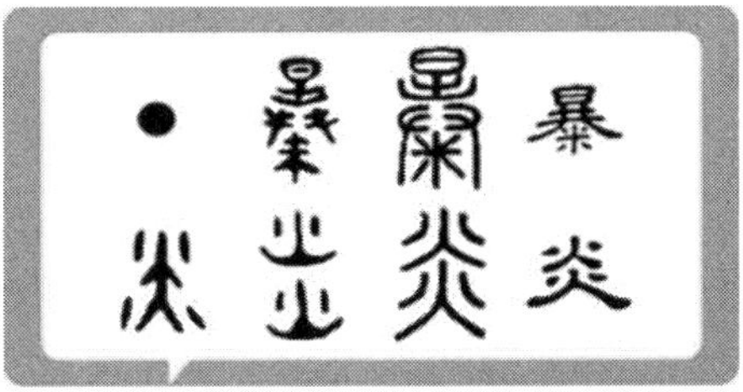

暴 말릴 폭/사나울 포
曝 쬘 포/폭
瀑 폭포 폭
炎 불탈 염
淡 묽을 담
談 말씀 담

暴은 소전체에서만 해도 대단히 구체적으로 그려졌다. 태양(日·일)이 나온(出·출) 모습에 두 손으로(廾·공) 쌀(米·미)을 말리는 형상인데, 예서체로 들면서 아랫부분의 米가 氺(물 수)로 잘못 변하고 나머지 자형들이 통합되어 지금처럼 되었다.

그래서 暴은 볕에 곡식을 말리다가 원래 뜻이다. 이로부터 暴露(폭로)에서와 같이 햇빛아래 모든 것을 '드러내다'는 뜻이, 다시 暴壓(폭압)에서처럼 강하게 내리쬐는 햇빛마냥 '강렬하다'는 뜻이 나왔다. 다만 暴惡(포악)에서처럼 '사납다'는 뜻으로 쓰일 때에는 '포'로 읽히는데 주의해야 한다.

이후 暴은 햇빛에 말리다는 의미를 더욱 강조하기 위해 日을 더한 曝이 만들어졌다. 그러자 곡식뿐만 아니라 다른 모든 말리는 행위를 지칭할 수 있게 되었다. 예컨대 옛날에는 曝曬日(포쇄일)이 있었는데, 장 속 깊숙이 간직해 놓았던 책을 가을 햇볕에 내다 놓고 바람을 쐬며 말리는 날이다.

한지로 만든 책인지라 장마철을 지나면서 좀이나 습기를 먹기도 쉽고 곰팡이도 쉽게 슬기 때문이었다. 하지만 이때가 되면 그간 비밀스레 숨겨 놓았던 '秘藏(비장)'들이 세상에 드러나는 날이라 책 구경이 큰 놀이거리가 되기도 했다. 더구나 대단한 장서가라면 평생 보기 힘든 책도 내놓는 경우가 있어 그러한 재미를 더해주곤 했다.

暴炎에는 瀑布浴(폭포욕)이 최고였던 탓일까? 暴에 水가 더해지면 瀑이 되는데, 뜨거운 햇빛이 쏟아지듯(暴) 물(水)이 쏟아지는 모습을 말한다. 그런가 하면 爆(터질 폭)은 불꽃(火·화)이 온 사방으로 퍼져 쏟아지는(暴) 것을 뜻한다.

炎은 갑골문에서부터 火가 두 개 겹쳐져 만들어진 글자이다. 한자에서 같은 글자가 겹쳐져 만들어진 경우는 대부분 강렬함이나 많음을 나타낸다. 예컨대 森은 나무(木·목)가 빽빽함을, 品은 그릇(口·구)이 많음을, 衆(무리 중·衆의 옛글자)은 사람(人·인)이 많음, 焱(불꽃 염)은 불이 활활 타는 모양을 나타낸다. 그래서 炎 또한 불이 타오르는 모습을 그렸다.

淡은 炎에 水(물 수)가 더해진 글자인데, 활활 타오르는 불(炎)에 불과 상극의 성질을 가지는 물(水)을 끼얹어 그 기세를 죽인다는 의미이다. 그래서 淡은 炎과 대칭되는 의미를 가진다. 또 言(말씀 언)이 더해진 談은 會談(회담)에서와 같이 어떤 주제에 대하여 '말(言)을 활발하게 하는(炎)' 모습을 고려하여 만든 글자로 보인다.

112

해양(海洋): 가까운 바다(海)와 먼 바다(洋)

海 바다 해
每 매양 매
誨 가르칠 회
敏 영리할 민
洋 바다 양
羊 양 양

삼면이 바다와 접한 한반도, 우리에게 바다는 남다른 중요한 존재일 수밖에 없다. 바다를 한자로 옮기면 海洋이 될 것인데, 海와 洋은 사실 다른 개념이었다. 결로부터 말하자면 海는 육지와 접해 있는 바다를, 洋은 그 바깥의 큰 바다를 말한다.

어원으로 보면, 海는 금문에서처럼 의미부인 水(물 수)와 소리부인 每로 구성되었다. 『설문해자』에 의하면 海는 자연히 형성된 못(天池·천지)을 말하며 온갖 물길을 다 받아들이는 존재라고 했다. 그래서 海는 '큰 호수'가 원래 뜻이지만, 이후 大海(대해)의 의미가 생겼고, 다시 人山人海(인산인해)나 雲海(운해)와 같이 '많음'을 뜻하게 되었다.

每는 그림에서처럼, 어미(母·모)에 비녀가 더해져 비녀를 꽂은 어머니의 모습이다. 每가 지금은 가차되어 每樣(매양·언제나)이라는 뜻으로만 쓰이지만 원래 뜻은 '어머니'였다. 예컨대 誨는 '어머니(每)의 말씀(言·언)'이라는 뜻이고, 敏은 '어머니(每)의 회초리(攴·복)'로 회초리로 자식을 가리키는 어머니의 모습을 그려, 每의 원래 의미를 보존하고 있다.

바다는 온갖 물길을 다 받아들이는 존재라고 한 『설문해자』의 말처럼 어머니와 같이 모든 것을 다 용납하고 포용하는 존재로 인식되어 왔다. 그래서 海는 '물(水)에서의 어머니(每)와 같은 존재'로 해석될 수 있으며, 그렇다면 海에서의 每 역시 의미부의 기능도 함께 하는 것으로 보인다.

洋은 갑골문에서부터 나타나지만 형체는 지금과 조금 달라 두 개의 羊으로 구성되었다. 갑골문에서는 지명으로만 쓰여 그것이 어떻게 해서 '바다'의 뜻을 갖게 되었는지 정확한 과정을 알 수는 없다. 다만 『爾雅(이아)』에서 '많다(多)'고 뜻풀이 한 것으로 보아 漢(한)나라 때에는 이미 '큰 물'의 의미로 사용되었음을 알 수 있다.

이후 洋에는 거침없이 세차게 흘러 나가는 물길의 모습을 묘사한 '洋洋'에서처럼 '성대하다'나 '넓다'는 뜻이 나왔고, 다시 광활하게 펼쳐진 水面(수면)을 의미하게 되었다. 그 후 洋人(양인)에서처럼 '외국'을 뜻하기도 했으며, 서양 문물을 받아들이면서 현대화를 시작한 중국의 역사적 경험으로부터 洋은 다시 '현대화된'이라는 의미도 갖게 되었다.

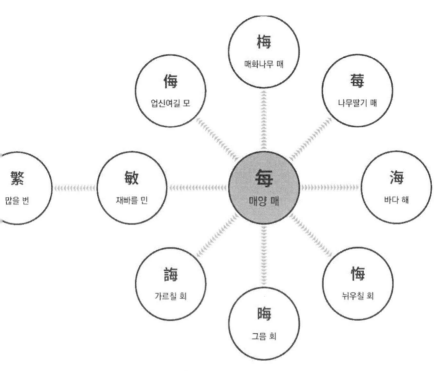

[표-48] '每'로 구성된 글자들

11
세시풍속
歲時風俗

제11장
세시풍속

113. 신년(新年): 새로운(新) 해(年)

114. 과세(過歲): 한 해(歲)를 보냄(過)

115. 입춘(立春): 봄(春)의 시작(立)

116. 경칩(驚蟄): 숨어(蟄) 겨울잠을 자던 벌레들이 놀라(驚) 깨어남

117. 한식(寒食): 차가운(寒) 음식(食)을 먹는 날

118. 단오(端午): 오월 첫 번째(端) 오일(午)에 해당하는 명절

119. 중추(仲秋): 가을(秋)의 한가운데(仲) 드는 명절

120. 백로(白露): 하얀(白) 이슬(露)이 내리는 때

121. 소한(小寒): 작은(小) 추위(寒)가 드는 때

122. 시작(始作): 처음(初)으로 만듦(作)

113

신년(新年): 새로운(新) 해(年)

謹 삼갈 근
賀 하례 하
新 새 신
析 쪼갤 석
薪 땔감 신
年 해 년

연말이 되면 거리에 한 해를 보내고 새해를 맞는 화려한 꽃등 구조물이 만들어지고, 단골로 내걸리는 구호가 謹賀新年이다. 삼가(謹) 새로운 해(新年)맞이를 축하드린다(賀)라는 뜻이다.

謹은 言(말씀 언)이 의미부이고 堇(진흙 근)이 소리부이자 의미부로, 사람의 말(言)은 언제나 愼重(신중)하고 삼가야 한다는 뜻을 그렸다. 堇은 갑골문에서 두 팔을 묶은 사람을 불에 태워 祈雨祭(기우제)를 지내는 모습인데 고통스럽고 두려운 모습을 형상화하고자 크게 벌린 입을 그려 놓았다. 그래서 사람을 제물로 바쳐 지내는 제사를 그린 堇에는 더욱 정성스럽고 신중해야 한다는 뜻이 들게 되었다.

賀는 의미부인 貝(조개 패)와 소리부이자 의미부인 加(더할 가)가 합쳐진 구조이다. 貝는 원래 조개를 그렸고, 조개는 옛날 화폐로 쓰였기에 財物(재물)을 뜻한다. 따라서 貝가 들어가면 모두 財産(재산)과 관련된 의미를 가진다. 加는 힘(力·력)이 들어간 말(口·구)은 '誇張(과장)'이기 마련이고, 이로부터 없던 것이 '더해지다'는 뜻이 생겼다.

예로부터 祝賀(축하)를 할 때는 膳物(선물)을 수반해야 했다. 북미 인디언들의 포틀래치(potlatch)라는 축제 형식처럼, 중국인들도 재물을 많이 가진 자는 그렇지 못한 자보다 언제나 더 큰 선물을 나누어 주어야 한다는 관습이 있었다. 따라서 謹賀新年에서의 賀는 단지 새 해를 축하한다는 의미 외에도, 부모님이나 친척에게 선물을 드리고 자신보다 덜 가진 자나 사회적 弱者(약자)들에게 자기가 가진 것(貝)을 나누어(加) 주라는 의미를 함께 담은 글자다.

新은 斤이 의미부이고 辛(매울 신)이 소리부이다. 斤은 갑골문에서 도끼(斤·근)로 나무(木·목)를 쪼개는 모습을 그렸고, 이로부터 分析(분 석)하다는 뜻이 생겼다. 따라서 新은 땔감이 원래 뜻이다. 하지만 이후 '새롭다'는 뜻이 생기자 땔감을 나타낼 때에는 薪으로 분화했다. 新이 새롭다는 뜻을 가진 것은 假借(가차)에 의한 것이라는 설이 많다. 그러나 辛이 원래 문신 새기는 칼을 형상했고, 도끼(斤)로 쪼갠 나무(木)를 칼(辛)로 加工(가공)하면 그 어떤 재료보다 다양하고 '새로운' 모습으로 태어나 유용하게 쓰이는 존재가 됨을 고려해 본다면 꼭 가차로만 보기는 힘들다.

年은 사람(人·인)이 벼(禾·화)를 수확하는 모습이고, 수확으로부터 수확까지의 주기로써 한 해를 그렸다.

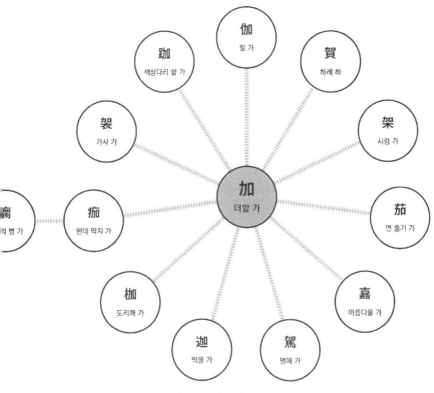

[표-49] '加'로 구성된 글자들

114

과세(過歲) : 한 해(歲)를 보냄(過)

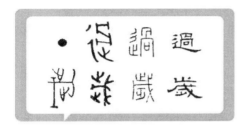

年 해 년
歲 해 세
劌 벨 귀
祀 제사 사
示 보일 시
巳 여섯째지지 사

중국에서도 최고의 명절은 우리처럼 음력설이다. 한 해에 무려 20억 명에 가까운 연인원이 설을 쇠기 위해 이동한다고 한다. 관공서는 물론 대부분의 상가도 정월 대보름까지 문을 닫고 대학의 방학도 이때쯤 시작된다.

중국에서는 '설 쇠다'를 過年이라 표현하지만 우리는 過歲라는 말을 보편적으로 쓰고 있다. 그렇다면 年과 歲는 다른 뜻일까? 이 둘이 만나 年歲라는 말도 생겼지만, 年이 시간적인 경과를 주로 나타낸다면 歲는 나이를 세는 단위로 많이 쓰인다.

年은 갑골문에서 사람(人)이 볏단(禾)을 지고 가는 모습이었는데 지금처럼 변했다. 곡식의 수확이 원래 뜻이며, 수확에서 수확까지의 주기로부터 한 해라는 뜻이 생겼다.

歲도 마찬가지다. 갑골문에서처럼 날이 둥근 낫칼(戉)과 두 발(步)로 구성되어 수확하는 행위를 구체적으로 그렸다. 그래서 歲도 수확이 원래 뜻이다. 이후 歲가 해의 단위를 나타내게 되자 원래 뜻을 나타낼 때에는 刀(칼 도)를 더하여 劌로 분화하였다.

수확에서 수확까지의 주기를 두고 年과 歲라고 한 데는 일찍부터 정착농경 단계에 진입했던 중국의 생태배경이 반영되어 있다. 에스키모 인들은 연어가 돌아오는 주기를, 몽골 인들은 풀이 새로 돋아나는 주기로써 해의 단위를 표현한다고 한다.

『爾雅(이아)』에 의하면 고대 중국에서는 한 해를 나타낼 때 왕조마다 다른 한자를 썼으니, "夏(하)나라는 歲를, 商(상)나라는 祀를, 周(주)나라는 年을 사용했다".

祀는 제단을 그린 示와 뱃속의 태아를 그린 巳로 구성되었다. 따라서 祀는 자손(巳)이 제단(示) 앞에서 조상에게 제사를 지내는 모습이다. 그렇다면 祀는 제사가 돌아오는 주기로써 해를 헤아렸던 것이 된다. 이는 그 어느 왕조보다 조상에 대한 제사를 중시했던 商나라의 사회상을 반영하고 있다.

우리말의 '해'나 영어의 year는 태양과 관련되어 있다. 중국 서남부 納西族(납서족)의 상형문자에서는 12띠의 첫째인 쥐를 그려 한 해를 표현했고, 이스라엘 어의 tĕšubå는 그냥 '돌아옴'이라는 뜻이다. 이들은 이처럼 抽象的(추상적) 개념으로 해라는 시간 개념을 표현했지만, 고대 중국인들은 수확과 제사의 주기 등 그들의 생활에서 지극히 중요했던 인간행위와 관련지어 具象的(구상적)으로 그려내었다.

● 「歲畫(세화)」. '年年有魚(=餘)'. "해마다 풍요로우소서!" 섬서 지방의 전통 전지 공예.

115

입춘(立春): 봄(春)의 시작(立)

立 설 립
竝 나란할 병
站 우두커니 설 참
春 봄 춘
屯 진칠 둔
艸 풀 초

立春은 冬至(동지) 이후 대지의 음기가 양기로 돌아서면서 모든 사물이 왕성히 생동하기 시작하는 봄의 시작이자 24節氣(절기)의 처음이다.

옛날 같으면 대문마다 立春大吉(입춘대길·입춘이 되니 크게 길할 것이요) 建陽多慶(건양다경·따스한 기운이 도니 경사가 많으리라)과 같은 立春帖(첩)을 커다랗게 써 붙여 놓을 것이지만 이제는 그런 모습도 보기 힘들어졌다.

立은 갑골문에서 사람이 팔을 벌린 채(大·대) 땅(一)위에 서 있는 모습을 그렸다. 두 사람이 나란히 서면 竝이 된다. 立에 占(점칠 점)이 더해진 站은 오래 서 있다는 뜻이다. 하지만 元(원)나라에 들어 '베이징짠(北京站·북경역)'과 같이 站이 역(驛)을 뜻하게 되었는데, 이는 몽골어의 잠(jam)을 音譯(음역)한 말이다. 음역어조차 자기들의 고유 글자로 교묘하게 위장시킨 중국인들의 지혜가 놀랍다.

春은 갑골문 당시만 해도 대단히 형상적이었다. 풀(艸) 사이로 태양(日·일)이 그려져 있고 소리부 겸 의미부인 屯이 들어 있다. 屯은 싹

(屮·철)이 땅(一)을 비집고 올라오는 모습을 그렸다. 따라서 春은 겨우내 깊이 잠들었던 만물이 싹을 틔워 봄 햇살 아래 땅을 비집고 올라오는 모습을 그렸다.

따라서 立春은 겨우내 움츠린 기운을 털고 일어나 팔을 벌리고 대지 위에 서서 따스한 햇살을 받으며 땅을 비집고 올라오는 새싹의 모습을 감상할 때라는 의미가 스며있다. 우리말의 봄도 '보다'의 명사형이니, 바로 이러한 자연의 경이로움을 보는 계절이라는 의미일 것이다.

이처럼 春은 새 생명의 상징이다. 그래서 青春(청춘)이라는 말도 생겼다. 나아가 春은 春畵(춘화)처럼 남녀 간의 애정을 뜻하기도 하고 술을 의미하기도 한다. 唐(당)나라 때에는 金陵春(금릉춘), 竹葉春(죽엽춘), 梨花春(이화춘) 등 春이 들어간 술 이름이 많이 등장했다. 지금도 중국 최고 명주의 하나인 劍南春(검남춘)은 險道(험도)로 유명한 사천성 '劍南의 술'이라는 뜻이다. 春이 술을 뜻하게 된 것은 술을 빚으면 황록색을 띠게 되는데 이 색이 봄의 색인데서 유래했다고 전해지지만, 적당한 술은 사람의 기운을 새싹처럼 돋아나게 하기 때문도 아닐까 한다.

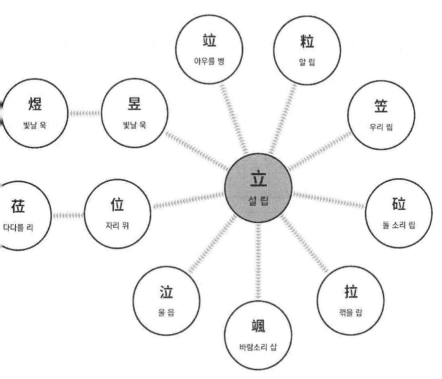

[표-50] '立'으로 구성된 글자들

116

경칩(驚蟄): 숨어(蟄) 겨울잠을 자던 벌레들이 놀라(驚) 깨어남

驚 놀랄 경
馬 말 마
敬 공경할 경
蟄 숨을 칩
虫 벌레 충
執 잡을 집

驚蟄이 되면 겨울잠 자던 개구리가 나오고, 겨울 석 달 땅 속에서 웅크리고 있던 벌레도 꿈틀거린다고 한다. 사실 驚蟄은 글자 그대로 땅 속에 들어가 칩거하던(蟄) 벌레들이 놀라(驚) 깨어나기 시작한다는 뜻을 가졌다.

驚은 의미부인 馬와 소리부인 敬이 합쳐져, 말(馬)이 놀라는 것을 말했으나 이후 '놀라다'는 일반적인 의미로 확장되었다.

馬는 갑골문에서부터 기다란 머리통과 날리는 듯 보이는 갈기, 축 처진 꼬리 등이 선명하게 그려져 말의 특징을 잘 묘사했으며, 지금의 자형에서도 그 흔적을 일부 찾아볼 수 있다.

敬은 갑골문에서 苟(진실로 구)로 썼으나 금문에 들면서 손에 몽둥이를 든 모습인 攴(칠 복)을 더하여 苟로부터 분화되었다. 苟는 머리에 羊이 그려진 꿇어앉은 사람을 그렸다. 羊은 양을 토템으로 삼던 고대 중국의 서북쪽의 羌族(강족)을 뜻하고, 꿇어앉은 사람은 포로가 되었다는 것을 상징한다. 羌族은 갑골문 시대 때 商族(상족)과 가장 치열하게 싸웠던 민족이었다.

전쟁에서 져 포로로 붙잡혀 꿇어앉은 羌族에게 商族들은 '진실되고' '공경하는' 마음으로 복종하길 요구했을 것이다. 그것이 잘 지켜지지 않았던지 攵을 더하여 매를 들어 강제로 굴복시키는 모습을 강조했다. 이후 敬은 자신의 마음속에 들어 있는 여러 욕망들을 억제하여 언제나 敬虔(경건)한 자세를 가지도록 만드는 정신을 말하는 철학적인 용어로 변했다.

蟄은 의미부인 虫과 소리부인 執으로 구성되어, '숨다'가 원래 뜻이다. 벌레(虫)들이 冬眠(동면)에 들어가 틀어박혀 나오지 않는 것을 말한다. 그래서 蟄居(칩거)라는 말이 생겼다.

하지만 소리부로 쓰인 執은 갑골문에서 꿇어앉은 사람의 두 손에 수갑이 채워진 모습으로, '체포된' 모습을 그렸다. 붙잡혀 두 손에 수갑이 채워졌으니 꼼짝달싹 할 수도 없을 것이다. 그래서 執에는 '움직이지 않고 자리를 지킨다'는 뜻이 들어 있으며, 執行(집행)이나 固執(고집) 등의 뜻이 생겼다. 그렇게 본다면 執은 의미부로서의 기능도 함께 한다고 보아야 할 것이다.

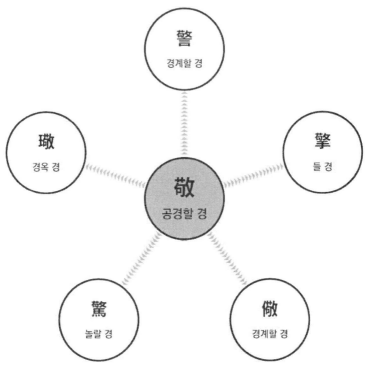

[표-51] '敬'으로 구성된 글자들

117

한식(寒食): 차가운(寒) 음식(食)을 먹는 날

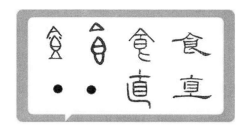

植 심을 식
直 곧을 직
寒 찰 한
食 밥 식
卽 곧 즉
旣 이미 기

오늘은 植木日과 寒食이 겹치는 날이다. 寒食은 춘추시대 晉(진)나라 의 충신 介子推(개자추)가 불에 타 죽은 것을 애도하기 위해 불을 피워 요리를 하지 않고 식은 음식을 먹은 데서 유래했다. 전통적으 로 사람들은 寒食을 전후해서 나무를 심었지만 지금은 지구의 온난 화로 植木日을 寒食보다 앞당겨야 할 것 같다.

植은 木과 直으로 이루어졌는데, 直은 소리부와 의미부를 겸하고 있 다. 나무(木)를 심을 때에는 곧바르게(直) 심어야 하기 때문이다.

直은 갑골문에서 눈(目)과 세로선(丨)으로 이루어졌는데, 여기서의 세 로선은 눈으로 전방의 물체를 본다는 의미를 가진다. 금문 단계에서 는 보는 대상을 더욱 구체화하고자 세로선에 점이 더해졌고 다시 가로획으로 변했다. 게다가 사방으로 난 길을 그린 行(갈 행)의 줄임 형태인 彳(자축거릴 척)이 더해졌고 형태가 조금 변해 지금처럼 되 었다. 그래서 直은 '사방으로 난 길(彳)에서 눈(目)을 들어 똑바로(丨) 본다는 뜻에서 '곧다'는 의미가 생겼다.

寒은 금문에서 집(宀) 안에 사람(人)이 있고 집안 곳곳을 짚단으로 둘러놓았으나 얼음(冫)이 언 모습을 그려, '추위'를 나타냈다고 한 적이 있다.

食은 갑골문에서 아랫부분은 음식을 담은 그릇을 윗부분은 뚜껑을 그렸고, 뿜어져 나오는 김이 생동적으로 묘사되었다.

食에서 뚜껑이 없으면 皀(견고할 간)이 되어, 食器(식기)라는 의미를 가진다. 이러한 食器와 사람이 앉아 있는 모습(卩·절)을 그린 것이 卽이다. 卽은 밥상 앞에서 사람이 앉아 식사를 '막' 하려는 모습이다. 卽에서 머리를 뒤로 홱 돌려놓은 모습이 旣이다. 머리를 돌려놓은 것으로 식사가 '이미' 끝났음을 표현했다.

食器를 가운데 두고 두 사람이 서로 마주 앉으면 鄕(시골 향)과 卿(벼슬 경)이 된다. 鄕은 원래 '식사를 대접하다'는 뜻이었으나, '시골'이라는 의미로 가차된 이후 다시 食을 더해 饗(대접할 향)으로 분화했다. 卿은 주인과 손님이 마주앉아 함께 식사하는 모습에서 '손님'이라는 뜻이 나왔고, 다시 '벼슬아치'라는 뜻으로 확장되었으며, 남에 대한 존칭으로도 사용되었다.

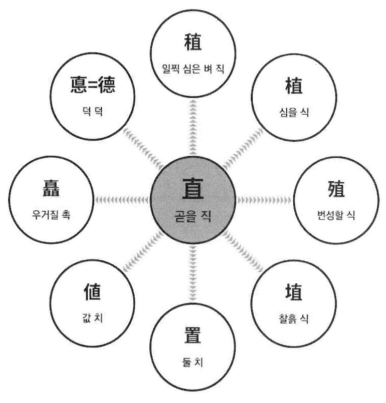

[표-52] '直'으로 구성된 글자들

118

단오(端午): 오월 첫 번째(端) 오일(午)에 해당하는 명절

端 바를 단
立 설 립
耑 시초 단
午 일곱째지지 오
杵 공이 저
木 나무 목

호북(湖北)성의 성도인 武漢(무한)에 가면 屈原(굴원)의 기념관이 있다. 전국시대 초나라를 살았던 굴원은 忠諫(충간)을 아끼지 않았던 충신이었다. 하지만 忠諫을 받아들이고 실천한다는 것은 예나 지금이나 어려운 일인지라, 시기와 질투에 모함까지 당한 굴원은 양쯔강의 지류인 汨羅(멱라)수에 몸을 던지고 만다. 후세 사람들은 그의 충정을 기리고 그 영혼을 달래기 위해 이날이면 물로 나가 머리를 감고 음식을 던져주고 뱃놀이를 했다는데, 이것이 端午의 유래이다.

端은 立과 耑으로 구성되었는데 耑은 소리부도 겸한다. 立은 땅 바닥(一)에 두 팔과 다리를 벌리고 정면으로 선(大·대) 모습이며, 이로부터 서다, 곧바르다 등의 뜻이 나왔다.

耑은 갑골문에서 윗부분은 식물의 싹을 아랫부분은 뿌리를 그렸는데 흙가루를 상징한 여러 점까지 더해 흙 속 깊이 뿌리를 내렸음을 표현했다. 그리하여 端은 식물이 처음 자라나는 모습을 그렸고 이로부터 모든 사물의 始初(시초)나 端緒(단서)라는 뜻이 생겼다.

이후 소전체에 들면서 지금처럼 立이 더해졌는데, 그것은 식물이 처음 지면을 뚫고 자라날 때 곧추세운 모습을 하기 때문이다. 이로부터 端은 端正(단정)과 같이 '곧추 선 사람(立)의 곧바른(耑)' 행동거지를 뜻하게 되었다. 秦(진)나라 때의 이체자에서는 立 대신 木이 들어가기도 했는데, 그것은 나무(木) 그 자체가 곧게 자람의 상징이자 耑이 싹을 틔워 자라나는 식물의 모습임을 강조하기 위해서였다.

午는 갑골문에서 절굿공이의 모습을 그렸다. 午는 이후 간지자로 가차되었고, 그러자 원래의 절굿공이를 뜻할 때에는 다시 木을 더하여 杵로 분화했다.

지금은 음력 5월 5일을 端午라 하지만 당나라 때만 해도 달에 상관없이 초닷새를 '端午'라 불렀다. 예컨대 당나라 玄宗(현종)의 생일을 '仲秋月(중추월·8월) 端午'라고 한 것이 그 증명이다. 그것은 端이 처음을 뜻하고 午는 五(다섯 오)와 발음이 같아 端午가 '초닷새'를 뜻했기 때문이다. 이후 五가 중복되는 날이라고 重五(중오)라 했다가, 五와 발음이 같은 午를 사용해 重午라 불렀는데 이날이 端午가 되었다.

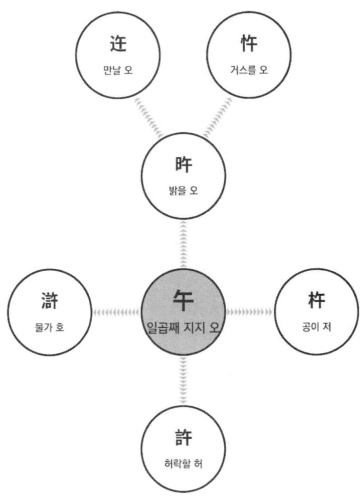

迕 만날 오

忤 거스를 오

旿 밝을 오

滸 물가 호

午 일곱째 지지 오

杵 공이 저

許 허락할 허

[표-53] '午'로 구성된 글자들

● 굴원 상

119

중추(仲秋): 가을(秋)의 한가운데(仲) 드는 명절

仲 버금 중
中 가운데 중
忠 충성 충
秋 가을 추
禾 벼 화
火 불 화

'더도 말고 덜도 말고 한가위만 같아라'라는 말은 한가위가 주는 넉넉함과 풍요로움을 잘 반영하고 있다. 한가위를 중국어로는 '쭝치우 (仲秋, zhòngqiū)'라 하는데, 가을(秋)의 한가운데(仲)에 놓인 때의 명절이라는 뜻이다.

仲은 人(사람 인)과 中으로 구성되어 항렬에서 가운데(中)에 해당하는 사람(人)을 말하며, 이후 가운데라는 일반적인 의미로도 확장되었다. 그래서 中은 소리부도 겸한다.

中은 갑골문에서 동그라미(○)에 세로획(│)이 더해졌는데, 금문에서는 세로획의 아래위로 같은 방향으로 나부끼는 깃발이나 장식용 술이 더해져 이것이 깃대를 그렸음을 보여주고 있다. 그렇다면 중간의 동그라미는 깃대를 꽂아놓은 어떤 영역을 상징하는 부호일 것이다.

옛날 부족이나 씨족 집단에서 중대사가 있을 경우, 그들을 상징한 부호를 그린 깃발을 부착한 깃대를 세우고 이를 중심으로 사람들이 모이게 했다. 모여 든 군중 사이로 깃대가 꽂힌 곳이 그들의 中央(중앙)이자 中心(중심)이었다. 그래서 中에 中心이라는 뜻이, 물체의 중심은 내부이자 안쪽이므로 속'이라는 뜻이, 다시 中間(중간)이나 中途(중도), 的中(적중) 등의 뜻도 생겼다.

특히 的中이 화살이 과녁의 중심을 꿰뚫은 것을 뜻하듯, 中은 어떤 쪽으로도 쏠리지 않은 한가운데를 뜻하기에 이에는 치우침 없이 마침맞다는 의미를 가진다. 그래서 忠은 한쪽으로 치우치지 않는(中) 곧은 마음(心)을 말하며, '지나치거나 모자람이 없고 어느 한편으로 치우치지 않고 떳떳하여 변함이 없는 것'을 中庸(중용)이라 한다.

秋는 禾(벼 화)와 火(불 화)로 구성된 지금의 모습과는 달리 갑골문에서는 불(火)과 메뚜기가 함께 그려졌다. 이후 禾(벼 화)가 더해지고 메뚜기를 그린 형체가 탈락하여 지금의 秋가 되었다. 가을은 온갖 곡식이 익어가는 수확의 계절이다. 하지만 당시 수확의 가장 큰 적이 메뚜기 떼였던지, 메뚜기를 불태우는 모습으로 '가을'의 의미를 그렸다.

농경사회를 살았던 고대 중국에서 농작물을 收穫(수확)하는 가을은 일 년 중 가장 중요한 시기로 여겨졌을 것이다. 그래서 秋는 단순히 가을이라는 계절의 의미를 넘어서 한 해 전체를 상징하기도 했다. 예컨대 千秋(천추·천 년)와 一日如三秋(일일여삼추·하루가 삼 년 같이 길게 느껴짐)에서의 용법이 그러하다. 또 春秋(춘추)는 봄과 가을이라는 의미로부터 세월이나 나이라는 의미까지 뜻하게 되었다.

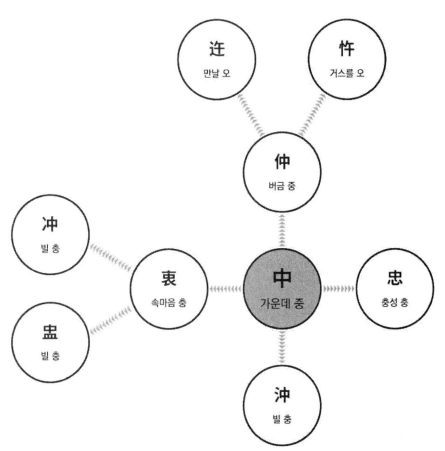

[표-54] '中'으로 구성된 글자들

120

백로(白露): 하얀(白) 이슬(露)이 내리는 때

白 흰 백
伯 맏 백
露 이슬 로
雨 비 우
路 길 로
各 각각 각

들녘의 농작물에 흰(白) 이슬(露)이 맺히며 완연한 가을로 접어든다는 白露, 백로는 더위를 처분한다는 處暑(처서)와 가을을 전후 둘로 나눈다는 秋分(추분)의 가운데 위치한 한 해 중에서 기후가 가장 좋은 때이다.

白은 갑골문에서부터 나타나지만 그 당시 이미 희다는 추상적 의미로 쓰이고 있기 때문에 이의 어원에 대해서는 의견이 분분하다. 白이 껍질을 벗긴 쌀을 그렸다거나 태양(日·일)이 뜰 때 비추는 햇빛을 그렸다는 등 여러 설이 있으나, 엄지손가락을 그렸다는 곽말약의 설이 가장 통용되고 있다.

그의 해설에 의하면, 엄지손가락은 손가락 중에서 가장 크고 첫째 손가락이기 때문에 엄지손가락을 그린 白은 '첫째'나 '맏이'가 원래 뜻이고, '희다'는 의미는 가차된 것이라고 해석한다. 그것은 伯이 사람(人·인)의 항렬에서 첫째(白)를 말하는 글자임에서도 그 증거를 찾을 수 있다고 했다.

露는 雨가 의미부이고 路가 소리부로, 하늘에서 내리는 이슬을 말한다. 雨는 하늘에서 비가 내리는 모습을 그린 상형자이고, 路는 금문에서 다시 足(발 족)과 各으로 구성되었다. 足은 정강이부터 발까지의 아래쪽 다리를 전체적으로 그린 글자였으나 이후 의미의 축소를 겪어 발을 뜻하게 된 글자이다.

各은 집의 입구(口·구)로 들어오는 발(夂·치)의 모습을 그려, 집으로 오다는 의미를 형상화한 것으로 보인다. 왜냐하면 夂는 발을 그린 止(발·그칠 지)와 대칭해서 만들어진 글자로, 止가 위쪽으로 올라가다나 앞쪽으로 가는 것을 나타내는 것에 반해 夂는 아래로 내려가는 것이나 앞쪽으로 오는 것을 그려낸 글자이기 때문이다.

그래서 各은 이후 자신의 집단과 구별되는, 즉 바깥에서 들어오는 따로 분리된 이질적 집단을 지칭함으로써 '각자'나 '각각'과 같은 뜻이 생겼다. 그러자 원래의 오다는 뜻을 나타내기 위해서는 彳(천천히 걸을 척)을 더하여 彳各(이를 객)으로 분화했다.

이처럼 各은 가다와 대칭적인 의미의 오다는 뜻을 가진다. 그래서 客(손 객)은 집(宀·면)으로 찾아오는(各) 사람을 형상화한 글자로, 손님이 원래 뜻이다. 손님은 주인과 대칭되는 개념이다. 주인의 관점을 主觀(주관)이라고 한다면 손님의 관점은 客觀이 된다. 客觀이 중시되는 것은 자신보다는 제삼자의 입장이 공평하고 균형감을 갖기 때문이다. 언제나 남의 말을 경청하고 상대의 입장으로 바꾸어 보는 것이 필요한 것도 이 때문이다.

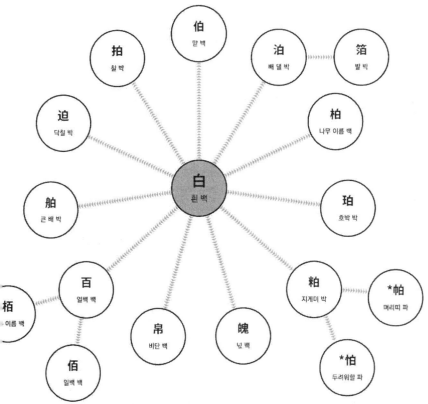

[표-55] '白'으로 구성된 글자들

121

소한(小寒): 작은(小) 추위(寒)가 드는 때

寒 찰 한
冷 찰 랭
冰 얼음 빙

小寒(소한)은 진정한 겨울 추위가 시작되는 節氣(절기)이다. 문명이 발달하기 전 겨울은 일 년 중 가장 견디기 힘든 계절이었음에도 불구, 寒은 甲骨文(갑골문)에 나타나지 않는다.

하지만 金文(금문)에서 寒자는 그림처럼 대단히 사실적으로 묘사되었다. 즉 집(宀) 안에 사람(人)이 있고 사람의 발아래에 얼음(冫)을 그려 놓았다. 좌우 양쪽으로 놓인 풀(茻)은 짚단이거나 깔개로 보이며, 추위를 막고자 '집 안 곳곳을 짚단으로 둘러쳐 놓은 모습이다'. 그래도 추위 얼음까지 얼었나 보다. 이후 형체 변화가 심해졌지만 지금의 寒자에도 집(宀)과 얼음(冫)은 그대로 남아 있다.

지금은 가엾고 딱하다는 뜻으로 변해버린 寒心(한심)이라는 단어도, 원래는 추위와 한기가 심장에까지 스며들어 지극히 공포스럽고 전율을 일으키는 마음의 상태를 일컬었다. 중국어에서는 아직도 공포와 전율을 뜻하지만, 우리말에서는 다소 변했다. 겨울 추위를 막아줄 울타리 하나 없는, 설사 차디찬 朔風(삭풍)을 막아줄 울이 있다 해도 그림에서처럼 방구석까지 꽁꽁 얼어붙은 불쌍하고 딱한 상황을 일컫는 말이 되었다. 물론 시간이 지나면서 보다 무능력한 의미가 더해졌지만.

寒과 자주 어울려 쓰이는 글자가 冷이다. 冷은 冫(얼음 빙)이 의미부이고 令(우두머리 령)이 소리부이다. 冫은 원래 얼음덩이를 그린 상형자였으나 이후 물(水)이 더해져 冰이 되었고, 다시 줄어 氷(빙)이 되었다. 水가 더해진 것은, 얼음이 물로부터 만들어 지기 때문이다. "氷, 水爲之而寒於水(얼음은 물로부터 만들어지지만 물보다 더 차갑다)"는 荀子(순자)의 명언은 바로 "青出於藍(청출어람), 青於藍(청어람)"과 어우러지는 말이다. 이 어찌 물과 얼음의 미학을 형상적으로 그려낸 글자가 아니던가?

'차디찬 얼음물을 들이 마시듯' 언제나 깨어 살아 있어야 한다는 뜻에서 자신의 당호를 飮氷室(음빙실)이라 했던 근대 중국의 梁啓超(양계초)의 모습에서 자신을 독려하고 자신의 게으름을 경계하던 한 대학자의 처절한 몸부림을 엿볼 수 있다.

小寒은 추위의 시작이다. 추위도 조심해야겠지만 매서운 겨울바람 맞듯 자신의 마음을 언제나 경계하여 자신의 삶을 寒心하게 만들지 않아야겠다.

122

시작(始作): 처음(初)으로 만듦(作)

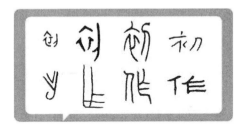

始 처음 시
初 처음 초
首 머리 수
元 으뜸 원
完 완전할 완

한자에서 '처음'을 뜻하는 글자는 많다. 그중에서도 대표적인 것이 始이다. 始는 女(계집 여)가 의미부이고 台(기뻐할 이/별 태)가 소리부이다. 女가 의미부인 것은 만물의 시작이 여성 혹은 암컷에서 시작되기 때문이다. 이는 창조주가 나타나서 남자인 아담부터 존재케 한 기독교적 사상과는 궤를 달리한다. 만물의 기원을 대지이자, 어머니인, 여성으로 규정한 것이다. 소리부인 台가 의미에도 관여한다고 보면, "어머니(女)가 아이를 가져서 기뻐한다(台)"는 생명의 탄생과 모성의 시작이 동양의 사상의 연원이요, 시작인 셈이다.

물론 初, 首, 元 등도 시작을 뜻하는 한자이다. 初는 갑골문에서처럼 여민 옷을 그린 衣(의)와 칼을 그린 刀(도)가 합쳐진 "칼로 옷감을 마름질 하는" 모습이다. 옷을 만들려면 마름질부터 해야 하기 때문에 처음이라는 뜻이 생겼다.

首는 머리칼이 난 머리를 그렸다. 元은 금문에서처럼 사람의 측면모습(儿)에다 머리를 키워 놓은 모습이다. 이후 머리를 그린 둥근 점이 가로획으로 변해 지금처럼 되었다. 이들은 모두 처음에는 머리(頭)라는 뜻이었으나, 사람의 몸에서 머리가 가장 위에 위치해 있고 제일 중요한 부분이기에 처음이나 으뜸이라는 뜻을 갖게 되었다.

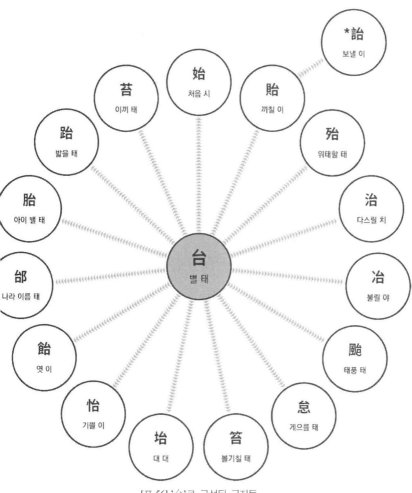

[표-56] '台'로 구성된 글자들

元에 宀(집 면)이 더해지면 完에 된다. 完은 宗廟(종묘)에서 사람(元)이 의관을 갖추어 제례를 드리는 모습을 그린 것이라는 설이 유력하다. 물론 元은 발음을 나타내는 기능도 함께 하고 있다. 끝을 뜻하는 完자에 시작을 뜻하는 元이 들어 있다는 것은 매우 역설적이다. 끝은 또 다른 시작이요, 끝을 언제나 시작과 연계시켰던 중국인들의 순환론적 사유구조를 볼 수 있다. "건축물이 완공됨"을 뜻하는 落成 (낙성)에서처럼 落(떨어질 락)자에 시작이라는 의미가 들어 있는 것도 같은 사유에서 나왔다.

한 해가 마무리되어 갈 때 우리는 언제나 한해가 시작될 때의 각오와 다짐과 설계들을 생각해 "처음처럼" 살았는지를 되돌아보게 된다. 뿐만 아니라 성공을 했을 때에도 처음 어렵게 시작했을 때의 근면함과 겸손함을 갖고 있는지도 생겨 보아야 한다.

12

오락

娛樂

123. 가요(歌謠): 일하며 부르는 노래(歌=謠)

124. 몽조(夢兆): 꿈(夢)에서 나타나는 조짐(兆)

125. 목욕(沐浴): 머리를 감고(沐) 몸을 씻음(浴)

126. 운동(運動): 몸을 돌리거나(運) 움직임(動)

127. 아테네(雅典): 우아하고(雅) 고전적인(典) 올림픽의 발상지

128. 여유(旅遊): 깃발 따라(旅) 물길 따라(游)

129. 온천(溫泉): 따뜻한(溫) 샘물(泉)

130. 인광(燐光): 도깨비((燐) 불(光)

131. 지체(遲滯): 늦거나(遲) 막힘(滯)

132. 집산(集散): 모이고(集) 흩어짐(散)

133. 철도(鐵道): 쇠(鐵)를 깔아 만든 길(道)

134. 체육(體育): 몸(體)을 튼튼하게 키우는(育) 운동

135. 축구(蹴球): 공(球)을 발로 차며(蹴) 하는 운동

136. 탄신(誕辰): 태어난(誕) 날(辰)

137. 피서(避暑): 더위(暑)를 피함(避)

138. 항공(航空): 하늘(空)을 날아다니는 배(航)

123

가요(歌謠): 일하며 부르는 노래(歌=謠)

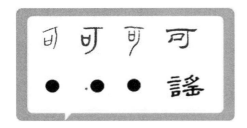

歌 노래 가
哥 노래 가
欠 하품 흠
謠 노래 요
䚻 노래할 요
缶 질그릇 부

歌는 의미부인 欠과 소리부 겸 의미부인 哥로 구성되었는데, 哥는 다시 두 개의 可로 구성되었다.

可는 갑골문에서 괭이와 입(口·구)을 그렸다. 괭이는 농기구를 상징하여 농사일을 의미하고 口는 노래를 뜻한다. 그래서 可는 농사일을 할 때 불렀던 勞動歌(노동가)를 상징한다. 노래를 부르면서 일을 하면 고된 일도 쉽게 느껴지고 힘든 일도 쉽게 이루어졌던지 可에는 '적합하다'나 '可能(가능)하다' 등의 뜻이 생겼고, 이후 肯定(긍정)을 나타내는 가장 대표적인 단어로 사용되었다.

농사일을 하면서 부르는 노래를 뜻하는 可가 두 개 합쳐졌다는 것은 『설문해자』에서의 해석처럼 '노래(可)가 계속해서 이어짐'을 뜻했다. 그래서 哥는'계속해 노래 부르다'가 원래 뜻이다. 하지만 위진 남북조 이후 북방의 鮮卑(선비)족이 중원에 진입하면서 哥에 '따꺼(大哥·큰 형님)'처럼 '형'이라는 전혀 다른 뜻이 생겼다. 그것은 선비족의 말에서 형이나 아비 항렬을 부르는 호칭인 '아간'을 한자로 '아꺼(阿哥)'로 표기하였기 때문이다.

그러자 노래라는 원래 뜻을 말할 때에는 입을 크게 벌린 모습을 그린 欠을 더하여 歌로 분화하였다. 歌는 欠 대신 때때로 言(말씀 언)을 붙인 謌를 쓰기도 했는데, 노래는 말(言)로 하는 것이기 때문이다.

謠는 言과 䍃로 구성되었다. 䍃는 다시 肉(月·고기 육)과 缶로 구성되었다. 缶는 금문에서처럼 절굿공이(午·오)로 질그릇을 만들 흙을 그릇(凵·감) 속에서 빼개는 모습이며, 그래서 '질그릇'이라는 뜻이 나왔다.

肉은 원래의 자형에서는 爪(손톱 조)로 되었던 것이 소전체로 들면서 잘못 변해 月처럼 되었다. 그래서 䍃는 손(爪)으로 질그릇(缶)을 만들며 노래하는 모습을 형상적으로 그린 글자였으며, 이후 질그릇 그 자체가 타악기의 하나로 사용되기도 했다.

이후 자형이 䍃로 잘못 변하게 되자 다시 言을 더하여 謠가 된 것으로 추정된다. 그렇다면 謠는 질그릇 등을 만들(䍃) 때 혼자 흥얼거리며 읊조리는 노랫가락(言)을 말한다. 그렇다면 謠에서의 䍃 역시 의미부의 기능도 함께 하고 있다.

지금은 歌와 謠가 한 단어로 합쳐져 노래를 뜻하지만, 전통적으로 歌와 謠는 구분되어 쓰였다. 즉 악기의 반주에 맞추어 부르는 노래를 歌, 반주 없이 부르는 노래(徒歌·도가)를 謠라고 했다. 하지만 歌든 謠든 어원으로 볼 때 모두 勞動歌에서 나왔음을 보여 주고 있다.

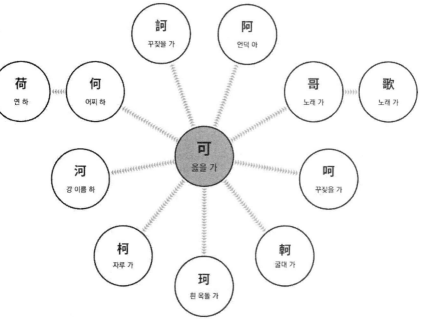

[표-57] '可'로 구성된 글자들

124

몽조(夢兆): 꿈(夢)에서 나타나는 조짐(兆)

夢 꿈 몽
睡 잠잘 수
垂 드리울 수
寐 잠잘 매
寢 잠잘 침
眠 잠잘 면

충분한 睡眠, 특히 꿈을 꾸지 않는 熟眠(숙면)은 건강한 삶에 필수적일 뿐만 아니라 기억력을 높이는데 상당한 역할을 한다고 한다. 꿈을 꾸는 상태를 렘(rem)수면이라 하고 꿈을 꾸지 않는 상태를 徐波(서파)수면이라고 하는데, 렘 수면상태에서는 꿈을 꾸기 때문에 눈동자가 빠르게 움직인다.

꿈을 뜻하는 夢은 갑골문에서 침상(爿·장) 위에서 누워 자는 사람의 모습을 그렸는데, 눈과 눈썹이 생동적으로 표현되었다. 금문에 들면서 宀(집 면)과 夕(저녁 석)이 더해진 癮으로 변함으로써 밤(夕)에 집(宀) 안의 침대(爿) 위에서 잠자는 모습을 더욱 구체적으로 그려낼 수 있게 되었다. 하지만 漢(한)나라 이후 癮은 도태되고 지금처럼의 夢이 주로 쓰이게 되었다.

夢의 자형에서 특징적인 것은 눈을 키워 그려 놓은 것인데, 눈의 모습이 見(볼 견)에서와 같이 그려졌다. 見이 눈을 크게 뜨고 무엇인가를 주시하는 모습을 그렸음을 고려할 때, 夢에 들어 있는 눈은 현실과 구분되지 않을 정도로 생생한 꿈속의 정황을 주시하고 있음을 나타낸다. 따라서 이것은 렘 수면상태에서의 움직이는 눈동자와도 관련성을 지닌다.

睡는 눈을 그린 目(눈 목)이 의미부이고 垂가 소리부이다. 垂는 화사하게 핀 꽃들이 늘어진 모습을 그렸는데, 이로부터 '늘어지다', '드리우다' 등의 뜻이 생겼다. 睡가 눈꺼풀이 내려와 눈이 감기는 것을 의미하기에 垂는 의미부의 역할도 함께 하고 있다. 따라서 睡는 '졸다'는 뜻이다.

이에 비해 잠이 든 것을 寐라고 했다. 寐는 宀과 爿이 의미부이고 未(아닐 미)가 소리부로 된 구조이다. 이와 유사한 뜻을 가지는 글자가 寢이다. 寢은 갑골문에서 宀과 帚(비 추)로 구성되었으며 이후 爿이 더해졌다. 그래서 寢은 집(宀) 안의 寢牀(침상)을 비(帚)로 쓸어 잠자리를 준비하는 모습을 그렸으며, 잠자리에 들었으나 아직 睡眠 상태는 아닌 것을 말한다.

眠은 目이 의미부이고 民(백성 민)이 소리부인 구조로, '눈을 감다'가 원래 뜻이나 永眠(영면)과 같이 '죽다'는 뜻도 가진다.

이렇게 볼 때 寢은 자려고 잠자리에 든 것을, 眠은 눈을 감는 것을, 寐는 수면에 든 것을, 夢은 렘 수면상태를, 睡는 조는 것을 말한다.

125

목욕(沐浴): 머리를 감고(沐) 몸을 씻음(浴)

沐 머리 감을 목
浴 목욕할 욕
谷 골짜기 곡
沫 거품 말
洗 씻을 세
俗 풍속 속

『설문해자』에는 '관리가 된 사람은 닷새째에는 쉬면서 沐浴을 해야한다'고 규정했다. 이것은 서양 기독교 달력의 범례를 따르는 오늘날과는 달리 고대 중국에서 휴일은 곧 목욕하는 날(沐日·목일)이요, 목욕은 곧 휴식을 의미했다. 휴일을 沐日로 규정한 옛 습관은 우선 몸의 위생의 중요성을 알리고, 몸의 청결을 정신의 청결 즉 각성된 정신 상태나 修道(수도)와 연결시켜 사고했음을 보여 준다.

沐浴의 沐과 浴에서 木(나무 목)과 谷은 각각 소리부와 의미부를 겸한다. 谷의 경우, 갑골문에서 윗부분은 물이 흐르는 모양을, 아랫부분은 샘의 입구(口·구)를 그려, 산 속의 샘에서 물이 나와 흐르는 모습을 그렸다. 이로부터 谷에 골짜기의 뜻이 생겼고, 골짜기는 노자의 표현처럼 텅 비어 무엇이든 담을 수 있는 넉넉한 공간의 상징이다.

따라서 沐은 숲(木) 속의 물을, 浴은 계곡(谷)의 물을 형상화하여, 沐이 머리를 감는 것을, 浴은 몸 전체를 씻는 것을 구분하여 말했다. 하지만 이들은 모두 인간의 씻는 행위 그 자체 보다는 숲과 계곡에서 물을 벗 삼아 휴식을 즐기는 모습에 초점이 맞추어진 단어이다.

그것은 씻는 행위 자체를 강조한 다른 글자들과는 구별된다. 예컨대

沐은 갑골문에서 세숫대야(皿·명)를 앞에 놓고 얼굴을 씻는 모습을 린 글자인데, 이후 水(물 수)와 末(끝 말)이 결합된 형성구조로 변했고, 의미도 세수할 때 비누를 사용하게 됨으로써 '거품'으로 변했다. 또 洗는 물(水·수)에 발을 들여놓은(先·선) 모습으로부터 '발을 씻다'는 의미를 그려낸 글자이다.

그러므로 沐浴은 몸을 씻는 행위도 중요하지만, 옛 선비들이 휴식을 취하면서 정신수양을 하는 충전행위와 밀접한 연관을 지닌다. 그래서 休(쉴 휴)가 나무 옆에서 사람이 휴식을 취하는 모습이라면, 沐은 그 휴식의 倍加(배가)를 의미고, 浴은 흐르는 계곡에 자신의 몸을 내맡기고 정신을 수양하는 모습에 중점이 놓여 있다.

그런가 하면, 俗은 계곡(谷)에 여러 사람(人)이 모여 있음을 형상화한 글자로, 여러 사람이 계곡에 모여서 어울려 놀거나 봄이 시작될 때 계곡에 모여 목욕하던 옛날의 습속을 그렸다. 정신 수양을 위주로 생각하는 선비나 상층 계층의 목욕이 혼자 고독하게 이루어져야 하던 것과 대비되어 俗에는 대중들의 풍속이나 습관이라는 뜻이, 다시 雅俗(아속)에서와 같이 '속되다'는 뜻이 생겼다.

126

운동(運動): 몸을 돌리거나(運) 움직임(動)

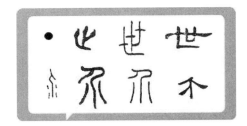

世 대 세
界 지경 계
田 밭 전
介 끼일 개
運 돌릴 운
軍 군사 군

올림픽(olympic)을 중국어로는 世界運動會(세계운동회)라고 하며 줄여서 '스윈(世運, shìyùn)'이라 한다. 마찬가지로 아시안 게임은 亞洲運動會(아주운동회)라 하고 줄여서 '야윈(亞運, yàyùn)'이라 한다.

世는 갑골문에서 매듭을 지은 세 가닥의 줄을 이어 놓은 모습이다. 이는 새끼매듭 즉 結繩(결승)의 모습인데, 結繩은 문자가 탄생하기 전 인류가 보편적으로 사용하던 기억의 보조 수단의 하나로 새끼에 여러 가지의 매듭을 지어 갖가지 의미를 나타내던 방식이다.

그림에서처럼 매듭이 지어진 한 가닥은 10을 상징하며, 이가 셋 모인 世는 30을 뜻한다. 그래서 世는 30년을 뜻하며, 이는 부모에서 자식으로 이어지는 한 世代(세대)의 상징이었다. 이후 世는 世代라는 뜻으로부터 一生(일생)의 뜻이, 다시 末世(말세)와 같이 왕조나 세상을 뜻하기도 하였다. 이로부터 世는 사람이 사는 世上(세상)이나 世界의 의미로 확장되었다.

界는 田과 介로 구성되었는데, 介는 소리부도 겸한다. 田은 갑골문에서 네모반듯하게 잘 정리된 밭의 모습을 그렸다. 介는 갑골문에서

382 뿌리한자

● 2008년 북경 올림픽 로고

사람과 그 양쪽으로 여러 점이 더해진 모습인데, 점은 가죽조각을
여럿 잇대어 만든 갑옷의 상징이다. 그래서 介는 갑옷이 원래 뜻이
며, 갑옷은 사람을 보호하도록 바깥을 덮는 옷이기에 이에는 介殼
(개각·연체동물의 겉껍데기)처럼 바깥을 둘러싼 것을 지칭하게 되었
다. 한편 사람이 갑옷 속에 들어간 모습에서부터 介는 다시 仲介(중
개), 介入(개입), 紹介(소개)처럼 중간에 끼어드는 행위를 뜻하게 되었
다.

그러자 원래의 갑옷을 입은 사람을 나타내기 위해서는 人(사람 인)
을 더한 价(착할 개)를 만들어 표현했다. 价가 지금은 價(값 가)의 약
자로도 쓰이는데 이는 介와 賈(값 가)의 독음의 유사성 때문이다.

運은 辶(쉬엄쉬엄 갈 착)과 軍으로 구성되었다. 그래서 運은 군사나
군수물자(軍)의 이동(辶)을 형상화한 글자로 運送(운송)이 원래 뜻이
다. 動(움직일 동)은 노예(重·중)를 힘(力·력)으로 움직이는 모습을 그
렸고, 會(모일 회)는 덮개가 갖추어진 창고의 모습으로부터 여러 곡
물을 '함께 모아 놓은 곳'이라는 의미를 나타냈다.

그래서 世界運動會는 '인간 세상에서 벌이는 운동회'로 풀이할 수 있다. 올림픽(olympic)의 어원이 그 기간 동안 치러지는 '축제'에 초점이 있다면 세계운동회는 그 기간 동안의 '운동'에 집중되어 있다.

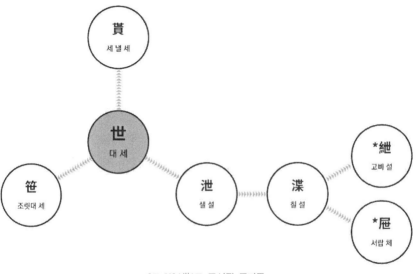

[표-59] '世'로 구성된 글자들

127

아테네(雅典): 우아하고(雅) 고전적인(典) 올림픽의 발상지

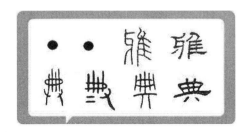

雅 메까마귀 아
隹 새 추
牙 어금니 아
典 법 전
冊 책 책
丌 대 기

아테네(Athens)를 한자로는 '雅典(아전)'이라 옮기고 현대중국어로는 '야디앤(Yǎdiǎn)'으로 읽는다. 典雅하다는 말의 거꾸로 된 모습이다.

雅는 隹가 의미부이고 牙가 소리부인데, 隹는 갑골문에서 목이 짧은 새의 모습을 그렸고 牙는 어금니를 그린 글자이다. 그래서 雅는 까마귀가 원래 뜻이다.

지금의 까마귀는 그다지 좋지 않은 이미지를 갖지만 옛날에는 상당히 신비한 새로 인식되었던 것 같다. 고구려 벽화에는 태양에 발이 셋 달린 까마귀(三足鳥·삼족오)가 그려졌고, '삼국사기' 등에는 사람이 해야 할 바를 알려 주거나 일어날 일을 예고해 주는 영험한 새로 그려지고 있다. 중국도 마찬가지여서 붉은 색이나 황금색을 한 까마귀는 태양의 상징이자 孝鳥(효조·효성스런 새)로 잘 알려져 있다. 그런가 하면 일본에서는 신들의 使者(사자)로, 아메리카 인디언들에게는 조물주의 역할을 하는 것으로 알려져 있다.

이러한 상징성 때문에 까마귀를 뜻하는 雅에는 高雅(고아)에서처럼 優雅(우아)하다는 뜻이 생겼다. 옛날, 표준어를 뜻하는 雅言(아언)은 우아한 말을 뜻하고, '시경'에 수록된 大雅(대아)나 小雅(소아) 등은

● 서양문명의 발원지, 아테네.

아름다운 음악을 말한다.

典은 갑골문에서 두 손으로 책(冊)을 받쳐 든 모습을 그렸다. 금문에 들면서 두 손은 탁자(丌)로 바뀌었으며 예서에서 조금 변해 지금처럼 되었다. 종이가 나오기 전 옛날의 책은 대나무 조각(竹簡·죽간)에다 글을 쓰고 이를 끈으로 묶어 만들었는데, 이를 그린 글자가 冊이다. 그래서 典에 반영된 두 손으로 받들거나 탁자위에 올려놓은 冊은 『설문해자』의 '(삼황)오제 때의 책'이라는 해석처럼 귀중한 책이자 이전의 문물제도를 기록해 생활의 본보기로 삼을 수 있는 책이었을 것이다. 이 때문에 典에는 典範(전범)과 같이 표준이나 법칙이라는 뜻이, 典章(전장)과 같이 문물이나 제도라는 의미가 생겼다.

그리스 신화에서 까마귀는 예언의 능력을 갖고 있다고 해서 예언의 신 아폴론과 여신 아테나의 聖鳥(성조)이기도 하다. 잘 알다시피 아테네라는 도시 이름은 그 도시의 수호신인 아테나라는 여신의 이름에서 유래되었다.

아테네를 한역하면서 '雅典'이라 한 것은 물론 독음을 고려한 것이겠지만, 優雅하고 古典(고전)적인 아테네의 도시 특성은 물론 아테네의 수호신 아테나의 상징 새가 까마귀라는 신화까지 고려하여 대응 어휘를 만들어낸 그들의 세심함과 깊은 관찰력은 칭찬할만하다.

128

여유(旅遊): 깃발 따라(旅) 물길 따라(游)

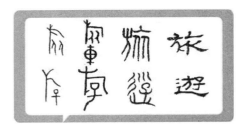

旅 군사나그네 려
游 헤엄칠 유
水 물 수
斿 깃발 유
遊 놀 유
辵 쉬엄쉬엄 갈 착

중국의 유명 관광지를 다녀보면 크고 작은 깃발을 따라 물밀 듯 몰려다니는 단체 旅行客(여행객)을 수 없이 만날 수 있다. 다른 나라에서는 보기 힘든 이색적인 풍경이다. 그래서 이러한 단체 관광을 '깃발 旅行'이라 부르기도 한다.

旅行을 현대 중국어에서는 '뤼요우(旅游, lǚyóu)'라고 하는데, 그 어원을 살피면 뜻밖에도 '깃발 旅行'과 관계되어 있음을 발견할 수 있다.

旅는 갑골문에서 깃발 아래에 사람들이 모여 있는 모습으로, 깃발은 바람에 나부끼고 사람들은 같은 방향으로 나란히 서 있다. 전통적으로 깃발은 부족이나 종족의 상징으로, 전쟁과 같은 중대사가 생기면 사람들은 깃발을 중심으로 모여 들었다.

그래서 旅는 軍隊(군대)나 軍師(군사)의 편제가 원래 뜻이며, 옛날에는 5백 명의 군사를 旅라 했다. 지금의 旅團(여단)에 비하면 적겠지만 당시로서는 대단한 규모였을 것이다. 군대는 함께 모여 출정을 하게 마련이다. 그래서 旅에는 '무리'나 '出行(출행)'이라는 뜻이, 다시 '바깥을 돌아다니다'는 뜻도 생겼다.

游는 水와 㫃로 구성되었다. 㫃는 갑골문에서 깃발이 날리는 깃대(㫃)에 子(아들 자)가 더해져, 아이(子)가 깃대(㫃)를 든 모습을 그렸다. 갑골문에서 사냥터의 뜻으로 쓰인 것으로 보아, 㫃는 사냥에서 그다지 큰 역할을 할 수 없는 아이에게 깃발을 들게 하고 외지로 나가 사냥하는 모습을 형상화한 것으로 보인다. 사냥은 옛날, 전쟁연습인 동시에 최고의 오락행위였다. 그래서 㫃에 旅行이라는 뜻도 생겼다.

소전체에 들면서 旅行의 의미를 더욱 구체화하기 위해 水와 辵을 더해 游와 遊가 만들어졌다. 그리하여 游는 물위를 떠다니는 것을 말하고, 遊는 천천히 노닐며 遊覽(유람)하는 것을 구분하여 말하였다.

하지만 양쯔 강이나 황허 강 같은 큰 물줄기를 중심으로 문명을 형성한 중국에서 배를 띄워 여유롭게 노니는 것이 최고의 놀이였기 때문이었을까? 游에 '노닐다'는 뜻이 생겼고, 遊와 자주 섞어 썼다. 중국어에서는 游戲(유희)라고 하지만 우리말에서는 遊戲라고 쓰듯, 중국에서는 游를 자주 쓰는 반면 우리는 遊를 즐겨 쓴다.

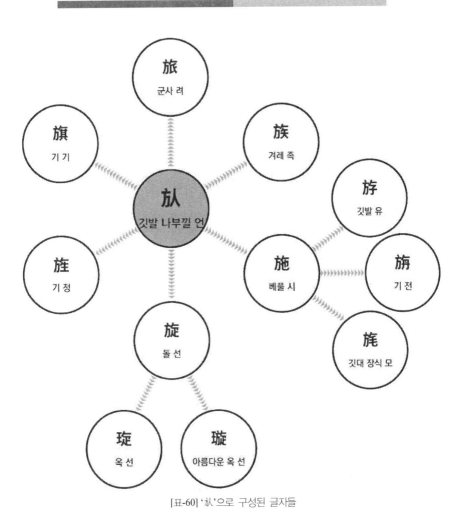

[표-60] '㫃'으로 구성된 글자들

129

온천(溫泉): 따뜻한(溫) 샘물(泉)

溫 따뜻할 온
昷 어질 온
囚 가둘 수
泉 샘 천
原 근원 원
源 근원 원

溫泉浴(온천욕)은 한겨울에도 좋지만 暴炎(폭염)에도 더없이 좋은 피서법이다. 溫은 水(물 수)와 昷으로 구성되었는데, 昷은 소리부도 겸한다. 昷은 소전체에서부터 囚와 皿(그릇 명)으로 이루어졌다.

囚는 감옥(囗·위)에 갇힌 죄수(人·인)의 모습을 그렸는데 지금까지 그대로 이어지고 있다. 皿은 원래 굽이 달린 그릇의 모습을 그렸으며, 그릇(皿)은 음식을 뜻한다. 그래서 昷은 『설문해자』의 해설처럼, 죄수(囚)에게 먹을 것(皿)을 제공하는 행위, 즉 '어질다가 원래 뜻이다. 즉 죄수에게까지 溫情(온정)이 베풀어지는 '따뜻한 마음'을 뜻한다.

이후 따뜻한(昷) 물(水)을 구체적으로 표현하기 위해 溫이 만들어졌는데, 溫은 다시 따뜻한 물뿐 아니라 溫暖(온난)에서처럼 따뜻함의 일반적인 개념까지 지칭하였으며 마음 상태의 溫柔(온유)함도 뜻하게 되었다.

泉은 갑골문에서 바위틈으로 솟아나는 물의 모습을 그렸는데, 자형이 조금 변하여 지금처럼 되었다. 그래서 '샘물'이 원래 뜻이며, 지하수를 지칭하기도 했다. 또 고대 중국인들은 황토 지대를 살아서 그랬는지 땅속에는 누런 강물이 흐르고 있으며 사람이 죽으면 그곳으로 간다고 생각했는데, 그곳을 黃泉(황천)이라 불렀다.

그래서 泉으로 구성된 한자는 샘과 의미적 연관을 가진다. 예컨대, 腺(샘 선)은 생물체(肉·육) 안에서 분비작용(泉)을 하는 기관을 말하며, 線(줄 선)은 샘(泉)처럼 끝없이 이어지는 실(糸·멱)을 말한다.

그런가 하면, 原도 원래는 厂(기슭 엄)과 泉으로 구성되었는데, 예서 이후로 자형이 변해 지금처럼 되었다. 그래서 原은 산의 낭떠러지 (厂) 아래로부터 솟아나는 샘(泉)의 모습을 그려 그곳이 물이 흘러나오는 근원임을 나타냈으며, 水源(수원)이 원래 뜻이다. 이후 모든 사물의 시작이라는 의미에서 起源(기원)이나 根源(근원)이라는 뜻으로, 다시 原來(원래)라는 뜻까지 갖게 되었다. 재미나는 것은 原이 平原(평원)이라는 뜻을 갖게 된 것인데, 그것은 갑골문을 사용했던 중국인들의 근거지가 황토 대평원이었기 때문에 平原이 곧 根源이라는 의미를 형성할 수 있었던 것으로 보인다.

原이 이렇게 여러 가지의 뜻으로 쓰이게 되자, 水源을 나타내기 위해 다시 水를 더한 源으로 구분하여 쓰게 되었다. 지금은 原來나 平原처럼 뒤에 생겨난 뜻은 原으로, 水源이나 根源처럼 처음의 뜻을 나타낼 때에는 뒤에 생겨난 源을 쓰고 있다.

130

인광(燐光) : 도깨비((燐) 불(光)

舛·燐 도깨비불 린린
隣·鄰 이웃 린
邑 고을 읍
磷 인 린
麟 기린 린
鱗 비늘 린

燐은 火(불 화)가 의미부이고 舛이 소리부이지만 자세히 살펴보면
舛은 의미부도 겸하고 있다. 舛은 금문에서 원래 사람의 정면모습
(大·대)에 두 발(舛·천)을 그렸으며 사람의 정면 모습(大) 사이로 점을
네 개 찍어 불이 번쩍거리는 모습을 형상화 했다.

아마 원시축제 때 자신의 모습을 드러내고자 불춤을 추거나 燐을
바른 장식으로·번쩍거리게 한 것을 표현한 것이 아닌가 생각된다.
발(止·지)의 모습이 두 개 합쳐져 만들어진 舛은 바로 그러한 동작을
강조한 글자이다. 하지만 소전체에 들면서 大와 네 점을 그린 舛의
윗부분이 炎(불꽃 염)으로 변했으며, 에서 이후 米(쌀 미)로 변해 지
금의 자형으로 고정되었다.

불꽃을 상징한 舛의 윗부분이 米로 변해버리자, 번쩍거리는 불의 의
미를 더욱 강조하기 위해 다시 火(불 화)를 더한 燐이 탄생했으며
'도깨비불'이라는 의미로 쓰였다.

또 石(돌 석)을 더하여 磷을 만들기도 했는데, 磷은 '돌(石)이 번쩍거
림(舛)'을 뜻한다. 水石(수석)이라는 말처럼 돌은 물 속에 있을 때 제
모습을 발휘한다. 그래서 磷에는 '돌 틈으로 물이 흐르는 모양'이라

는 뜻이 담기게 되었다. 하지만 지금은 화학원소를 나타내는 기호로서의 '인(P)'을 뜻한다. 磷은 비금속 화학원소이기 때문에 다른 원소 이름처럼 金(쇠 금)이 들어가지 않고 石이 들어갔다.

그래서 舛이 들어간 글자에는 '번쩍거리다'는 의미가 깊숙이 스며있다. 예컨대 麟은 상상의 동물인 麒麟(기린)을 뜻하지만 오색으로 '번쩍거리며 화려한 모습(舛)'을 한 길상의 동물인 사슴(鹿·록)'처럼 생긴 동물이라는 뜻이다. 고대 중국에서의 기린은 지금처럼 목이 긴 아프리카 산 '麒麟'이 아니라 사슴 몸에 소꼬리에 말갈기를 한 상상의 동물을 말한다. 지금의 기린은 따로 長頸鹿(장경록)이라 하는데, '목(頸)이 긴(長) 사슴(鹿)'이라는 뜻이다. 현대에 수입된 기린조차도 '사슴'으로 표현한 것이 이채롭다. 또 魚(물고기 어)가 더해진 鱗은 '물고기(魚)의 번쩍거리는(舛) 부분'을 지칭한다.

반면, 隣에서의 舛은 소리부로서의 기능만을 담당하고 있다. 隣은 원래 5家(가)로 이루어진 주민 조직을 뜻했다. 그래서 사람이 사는 城邑(성읍)을 뜻하는 邑이 의미부가 되었다. 그로부터 그 단위 속에 포함되어 함께 사는 '이웃'이라는 뜻이, 다시 隣近(인근)처럼 '가까운'이라는 뜻이 생겨났다.

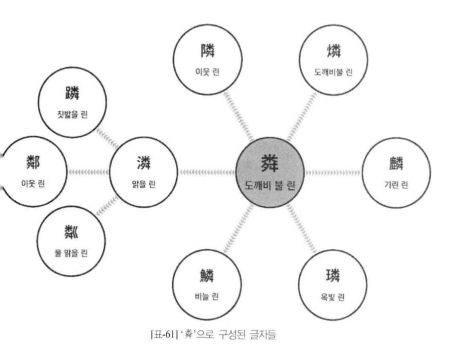

[표-61] '粦'으로 구성된 글자들

131

지체(遲滯): 늦거나(遲) 막힘(滯)

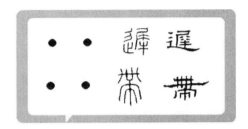

遲 더딜 지
犀 무소 서
滯 막힐 체
帶 띠 대
停 머무를 정
亭 정자 정

歸鄕(귀향)의 즐거움도 잠시, 歸京(귀경) 길의 遲滯와 停滯는 가히 교통지옥이라는 비유에 값한다. 하지만 도시화와 근대화의 빠른 물살 속에서 살아가는 현대인들에게 遲滯와 停滯가 야기하는 '느림'은 짜증이지만 옛날에는 오히려 미학에 가까웠던 듯 보인다.

遲는 의미부인 辵(쉬엄쉬엄 갈 착)과 소리부 겸 의미부인 犀로 구성되어, 무소가 느릿느릿 걷는 모습을 형상화 했다. 그전 갑골문에서는 사람이 사람을 업고 가는(彳·척) 모습으로써 혼자 걸을 때보다 '더딘' 모습을 그렸다. 금문에 들면서 彳에 止(발 지)가 더해져 辵이 되었고, 소전체에서 사람을 업은 모습이 무소(犀)로 대체되어 지금처럼 되었다. 이처럼 더디고 무거운 걸음에서 느릿느릿 한가로운 걸음으로 변한 遲의 자형에는 느리고 더딤에서 오는 짜증스러움은 담겨져 있지 않다. 오히려 갑골문과 금문에는 상부상조에서 오는 공동체의식의 즐거움이, 소전체에는 느림이 주는 한가로움을 보다 즐기고 있었음이 스며 있다.

그래서 停滯의 停도 '느림'에 대한 짜증보다는 그 '느림'을 즐기는 인간(人·인)에게 더욱 초점이 맞추어졌다. 停은 의미부인 人과 소리부인 亭으로 구성되었다. 亭은 다시 의미부인 高(높을 고)와 소리부인

丁(넷째 천간 정)으로 이루어졌으며, 둘이 아래위로 합쳐지면서 高의 아랫부분이 생략되어 亭이 되었다.

따라서 亭은 높다랗게 지어진 건축물, 즉 정자가 원래 뜻이다. 정자는 좋은 경치를 감상하거나 길가는 사람이 쉬도록 만들어진 휴식공간이다. 정자는 사람이 쉬어 가도록 유혹하고 사람은 정자에 머물게 마련이기에 停에서의 亭은 단순한 소리부가 아니라 의미부도 겸한다.

滯는 의미부인 水(물 수)와 소리부인 帶로 구성되었다. 帶는 소전체에서 옆으로 길게 그려진 허리띠에다 술 같은 장식물이 아래로 늘어뜨려진 모습이다. 그래서 帶는 腰帶(요대·허리띠)가 원래 뜻이며, 이로부터 긴 끈은 물론 기다랗고 넓적한 물체까지 지칭하게 되었는데, 갈치를 중국어에서 '따이위(帶魚, dàiyú)'라고 하는 이유도 여기에 있다. 띠처럼 넓고 길게(帶) 흐르는 강물(水)은 무엇에 막힌 듯 천천히 느리게 흐르기 마련이며 언뜻 보면 마치 정지해 있는 듯하다.

바쁜 일상에 매몰된 현대인들은 이 글자를 보며 꼬리에 꼬리를 물고 늘어선 자동차의 행렬을 연상하겠지만, 우리 조상들은 흐르듯 흐르지 않는 물로부터 빠름과 느림 속의 시간적 의미를 생각하지 않았을까.

132

집산(集散): 모이고(集) 흩어짐(散)

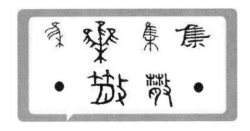

集 모일 집
雥 새 떼 지어 모일 잡
散 흩을 산
麻 삼 마
撒 뿌릴 살
霰 싸라기 눈 산

'集散'은 '모이고 흩어지다'는 뜻으로, 중국어에서는 '터미널(terminal)'을 '지싼쭝신(集散中心, jísànzhōngxīn)'으로 쓰기도 한다.

集은 『설문해자』에 의하면, 雥과 木으로 구성되어 새가 떼 지어(雥) 나무(木) 위에 앉아 있는 모습으로부터 '모이다'는 의미를 그렸다. 백로나 까마귀들이 무리 지어 나무에 앉아 나무를 온통 그들의 색으로 덮어버리는 모습을 보면 공감이 가는 글자이다.

하지만 갑골문에서는 지금의 자형처럼 나무(木) 위에 새(隹·추)가 앉은 모습으로 떼 지어있음이 표현되지 않았지만, 금문에서부터 '모여 있음'을 강조하기 위해 새(隹)를 셋으로 만들었다가 해서체에서부터 다시 옛 모습으로 돌아갔다.

『설문해자』에서는 隹를 꽁지가 짧은 새요 鳥(새 조)는 꽁지가 긴 새라고 하였지만, 갑골문의 자형에 근거하면 이들 간의 구분은 힘들다. 굳이 구분하라면 隹에 비해 鳥는 목이 잘록한 새를 그렸다는 해설이 나아 보인다.

散은 금문에서 麻와 攴(칠 복)으로 이루어져, 손에 막대를 쥐고(攴) 삼(麻) 줄기를 때려 잎을 제거하는 모습을 그렸다. 어떤 경우에는 점을 그려 넣어 잎이 제거되는 모습을 형상화시키기도 했다. 금문에 들면서 나무의 속살을 뜻하는 肉(고기 육)이 더해졌고, 소전체에 들어 자형이 조금 조정되어 지금처럼 되었다.

갑골문이 사용되었던 殷墟(은허) 유적지에서 大麻(대마)의 종자와 삼베의 잔편이 발견됨으로써 당시 삼베가 방직의 원료로 사용되었음을 알 수 있다.

麻는 바로 섬유로 사용하기 위해 벗겨낸 삼 껍질을 언덕(厂·엄)에 널어놓고 말리는 모습을 그렸으며, 이후 厂이 작업장을 뜻하는 广(집 엄)으로 바뀌어 지금처럼 되었다.

삼의 이러한 속성을 이용하고자 몽둥이로 삼의 줄기를 두들겨 잎을 분리시키는 모습을 그린 散에는 '分離(분리)', '分散(분산)', '느슨해지다' 등의 의미가 생겼다. 그래서 散步(산보)는 걸음(步)을 재촉하지 않고 느슨하게(散) 하여 걷는 것을 말하고, 撒은 손(手·수)으로 흩뿌리는(散) 것을 말하며, 霰은 완전한 형태가 아닌 부서진(散) 채 내리는 눈을 말한다.

133

철도(鐵道): 쇠(鐵)를 깔아 만든 길(道)

鐵 쇠 철
金 쇠 금 성 김
道 길 도
首 머리 수
慶 경사 경
導 이끌 도

鐵은 금문에서부터 나타나는데 鐵의 특징을 잘 보여주고 있다. 왼쪽 부분의 네모는 鐵을 鍛造(단조·금속을 두들기거나 눌러서 필요한 형체를 만드는 방법)할 때 쓰는 받침을 말하는 모루를 그렸고, 그 아래는 土(흙 토)로 기물을 만들 철을 주조할 때 필요로 하는 흙을 상징하며, 나머지 오른쪽의 戈(창 과)는 철로 만든 무기를 대표한다. 그것은 철이 청동에 비해 鍛造가 가능하다는 커다란 장점을 부각시킨 모습이다.

이후 소전체에 들면서 이에 쇠를 뜻하는 金이 더해지고, 왼쪽의 자형이 조금 변해 지금의 鐵로 변했다. 그것은 鐵器(철기)의 제작이 처음에는 철을 불에 달구어 모루 위에 올려놓고 두드려 만들던 鍛造에 의하던 것이 나중에는 용광로에 넣고 녹여 거푸집에 부어서 만드는 鑄鐵法(주철법)으로 이행되는 과정을 반영해 주고 있다. 중국의 鑄鐵法은 기원전 6세기 경에 이미 시작된 것으로 알려져 있다.

道는 금문에서 首와 行(갈 행)과 止(발 지)로 구성되었는데, 首는 갑골문에서 머리의 형상을, 行은 사거리를, 止는 발을 그린 것이다. 이후 行과 止가 합쳐져 辵(천천히 걸을 착)이 되어 지금의 道가 되었다.

首가 머리칼이 난 사람의 머리를 그렸다고 하지만 갑골문이나 금문의 다른 자형을 보면 사슴의 머리를 측면에서 보고 그린 것이라는 설이 더 유력해 보인다. 그렇다면 위의 세 가닥은 사슴의 뿔을 형상화한 것이다.

사슴은 慶의 어원에서처럼 결혼 축하선물로 그 가죽을 보낼 정도로 생명과 관련된 제의적 상징이 많이 들어 있는 동물이다. 또 사슴하면 뿔이 연상될 정도로 사슴은 뿔이 상징적인 동물이다. 사슴의 뿔은 그 자체로도 매년 떨어지고 다시 자라나는 생명의 순환을 반복하기도 하지만, 지금도 녹용이 신비의 보약인 것처럼 생명력의 상징이다.

사슴의 머리에서 뿔이 새로 자라날 때쯤이면 대지에서도 새 생명이 자라난다. 그래서 사슴의 뿔은 고대 중국인들에게 탄생과 생명의 상징이자 순환적 질서의 상징으로 인식되었을 것이다. 이러한 생명의 순환(首)의 운행(辶)을 형상화한 것이 道이다.

그래서 철학적 의미의 '道'라는 것은 그러한 자연의 순환적 운행을 따라 가는 것, 그것이 바로 사람살이의 '道'이자 사람이 갈 '길'이었다. 그리하여 道에는 '길'이라는 뜻까지 생겼다. 導는 道에 손을 뜻하는 寸(마디 촌)이 더해진 글자로, 그러한 길(道)을 가도록 사람들을 잡아(寸) 이끄는 모습을 형상화 했다.

134

체육(體育): 몸(體)을 튼튼하게 키우는(育) 운동

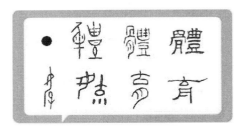

體 몸 체
骨 뼈 골
冎 뼈 발라낼 과
豊 예도 례
豐 풍성할 풍
育·毓 기를 육

體는 의미부인 骨과 소리부인 豊로 이루어졌는데, 豊는 의미의 결정에도 관여한다. 骨은 冎와 月(肉·고기 육)으로 구성되었는데, 冎는 갑골문에서 살점을 발라낸 뼈가 서로 연이어진 모습을 그렸다. 그래서 骨은 처음에는 換骨奪胎(환골탈태·뼈대를 바꾸어 끼우고 태를 달리 쓴 것처럼 모습을 완전히 바꿈)에서처럼 '뼈대'를 뜻했으나 이후 살이 붙은 뼈까지 지칭하게 되었고, 뼈대가 사람의 풍모를 결정하므로 風骨(풍골·풍채와 골격)에서와 같이 품격이나 기개라는 뜻을 담게 되었다.

豊는 원래 豐과 같은 데서 나온 글자이다. 豊나 豐은 갑골문에서 장식이 달린 북(壴·주)과 玉(옥)으로 구성되었는데, 북과 옥은 고대 중국에서 제사에 쓰이던 음악과 禮玉(예옥)의 상징이다. 신에게 제사를 드리던 절차와 신에 대한 경건함으로부터 禮度(예도)나 예절이라는 의미가 나왔는데 이는 豊로 정착되었고, 이후 제사 행위를 강조하기 위해 示(보일 시)를 더해 禮(예도 례)로 발전했다.

한편 신에게 드리는 제사에는 풍성한 제수가 필수였기에 '풍성하다'는 뜻이 나왔으며 이는 豐으로 정착되었다. 이후 소전체로 들면서 이들은 아랫부분의 북(壴)이 굽 높은 그릇(豆·두)로 바뀌어 지금의 모습이 되었다. 그렇게 됨으로써 옥(玉)처럼 진귀한 제수를 그릇(豆) 가득 담아 신에게 올린다는 의미를 그렸다.

이처럼 풍성함을 뜻하는 豐과 예도를 뜻하는 豊는 한 글자에서 나와 이후에 분화된 글자이기에 종종 같이 쓰인다. 그래서 體의 소리부인 豊는 사실 豐과 같은 뜻을 가진다. 그렇게 볼 때 體는 골격(骨)이 건장하고 풍만한(豐) 몸이라는 의미를 형상한 것에 다름 아니다.

이후 體는 몸체가 사람의 근간이라고 해서 中體西用(중체서용·중국의 것을 근본으로 삼고 서양의 것을 활용함)과 같이 '근본'이라는 뜻을, 다시 固體(고체)나 新體詩(신체시)와 같이 '물체'나 '스타일'을 뜻하게 되었다.

育은 갑골문에서 여성의 몸으로부터 나오는 아이의 모습을 그렸으며, 이후 비녀를 꽂은 성인 여성(每·매)과 머리칼이 달린 아이의 모습을 거꾸로 놓은 모습(㐬·돌)으로 변하여 毓이 되었다가, 다시 간단하게 변해 育이 되었다.

그래서 育은 '아버지 날 낳으시고 어머니 날 기르시니'라는 표현처럼 여자가 뱃속에서 아이를 키워 낳는 모습을 형상화한 글자이나 실제로는 뱃속에서부터 기르다나 키우다는 뜻을 가지며 그것이 원래 뜻이다.

135

축구(蹴球): 공(球)을 발로 차며(蹴) 하는 운동

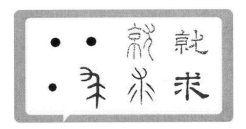

蹴 찰 축
就 이룰 취
球 공 구
求 구할 구
裘 갓옷 구
救 건질 구

아마도 가장 세계적인 스포츠는 蹴球가 아닐까 생각한다. 특히 중국의 蹴球는 최근 들어 國技(국기·한 나라의 대표적인 운동)에 가까울 정도로 인기가 높지만 1978년부터 지금까지 한 번도 한국의 축구를 이기지 못한 '恐韓症(공한증)'의 징크스를 갖고 있다.

蹴은 足(발 족)과 就로 이루어졌는데, 就는 발음부도 겸한다. 就는 소전에서 京(서울 경)과 尤(더욱 우)로 구성되었는데, 京은 원래 기단 위에 높다랗게 지어진 집을 그려 의미부로 쓰였고 특이함을 뜻하는 尤는 소리부로 쓰였다.

그래서 就는 높은 곳(京)으로 '나아가다'가 원래 뜻이다. 이로부터 成就(성취)나 就業(취업)처럼 어떤 결과를 '이루다'는 뜻도 생겼는데, 이후에 생겨난 의미가 더 자주 쓰이게 되었다. 그러자 원래의 '나아가다'는 뜻을 더욱 구체적으로 표현하기 위해 발의 모습을 그린 足을 더하여 蹴이 되었다.

球는 의미부인 玉(옥 옥)과 소리부인 求로 구성되어 '옥으로 만든 공'을 뜻했다. 求는 갑골문에서 옷(衣·의) 사이로 털이 삐져나온 모습을 해, 털이 달린 가죽 옷을 그린 상형자이다.

가죽옷은 지금도 귀한 옷이지만 난방 시설이 열악했던 옛날에는 추위를 나는데 더욱 귀한 존재였을 것이다. 그래서 가죽 옷은 모든 사람들이 '구하고자 하는' 대상이었다. 이 때문에 求에는 追求(추구)하다, 要求(요구)하다, 請求(청구)하다 등의 뜻이 담기게 되었다.

그래서 求는 이후 求하다는 뜻이 주된 의미로 자리 잡았다. 예컨대, 救는 손에 막대기(攴·복)를 쥐고 사람을 求해 주는 모습을, 逑는 원하는(求) 사람을 만나다(辵·착)는 뜻에서 '짝'이라는 뜻이 생겼다. 이렇게 되자 원래의 가죽 옷을 나타내기 위해 衣를 더하여 裘를 만들었다.

蹴球를 현대 중국어에서는 발로 하는 구기 종목이라 해서 '주치우(足球, zúqiú)'라 하는데 우리의 足球와 혼동될 우려가 있음에 유의해야 한다. 오늘날의 蹴球는 서구에서 들어왔지만, 중국에도 蹴鞠(축

●「축국도」

국)이라 불리는 이와 비슷한 운동이 있었다. 蹴鞠은 서한 때의 劉向(유향)이 지은 「別錄(별록)」에 이미 등장할 정도로 역사가 오래되었으며, 한나라 고조 劉邦(유방)은 아버지를 위해 따로 축구장을 만들었다고 한다. 당나라 때는 두 기둥 사이에 그물을 걸었다고 하니 지금처럼의 골대까지 갖추어진 것으로 추측된다. 그리고 송나라 태조 조광윤은 황제가 된 이후에도 蹴鞠을 즐겼을 정도로 축구광이었다고 한다.

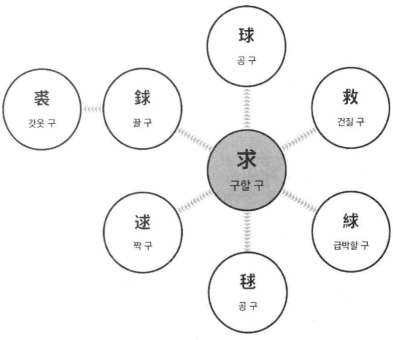

[표-62] '求'로 구성된 글자들

136

탄신(誕辰): 태어난(誕) 날(辰)

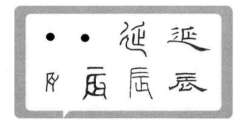

誕 태어날 탄
言 말씀 언
延 끌 연
辰 날 산지지 진
蜃 대합조개 신
農 농사 농

誕은 言과 延으로 구성되어, 지금은 '태어나다'는 뜻으로 쓰이지만 원래는 言이 의미부인 구조에서 볼 수 있듯 말(言)과 관련된 글자였다. 『설문해자』에 의하면, 誕은 과장하여 말하는 것을 뜻한다고 했고, 이후 '속이다'나 '크다'는 뜻을 가지게 되었다.

延은 갑골문에서 길(彳·척)과 발(止·지)로 구성되어 먼 길을 가는 모습을 상징화했으며, 소전체에 들면서 ノ(끌 예)가 더해져 '길다', '계속되다'는 의미를 더욱 구체화했다. 그래서 延은 延長(연장)에서처럼 길게 '늘이다가 원래 뜻이다. 그렇게 보면 誕은 말(言)을 끌어 장황하게 늘여 놓는 것(延)을 말한 것으로 해석할 수 있다. 따라서 延은 의미의 결정에도 관여하고 있는 셈이다.

물론 誕이 誕辰에서와 같이 出生(출생)의 의미를 가지는 것은 가차에 의한 것으로 보인다. 하지만 아이의 출생을 전체 마을에 크게 알리던 고대 관습과도 관련 있지 않을까 조심스레 추측해 본다.

辰은 갑골문에서처럼 조개가 땅 위를 기어가는 모습을 그렸다. 그래서 '조개'가 辰의 원래 뜻이며, 조개껍질은 농기구가 발달하기 전 돌칼처럼 곡식을 수확하는 유용한 도구로 쓰였다. 그래서 갑골문에서

林(수풀 림)과 辰이 결합한 農은 바로 조개껍질(辰)을 들고서 숲(林)에서 곡식을 수확하는 모습을 그렸으며 이로부터 農事(농사)라는 의미를 만들었다.

또 두 손(臼)과 辰이 합쳐진 晨은 두 손에 조개껍질을 들고 농사일을 하는 모습을 강조한 글자이다. 농사일은 이른 새벽부터 부지런히 해야 하기 때문에 '새벽'이라는 뜻을 가지게 되었다.

이처럼 조개껍질(辰)은 農事(농사)의 상징이었다. 고대의 農事는 日月星辰(일월성신) 등 天體(천체)의 운행과 밀접한 관련을 가졌다. 그래서 辰은 日月星辰을 총칭하는 개념으로도 사용되었으며, 특별히 별을 지칭하기도 했다. 辰은 이로부터 時辰(시진)에서와 같이 이들의 운행에 의해 정해지는 시각이나 시간, 날짜라는 의미로 확장되었으며, 다시 간지자의 다섯째 地支(지지)로 쓰이게 되었다. 그러자 원래의 '조개'를 나타낼 때에는 虫(벌레 충)을 더하여 蜃으로 분화했다.

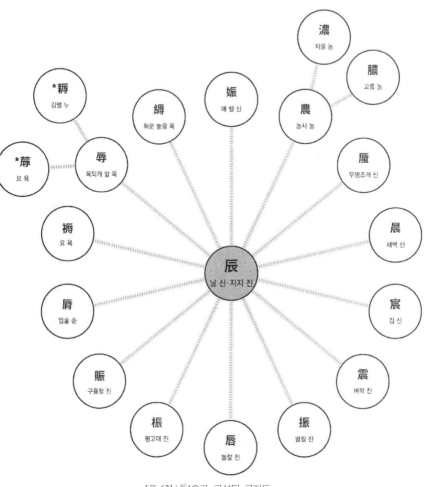

[표-63] '辰'으로 구성된 글자들

137

피서(避暑): 더위(暑)를 피함(避)

避 피할 피
辟 임금 벽
璧 둥근 옥 벽
暑 더울 서
者 놈 자
煮 삶을 자

河北(하북)성 承德(승덕)에 가면 중국 최고의 피서지로 알려진 避暑山莊(피서산장)이 있다. 청나라 때 만들어진 行宮(행궁·임금의 거둥 때 묵던 별궁)으로 유네스코의 세계문화유산으로 등재될 만큼 아름다운 곳이기도 하고, 매년 한 여름이면 중국 공산당의 주요 인사들이 한자리에 모여 중요 정책을 결정하는 곳으로도 유명하다. 또 우리에게는 '熱河日記(열하일기)'의 주된 배경이 되는 熱河로 알려져 더욱 친숙하고 특별한 의미를 가지는 곳이기도 하다.

避暑는 더위(暑)를 피한다(避)는 뜻이다. 暑는 日(날 일)과 者로 이루어졌는데 者는 소리부도 겸한다. 者는 갑골문에서 솥에다 콩(叔·숙)을 삶고 있는 모습을 그렸는데, 소전체에 들면서 지금의 형체로 고정되었다. 그래서 者는 '삶다'가 원래 뜻이다. 하지만 이후 '-하는 사람'의 의미로 가차되어 쓰이자, 원래 뜻을 표현하기 위해 火(불 화)를 더한 煮가 만들어졌는데, 의미가 더욱 구체적으로 표현되었다. 그래서 暑는 솥에 콩을 삶듯(者) 내리쬐는 뜨거운 햇빛(日)을 말한다.

避는 의미부인 辵(쉬엄쉬엄 갈 착)과 소리부인 辟이 결합해 만들어진 글자이다. 辟은 갑골문에서 형벌 칼(辛·신)로 신체의 살점을 도려낸 모습을 그려, 大辟(대벽·사형)에서와 같이 사형을 뜻했다. 고대 중국에서 大辟과 같은 최고의 형벌은 임금만이 결정하고 집행할 수 있었던지 이에 '임금'이라는 뜻도 생겼다.

그래서 辟에는 칼로 살점을 잘라내듯, '가르다'는 뜻이 보편적으로 내재되어 있다. 예컨대 劈(쪼갤 벽)은 칼(刀·도)로 가르는(辟) 행위를 뜻하고, 壁(벽 벽)은 어떤 영역을 서로 갈라놓은(辟) 흙 담(土·토)을 말한다. 또 霹(벼락 벽)은 비(雨·우)가 올 때 구름과 구름이 서로 만나 하늘을 가르며(辟) 내뿜는 엄청난 양의 전기를 뜻하고, 闢(열 벽)은 天地開闢(천지개벽·하늘과 땅이 처음으로 열림)에서처럼 門(문)이 갈라져(辟) 새로운 세계가 열리는 것을 말한다. 또 璧은 중간을 둥글게 잘라낸(辟) 아름다운 玉(옥)을 말하는데, 이는 옛날 임금(辟)의 권위를 나타내는 상징물로 쓰이기도 했다.

그래서 避는 '갈라놓은(辟) 다른 영역으로의 이동(辵)'을 뜻하며, 避暑는 더운 곳에서 덥지 않은 곳으로 옮겨감을 뜻한다. 그렇다면 避에서의 辟에도 '가르다는 뜻이 깊숙하게 보존되어 있으며, 辟은 의미부의 기능도 함께 하는 것으로 볼 수 있다.

● 「避暑山莊(피서산장)」.

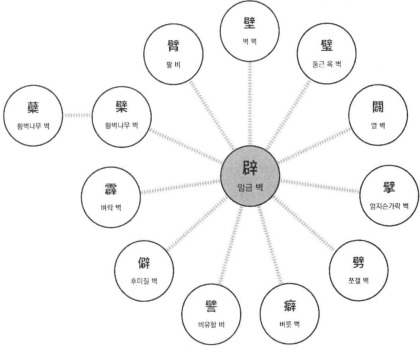

[표-64] '辟'으로 구성된 글자들

138

항공(航空): 하늘(空)을 날아다니는 배(航)

航 배 항
舟 배 주
亢 목 항
抗 막을 항
伉 짝 항
空 빌 공

航空의 날이다. 하늘을 난다는 것은 인류가 가장 이루고 싶어 했던 오랜 꿈이었지만 지금은 이미 민간인의 우주여행도 가능한 시대에 진입했다.

인간은 일찍이 자신이 살고 있는 땅위를 이동할 수 있는 기물을 발명했고, 다시 주위의 강이나 바다를 航海(항해)할 수 있는 배를 발명했다. 하지만 하늘을 나는 기술은 극히 최근에 들어서야 이루어 질수 있었다. 중국인들은 하늘을 나는 기계 역시 배를 바다에 띄우는 것과 유사한 기술에서 나왔다고 생각한 탓일까? 航海와 航空에서의 航은 동일한 글자를 쓴다.

航은 舟와 亢으로 구성되었는데, 亢은 소리부도 겸한다. 舟는 바닥이 평평하고 이물과 고물이 직선을 이루는 독특한 구조의 중국 고유의 平底船(평저선)을 본뜬 글자이다.

亢의 갑골문에 대해서는 이견이 많지만, 사람의 정면 모습과 발 사이로 비스듬한 획이 더해졌음은 분명하다. 『설문해자』에서는 사람의 목을 그렸다고 했고 곽말약은 높은 곳에 선 사람을 그렸다고 했지만, 차꼬(죄수의 발에 채우던 형구)를 찬 사람의 모습이라는 설이 원래의 자형에 근접해 보인다.

그래서 亢은 죄수가 형벌을 견뎌내듯, 버티다·저항하다·맞서다 등의
의미를 가진다. 예컨대 抗은 손(手·수)으로 버팀(亢)을, 伉은 맞서는
(亢) 사람(人·인)을, 頏(목 항)은 머리(頁·혈)를 받치고(亢) 있는 목을
말한다. 그래서 航은 원래 물의 부력을 견딜(亢) 수 있도록 배(舟)를
나란히 잇대어 만든 다리 즉 浮橋(부교)를 말했으며, 이로부터 물위
를 건너다는 뜻을 가지게 된 글자다.

空은 금문에서부터 穴(구멍 혈)과 工(장인 공)으로 구성되었는데, 工
은 소리부도 겸한다. 穴은 황토 지역에서 언덕에 동굴을 파고 무너
지지 않도록 양쪽으로 받침목을 댄 모습으로부터 '구멍'의 뜻이 나왔
다. 工은 고대 중국에서 담을 쌓거나 집을 지을 때 진흙을 다지는

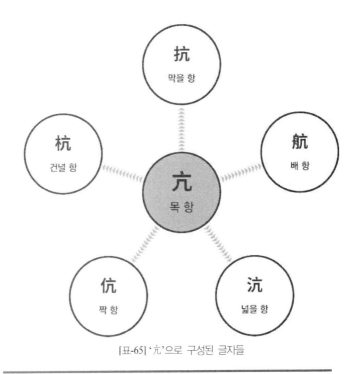

[표-65] '亢'으로 구성된 글자들

도구로, 그것이 황토 지역의 가장 중요한 도구였기에 '工具(공구)'를
대표하게 되었다.

그래서 空은 '도구(工)로 판 동굴(穴)'이라는 의미인데, 동굴은 사람이
살거나 물건을 저장하기 위한 장소였다. 집이든 창고든 사람이 살고
물건을 저장하기 위해서는 반드시 빈 공간이 있어야만 가능하다. 그
래서 空에는 空間(공간)과 '비다'는 뜻이 생겼다. 이후 비다는 뜻으로
부터 '하늘'의 뜻이, 또 비다는 뜻이 추상화 되면서 불교의 '공'이라
는 개념까지 대신하게 되었다.

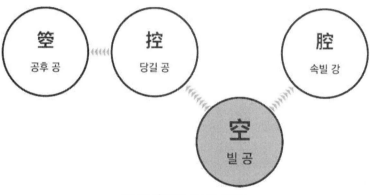

[표-66] '空'으로 구성된 글자들

13

예술문화
藝術文化

제13장
예술문화

139

금식(禁食): 먹을 것(食)을 금함(禁)

禁 금할 금
焚 불사를 분
婪 탐할 람
食 밥 식먹일 사
蝕 좀먹을 식
飼 먹일 사

이슬람 국가들은 라마단(Ramadan)이라는 훌륭한 전통을 갖고 있다. 그들은 이 기간 동안 禁食을 의무화함으로써 자신의 생활을 되돌아보고 자신의 것을 남에게 베푸는 절제와 선행을 실천한다.

禁은 林(수풀 림)과 示(보일 시)로 구성되어 숲(林)에 대한 제사(示)를 형상화 했다. 숲은 산신이 사는 곳이라 하여 제사의 대상이 되기도 했겠지만, 이 글자가 秦(진)나라 때의 죽간에서부터 나타나고 당시의 산림 보호에 관한 법률을 참고한다면 이는 산림의 남벌이나 숲 속에 사는 짐승들의 남획을 '禁止(금지)'하기 위해 산림(林)을 신성시하였던(示) 전통을 반영한 글자일 가능성이 높다.

진나라의 법률은 대단히 엄격하고 자세하게 규정되었던 것으로 알려져 있다. 1975년 중국 호북성의 睡虎地(수호지)에서 출토된 진나라 때의 법률에는 이렇게 기록되어 있다. '봄 2월에는 산에 들어가 벌목하는 행위를 禁止하며, 새나 들짐승을 잡는 그물을 쳐서는 아니 되며, 짐승들이 번식할 시기에는 개를 데리고 사냥해서도 안 된다.' '그칠 줄 알면 위태롭지 않다'는 노자의 명언을 가져오지 않더라도 개발 지상주의를 향하고 있는 우리의 삶을 반성케 하는 대목이다.

禁은 이후 禁止하다는 일반적인 의미로 확장되어, 禁書(금서)나 禁錮(금고) 등과 같은 어휘를 만들게 되었다.

禁과 유사한 구조를 가진 글자가 焚과 婪인데, 焚은 숲(林)을 불태워(火·화) 농사를 짓던 火田(화전)의 농경법이 반영된 글자이며, 婪은 산림(林)과 여자(女)에 대한 인간의 원초적 탐욕을 반영한 글자이다.

食은 갑골문에서 음식이 담긴 그릇(皀·간)에 뚜껑이 덮인 모습인데 두 점은 막 지은 음식에서 김이 뿜어져 나오는 모습의 형상적인 표현이다. 이에 虫(벌레 충)이 더해진 蝕은 日蝕(일식)이나 月蝕(월식)에서처럼 벌레(虫)가 나뭇잎을 갉아 먹듯(食) 먹어 들어가는 것을 말한다.

또 飼는 食과 司(맡을 사)로 구성되었는데, 司는 갑골문에서 거꾸로 놓인 숟가락(匕·비)과 입(口·구)으로 구성되어 먹을 것을 입으로 가져가는 모습을 형상화한 글자이다. 그래서 司는 '먹(이)다'가 원래 뜻인데 이후 공동체 사회에서 구성원들에게 먹을 것을 나누어주고 신에게 먹을 것을 바치는 일을 담당하는 사람을 지칭하게 되었고, 이로부터 有司(유사)의 의미가 생겼다. 그러자 원래 뜻은 다시 食을 더한 飼로 나타냈다.

● 「라마단(Ramadan)」 모습.

140

수능(修能): 닦을(修) 수 있는 능력(能)

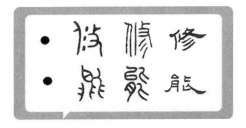

修 닦을 수
攸 다스릴 유
彡 터럭 삼
彭 성 팽
彩 무늬 채
能 능할 능

修能은 '수학 능력'의 준 말이고 우리나라에서는 대학 입학을 위해 치러지는 수학능력 검정시험을 일컫는 것으로 쓰인다. 최근 일어난 휴대 전화를 이용한 修能에서의 부정행위는 그간 눈부시게 발전한 한국의 첨단 기술의 뒷모습을 보는 것 같아 씁쓸한 맛을 남기고 있다.

修는 彡과 攸로 이루어졌는데, 彡은 彭(북의 소리가 퍼져 나가는 모습), 彩(햇빛이 비칠 때 손으로 열매를 채취하는 모습), 炎(채색 문·문채가 빛나는 모양), 彰(밝을 창·무늬가 뚜렷하게 드러남), 彫(새길 조·무늬를 화려하게 새김), 尨(삽살개 방·털이 많이 난 개의 일종) 등의 글자에서 보듯, 광채나 소리가 퍼져 나가는 모습을 말하여 주로 화려한 모습이나 강한 동작을 나타낼 때 쓰인다.

攸는 갑골문에서 人(사람 인)과 攴(칠 복)으로 구성되어 사람을 다스리는 모습을 그렸으나, 금문에 들면서 사람과 나무막대 사이로 세 점으로 된 물(水·수)이 더해졌고, 소전체에 들면서 물을 그린 세 점이 세로획(丨)으로 변해 지금처럼 되었다.

옛날, 중국에서는 봄이 되면 좋은 날을 골라 사람들이 함께 모여 목욕을 하면서 그간 쌓인 재앙을 씻어버리는 행사를 베풀곤 했다. 이러한 행사를 고대 문헌에서는 修禊(수계)라고 했으며, 이러한 축제는 지금도 여러 소수민족들에게 남아 있다. 서예의 성인이라 불리는 왕희지의 불후의 명작 '蘭亭序(난정서)'도 바로 난정이라는 곳에서 베풀어진 이러한 행사에 참여한 사람들이 즉석에서 읊은 시를 모아 그에 붙인 서문이다.

이처럼 攸는 물로 몸을 씻으며 쌓인 때를 제거하다는 뜻인데, 이후 마음을 닦다는 뜻까지 가지게 되었다. 그래서 攸에 彡이 더해진 修는 몸과 마음을 닦는 것을 강조한 글자로 해석된다.

能은 금문에서 앞발을 들고 선 곰의 모습을 그렸다. 곰은 육중한 몸집에 비해 날렵함과 민첩함은 물론 대단한 지능을 두루 갖춘 동물이다. 이로부터 곰은 能力(능력)의 상징으로 인식되었다.

그렇게 볼 때, '修能'은 목욕재계 하고(修) 온 정성을 다하여 '배움'의 경지에 나갈 수 있는 능력(能)을 말하는 것이지, 글자 한 자, 외국말 한 마디, 컴퓨터 기능 하나 더 할 수 있는 그러한 지식을 말함은 아니다. 그러한 지식은 대학에서도 얼마든지 배우고 늘일 수 있다. 이제 우리의 대학도 그러한 지식보다는 이러한 능력을 중심으로 인재들을 뽑고 키워야 할 것이다.

● 「수계도」

141

예수(耶蘇): 소생하신(蘇) 할아버지(耶), 그리스도

耶 어조사 야
阝邑 고을 읍
爺 아비 야
蘇 차조기 소
穌 긁어모을 소
甦 잠깰 소

예수의 탄생을 기리는 聖誕節(성탄절), 대만이나 홍콩에서는 우리와 마찬가지로 '聖誕節'이라고 하지만 중국에서는 '예수가 탄생한 날'이라는 뜻의 '예딴제(耶誕節)'라 부른다. 중국은 사회주의 국가이고 사회주의 국가에서는 종교를 부정하므로 예수를 성인으로 부르기가 껄끄러워 그냥 이름을 직접 부르게 된 것으로 생각된다.

하지만 '지저스(Jesus)'를 번역한 한자어인 '예수(耶蘇)'에는 단순히 그 독음만 반영된 것이 아니며 그 속에는 예수가 갖는 특성이 충분히 들어 있다.

耶는 소전체에서 의미부인 邑(고을 읍)과 소리부인 耳(귀 이)로 이루어져, 원래는 산동성에 있는 郎耶(낭야)라는 땅을 지칭하는 말이었다. 그러나 이후 耶는 말의 어감을 나타내는 어기사로 쓰이기도 했고, '아버지'의 뜻으로 가차되기도 했다. 耶가 어기사로 자주 쓰이자, '아버지'라는 뜻은 父(아비 부)를 더하여 爺로 분화했다.

蘇는 艸(풀 초)와 穌로 구성되어 풀이름으로 쓰였다. 穌는 다시 魚(고기 어)와 禾(벼 화)로 이루어졌는데, 금문에서는 禾가 木(나무 목)으로 바뀌기도 했지만 의미에는 별 차이를 초래하지 않는다. 『설문해자』에서는 穌를 불 소시개로 쓸 나무로 풀이했다.

하지만 불 소시개가 불을 일으킨다는 뜻에서인지 이후 蘇生(소생)하다는 뜻으로 자주 쓰였다. 이러한 문화적 관습과도 관련된 말인지 불을 놓는다는 것은 다시 생명을 일으키다는 뜻으로 쓰인다. 이후 蘇生이라는 의미를 표현하기 위해 새로 만들어낸 甦는 다시(更·갱) 태어나다(生)는 의미를 반영한 회의자이다.

이렇게 볼 때, 耶蘇의 耶는 아버지를, 蘇는 蘇生 즉 부활을 뜻한다. 'Jesus'의 원래 의미가 구원자이었음을 고려한다면, 耶蘇에는 'Jesus'라는 독음은 물론 예수가 원래 가지고 있던 구원자의 의미에 부활이라는 뜻까지 더해진 단어이다. 그렇게 함으로써 '부활하신 구원자 하느님 아버지'라는 뜻을 담게 된 耶蘇는 음역과 의역이 잘 어우러진 훌륭한 번역어이다.

● 「예수상」

142

영화(映畵): 거꾸로 비추는(映) 그림(畵)

映 비출 영
央 가운데 앙
殃 재앙 앙
怏 원망할 앙
畵 그림 화
劃 그을 획

가을이 되면 부산은 온통 映畵의 열기로 물결친다. 짧은 역사에도 불구하고 아시아의 대표 영화제는 물론 세계가 주목하는 영화제로 성장한 '부산 국제영화제(PIFF)' 때문이다. 映은 日(날 일)과 央으로 구성되었는데, 央은 소리부도 겸한다. 央은 갑골문에서 사람의 정면 모습과 목에 형틀의 하나인 칼을 쓴 꼴이다. 그래서 央은 칼을 쓴 사람의 모습에서 '재앙'이라는 뜻이, 칼의 한가운데 목이 위치함으로 해서 다시 '중앙'이나 '핵심'이라는 뜻이 나왔다.

그래서 央으로 구성된 글자는 이 두 가지 의미를 중심으로 확장해 나왔다. 예컨대 歹(부서진 뼈 알)이 더해진 殃은 죄를 받은 '재앙'을, 心(마음 심)이 더해진 怏은 재앙의 심리적 상태인 원망을 말한다. 그리고 鞅(가슴걸이 앙)은 쟁기질 때 소 목에 거는 가죽(革·혁)으로 만든 가슴걸이를 말하여, 칼을 쓴 꼴인 央의 원래의미를 충실하게 반영하였다.

한편 英(꽃부리 영)은 식물(艸·초)의 '핵심(央)'인 꽃부리를, 秧(모 앙)은 벼(禾·화)의 '핵심(央)'인 모를 말한다. 또 泱(끝없을 앙)은 수면이 넓고 끝없음을 말하는데, 이는 물(水·수)의 '한가운데(央)'가 갖는 특성이기 때문이다.

● 「부산국제영화제(BIFF)」 2016년 개막식 장면.

또 映은 '빛(日)의 한가운데(央)'라는 뜻으로, 이는 카메라 옵스큐라 (camera obscura) 즉 사진기 발명 이전 스케치용으로 주로 쓰이던 어둠상자의 원리를 담은 글자로 보인다.

카메라는 19세기 이후에 발전되었지만 라틴어로 '어두운 방'을 의미하는 '카메라 옵스큐라'에 뚫어진 작은 구멍을 통해 외부의 이미지를 반대쪽 내벽에 거꾸로 비치게 하는 원리에 기초한다. 따라서 映은 映像(영상)에서 보듯 빛(日)이 상자의 정중앙(央)을 통과하여 맺힌 상이라는 데서 출발한 단어일 것이다.

畵는 갑골문에서부터 보이는데 손에 붓(聿·율)을 들고 어떤 도형을 그리는 모습이며, 금문에 들면서 여기에다 다시 周(두루 주)를 더함으로써 이것이 彫刻(조각)이나 수를 놓기 위한 밑그림임을 더욱 구체적으로 나타냈다. 이후 소전체에 들면서 아랫부분이인 田(밭 전)과 밭 주위의 경계를 그리는 모습을 변해 지금의 畵가 되었다. 이후 畵는 일반적인 그림의 의미로 확장되었는데, 劃은 그림(畵)을 칼(刀·도)

최초의 카메라 원리 '카메라 옵스큐라'.

로 새기다는 뜻이다.

映畵는 빛을 초점화 시켜 형상을 드러내는(映) 그림(畵)을 말한다. 현대 중국어로는 전기(電·전)로 만드는 영상(影)이라는 뜻의 '띠앤잉(電影, diànyǐng)이라 하는데, 그보다는 映畵가 영화의 보다 원시적 어원을 담고 있는 것 같아 정겹게 느껴진다.

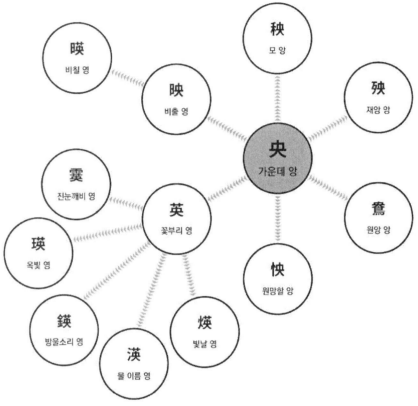

[표-67] '央'으로 구성된 글자들

143

예술(藝術): 곡식 심는(藝) 기술(術)

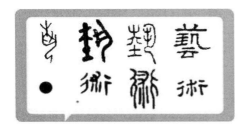

藝 심을 예
術 꾀 술
行 갈 행
朮 차조 출
秫 차조 출
述 지을 술

藝術을 어원으로 정직하게 풀면 '나무심기(藝) 기술(術)'이다. 藝는 지금의 자형이 되기까지 복잡한 변형을 거쳤지만, 금문에서는 나무 심는 모습을 대단히 사실적으로 그렸다. 한 사람이 꿇어 앉아 두 손으로 어린 묘목(屮·철)을 감싸 쥐고 있는 모습이다. 간혹 屮이 木(나무목)으로 바뀌기도 했지만 의미에는 영향을 주지 않는다.

이후 土(흙 토)가 더해져 埶(심을 예)가 되었는데, 이는 땅에 나무를 심는다는 것을 강조하기 위함이었다. 이후 草木(초목)을 대표하는 艸(풀 초)가 더해져 蓺(심을 예)가 되었고, 다시 구름을 상형한 云(이를 운)이 더해져 지금의 藝가 완성되었다.

術은 의미부인 行과 소리부인 朮로 구성되었다. 行은 갑골문에서 사거리를 그렸으며, 많은 사람들이 거기를 오간다는 뜻에서 '가다'는 의미가 나왔다. 朮은 갑골문에서 농작물의 이삭을 꺾어 놓은 모습인, 그 농작물은 갑골문이 사용되었던 황허 강 유역에서 많이 재배되었던 조나 수수였을 것이다. 이후 곡식을 뜻하는 禾(벼 화)를 더해 秫로 변했는데, 秫 역시 '차조'를 말한다.

사거리를 뜻하는 行이 術의 의미부로 기능한 것은 術이 사람들이 붐비는 길에서 行人(행인)들을 모아놓고 행하는 借力(차력)이나 묘기 같은 '技術'을 뜻하였기 때문일 것이다.

術과 비슷한 구조를 가진 글자로 述이 있다. 述은 辵(쉬엄쉬엄 갈 착)이 의미부이고 朮이 소리부로, 『설문해자』에서 '따르다'가 원래 뜻이라고 했다. 고대 중국에서 따라야 할 것은 자식이 부모의 경험을 계승하듯 옛 선인들의 축적된 지식이었으며 그러한 지식은 記述(기술)에 의해 효과적으로 전수되었다. 그래서 述에는 '따르다'는 뜻 이외에도 '이전에 말한 것'이나 記述이나 敍述(서술)하다 등의 뜻이 담기게 되었다.

이처럼 藝는 인간에게 유용한 과실수나 농작물의 묘목을 인간 거주지로 옮겨 심는 기술에서부터 출발했음을 보여주고 있다. 그래서 藝術은 그 시작부터 인간의 삶과 긴밀하게 연관되었음을 보여준다. 자연 상태의 粗野(조야)함에서 벗어나 자연을 인간에게 유용한 방식으로 변형시키는 기술을 바로 藝術로 인식했던 것이다.

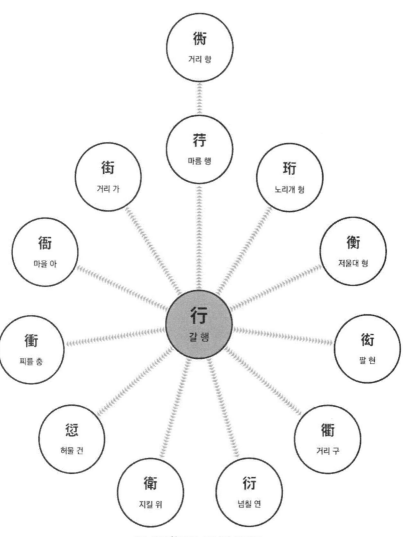

[표-68] '行'으로 구성된 글자들

144

정보(情報): 실상(情)에 대한 알림(報)

科 과정 과
禾 벼 화
斗 말 두
學 배울 학
情 뜻 정
報 알릴 보

현대에 들어 情報와 科學은 뗄 수 없는 긴밀한 관계를 이루면서 情報科學이라는 신조어까지 등장하였다. 하지만 情報와 科學의 어원은 전혀 다르다.

科는 禾와 斗로 이루어졌는데, 禾는 익어 고개를 숙인 곡식의 모습을 그렸고, 斗는 갑골문에서 곡식이나 술을 나눌 때 쓰던 손잡이 달린 국자를 그렸다. 斗는 이후 말과 같은 容器(용기)는 물론 北斗七星(북두칠성)처럼 국자 모양의 것을 통칭하기도 했다.

그래서 科는 '곡식의 무게나 양을 재다'가 원래 뜻이다. 곡식의 計量(계량)을 위해서는 분류가 이루어지게 마련이고, 분류된 곡식은 각기 질에 따라 等級(등급)이 매겨진다. 그래서 科에는 等級이라는 뜻과 함께 文科(문과)나 理科(이과)와 같은 部門(부문)이라는 뜻과 科目(과목)이라는 의미도 생겼다. 그래서 科擧(과거)라고 하면 시험의 내용적 분류(科)에 따라 사람을 뽑는(擧) 것을 말한다.

중국에서 科學이라 함은 곡식(禾)을 용기(斗)로 잴 때처럼 '정확함'이 기본이었으니, 科學은 사람들의 이해관계에 따라 척도가 달라져서는 아니 되었다. '사이언스(science)'가 지식이라는 뜻의 라틴어 'scienta'에

서 왔다는 점과 비교해 보면 科가 훨씬 더 현대적 의미의 科學에
가까운 셈이다.

報는 갑골문에서 손에 수갑을 채인 사람이 꿇어앉은 모습과 그 등
뒤로 놓인 손의 모습이 그려져, 罪人(죄인)의 罪狀(죄상)을 법관에게
알려주는 모습을 형상화했다. 그래서 報의 원래 뜻은 죄를 판결하다
는 뜻이었지만, 이후 죄상을 상세히 아뢴다는 뜻으로부터 報에는 報
告(보고)하다는 뜻이 생겼고, 이후 '알리다'는 의미로 확장 되었다.

情報란 일의 情況(정황)을 상세하게 알려준다는 뜻이다. 하지만 어원
으로 볼 때 報는 원래 죄인의 나쁜 행위를 법관에게 보고하고 알리
는 것으로, 불특정 다수를 대상으로 하는 오늘날의 개방된 情報와는
달리 선별된 상향식 報告를 의미한다. 정보화 시대를 살아가는 우리
역시 그 정보를 선별하며 접근해야 한다는 점에서 報에 비록 상향
식의 위계 개념이 없어졌기는 하지만 오늘날에도 여전히 유효한 개
념으로 볼 수 있다.

145

졸업(卒業): 학업(業)을 마침(卒)

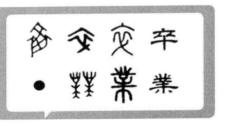

卒 군사 졸
衣 옷 의
業 업 업
畢 마칠 필
入 들 입
學 배울 학

卒業은 학업을 마치다는 뜻이다. 卒에 '끝'이라는 뜻이 있기 때문이다. 하지만 卒業이 어찌 卒業일 수 있겠는가? 옛날에도 그랬지만 더구나 4차 산업혁명이 시작된 지금은 특히 '배움'이 어떤 단계에서 끝날 수 있는 것이 아니다. 우리가 살아있는 동안 계속해야 할 임무 아닌 임무이다. 그래서 중국에서는 卒業을 畢業(필업)이라 하는데, 어떤 단계에서 이루어야 할 것을 다했다는 의미이다. 卒業보다는 畢業이 더 적절하게 다가오는 이유이다.

卒은 갑골문에서 웃옷을 그린 衣에다 ×나 / 같은 표시가 더해졌다. 『설문해자』에 의하면, "노역에 종사하는 노예들을 卒이라 하였는데, 옛날에는 옷에 색깔을 넣어 이들이 兵卒(병졸)임을 나타냈다"고 했다.

그렇다면 卒의 원래 뜻은 兵卒, 士卒(사졸)에서 그 뿌리를 찾아야 한다. 그래서 卒은 군대 편제의 단위가 되어, 1백 명을 1卒이라 부르기도 했다. 兵卒들이 전쟁에서 가장 죽기 쉬웠던 존재였던지 卒에 '죽다'는 뜻이 생겼고, 그로부터 '끝내', '마침내'라는 의미도 추가되었다.

業은 『설문해자』에 의하면, 옛날 악기를 걸던 橫木(횡목·가로질러 놓은 나무)에 달아 놓은 장식용 널빤지를 말하는데, 보통 톱니처럼 만들고 흰색으로 칠을 해 드러나 보이게 했다고 한다. 국가에 큰 일이 있을 때 이루어지는 編鐘(편종) 등이 동원된 성대한 음악을 연주할 악기 틀의 장식물을 만드는 일은 전문적이고 특별한 재주가 필요했을 것이다.

이 때문에 業에는 '전문적인 일'이라는 뜻이 생겼고, 그것은 '위대한 일'로 간주되었다. 따라서 業務(업무)나 職業(직업), 家業(가업) 등에는 이러한 원래 뜻이 기저에 담겨져 있다. 그러한 일(業)을 배우는(學) 행위가 바로 學業이다.

卒業은 學業을 완전히 끝내다는 말이다. 하지만 중국에서는 卒業을 '삐예(畢業 bì yè)'라고 한다. 배우는 과업에 끝과 마침이 있으랴마는, 畢業은 과업(業)을 모두 마쳤다(畢)는 뜻이니, 과업을 끝내버렸다는 卒業보다는 지속에 대한 여운을 남겨둔 것 같아 애착이 가는 단어다.

入은 갑골문에서부터 끝이 뾰족한 도구 모양을 그렸다. 돌이나 나무에 박는 쐐기처럼 끝이 뾰족하면 어떤 물체에 들어가기 쉬울 것이다. 이로부터 '들어가다'는 뜻이 생겼다.

學은 갑골문에서 집안(宀·면)에서 두 손으로 매듭짓는 법을 가르치는 모습이다. 새끼매듭, 즉 結繩(결승)은 인디언들의 퀴푸(quipu)처럼 문자가 만들어지기 전 기억의 주요한 보조수단으로 쓰였다. 이후 그 대상을 나타내는 子(아들 자)가 더해져 지금처럼 되었다. 그리하여 배움이라는 뜻이 생겼고, 다시 그러한 장소를 뜻하는 學校(학교)의 의미도 생겼다.

●「學文化(문화를 배우다)」. 섬서성 북부 지역의 황토 동굴집 안에서 문화를 전수하고 있는 모습을 형상화 한 작품. 아치형으로 된 동굴 집의 문 틀 안으로 한 가족이 앉아 그들의 경험과 지식을 논의하고 있는데, 손에 든 책으로 이를 형상화 했다. 땅 바닥에는 여러 마리의 닭들이 뛰어다님으로써 생동감을 더했다. 동굴집의 천장에 제비집이 지어져 가정의 화목한 분위기를 더해주고 잇다. 『陝西民間剪紙賞析』, 19쪽.

146

백치(白癡): 머리가 텅 빈(白) 바보(癡)

癡 어리석을 치
疒 병들어 기댈 녁
疑 의심할 의
痴 어리석을 치
知 알 지
智 슬기 지

최근 한국에서는 '짱' 신드롬이 일고 있다. '얼짱', '몸짱', '맘짱' 등을 넘어서 '강도얼짱'을 뜻하는 '강짱'까지 등장했다. 아마도 '짱'의 반대 말은 音癡(음치), '길치' 등에서와 같은 '癡'가 아닐까 싶다.

癡는 疒이 의미부이고 疑가 소리부이지만, 疑는 의미부도 겸하고 있다. 疒은 갑골문에서 침상에 病(병)에 걸린 사람이 땀을 흘리며 누워 있는 모습으로부터 病 들었음을 표현했다. 그래서 癡는 의심스러운 (疑) 병(疒), 즉 병명을 확실히 몰라 治癒(치유)가 어려운 병을 말했다.

이후 癡의 疑가 知로 대체되어 痴로 변했는데, 우리는 痴를 속자로 보지만 지금의 중국에서는 痴를 주로 사용한다. 痴 역시 疒이 의미 부이고 知가 소리부이지만, 知는 의미부도 겸하고 있다. 그렇다면 새로 만들어진 痴는 智力(지력)에 병(疒)이 있는 상태, 즉 지적 능력이 모자라는 것을 지칭하는 것을 표현한 것으로 생각된다.

知는 갑골문에서 口(입 구)와 矢(화살 시)로 구성되었는데, 이는 말 (口)이 화살(矢)이 과녁에 명중하듯이 상황을 날카롭게 판단하여 말할 수 있는 능력을 일컫는다. 주로 보통 사람들보다 아는 것이 많고

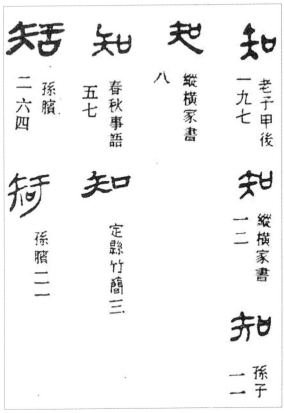

● 예서에서의 *知*의 다양한 표현법. 소전체의 전통 뿐 아니라
이전의 고문 계통을 다양하게 계승했음을 보여 준다.

경험이 많은 사람이 이러한 능력을 지녔을 것이다. 금문에서는 于
(어조사 우)가 더해져 있는데, 于 역시 '말하다'는 뜻이다.

智는 知와 같은 근원을 가지는 글자이다. 이후 말하다는 뜻의 曰(말
할 왈)을 더해 문자문화보다는 구술문화가 더 우세했던 시절의 '웅
변'의 중요성을 강조하였다. 하지만 예서 이후 日(날 일)로 바뀌어
지금의 자형으로 변했다. 따라서 智를 두고서 "지식(知)이 지혜(智)가
되려면 세월(日)이 흘러야 한다"라고 풀이한 것은 예서 이후의 자형

에 근거한 해석이다.

蜘는 虫(벌레 충)이 의미부이고 知가 소리부이면서 의미부의 표현을
풍족하게 해 준다. 옛 사람들은 거미를 가장 영특한 곤충으로 생각
했던 듯하다. 거미가 만들어 내는 거미줄의 다양한 모양과 쓰임새,
그리고 인류가 만들어 낸 가장 강한 섬유인 케블라 섬유보다도 더
튼튼한 거미줄의 특성이 거미가 영특하고 지혜로운(知) 벌레(虫)라는
생각을 가지게 했던 것 같다.

147

염색(染色): 아홉 번 색깔(色)을 물들임(染)

漆 옻 칠
桼 옻 칠
柒 옻 칠
七 일곱 칠
染 물들일 염
九 아홉 구

'페인트(paint)'를 중국어로는 '치(漆, qī)'라고 한다. 漆은 우리말에서도 꽤 익숙한 단어였는데 언제부터인가 '페인트'에 완전히 밀려나고 말았다.

漆은 水와 桼로 구성되었는데, 桼은 독음도 함께 나타내고 있다. 桼은 다시 나무에 가지가 난 모습과 물(水·수)로 구성되어 벗겨낸 나무 껍질에서 진이 흘러나오는 모습을 형상화했다. 이후 桼에 다시 물(水)이 더해져 漆이 되었으니 사실은 자형이 중복된 꼴이다.

'칠'을 할 수 있는 재료로 가장 선호되었던 것은 물론 옻이다. 1978년 호북(湖北)성의 수도 우한(武漢)의 曾侯乙墓(증후을묘)라는 전국시대 무덤에서 발견된 다양한 漆器(칠기)들은 칠 기술이 빚어낸 아름다움과 화려함에 온 세상을 놀라게 했다.

칠은 옻나무 껍질을 벗겨내고 거기서 나오는 진으로 계속해서 덧칠을 한다. 칠하는 횟수가 많으면 많을수록 내성을 가짐은 물론 훌륭한 색깔을 낼 수 있다. 채취된 칠은 공기를 만나면 밤색을 띠게 되며, 건조된 이후에는 검은 색으로 변한다. 그래서 漆에는 옻칠이라는 원래 뜻 이외에도 漆黑(칠흑)과 같이 '검다'는 뜻도 가지게 되었다.

柒은 漆의 속자로 가지가 난 옻나무의 모습을 七로 바꾼 형태인데, 혹자는 七을 옻칠의 횟수를 말한 것이라고도 하지만 글자의 발음을 나타낸 것으로 보아야 할 것이다.

染은 왼쪽의 水가 의미부이고 나머지 朵이 소리부 겸 의미부의 역할을 한다. 朵은 다시 九와 木(나무 목)으로 구성되어, 木은 染料(염료)를 상징하고, 九는 염색하는 횟수를 나타낸다. 그렇다면 朵은 보다 직접적인 의미부의 기능도 함께 하고 있음을 알 수 있다.

중국의 소수민족, 특히 서남쪽 운남(雲南)성에 살고 있는 바이(白) 족이나 야오(瑤) 족들의 蠟染(납염)은 대단히 특색 있는 염색술로 이름나 있다. 예리한 청동 칼에 초를 묻혀 흰색 베에다 무늬를 그린 후 染色(염색)을 하고 다시 끓는 물에 삶아 초를 제거해 완성품을 만들어 내는 방식이다. 정교하고 다양한 무늬와 파격적인 도안, 그림들이 상징하는 풍부한 신화적 내용들은 사람들로 하여금 그 아름다움 속에 한없이 매몰되도록 만들고 만다.

● 호남성 장사 馬王堆(마왕퇴)에서 발견된 초나라 칠기.

● 중국 소수민족의 염색 천

148

정숙(靜肅): 고요하고(靜) 엄숙함(肅)

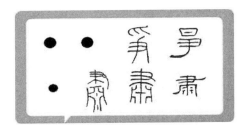

靜 고요할 정
靑 푸를 청
爭 다툴 쟁
毒 독 독
肅 엄숙할 숙
聿 붓 율

靜은 소전체에서 靑과 爭으로 이루어져 졌는데, 『설문해자』에서는 爭이 소리부라고 했다. 爭은 갑골문에서 두 손(又·手) 사이로 어떤 물건을 놓고서 서로 가지려 '다투는' 모습을 그렸다. 靑은 갑골문에서 초목이 자라나는 모습인 生(날 생)과 염료로 쓸 광물을 캐는 鑛井(광정)을 그린 丹(붉을 단)으로 이루어져, 광물(丹)로 만들어낸(生) '푸른 색'의 의미를 그려낸 글자다.

靑은 음양오행에서 보통 東方(동방)의 색으로 여겨지며, 동방은 초목이 생장하기 시작하는 때를 상징하므로, 靑은 바닷물처럼 파란색을 말하는 것이 아니라 초목이 막 자라날 때 띠는 그러한 푸른색을 말한다.

사실 靜은 원래 화장의 농염을 말할 때 쓰던 것으로, 자연색에 가까운 화장 색을 말했다. 그들은 자연색에 가까운 화장을 튀지 않고 안정되며 조용한 색깔로 인식했다. 그래서 靜에 맑고 고요하다는 뜻이 나왔다. 그것은 화려한 색깔의 화장이 사람의 마음을 흔들리게 하고 욕정을 움직이게 만든다고 생각 때문이었다.

이는 毒의 어원 풀이에서처럼, 머리에 화려한 장식을 달고 짙게 화장한 여인(毎·매)을 사람을 유혹하고 파멸로 이끄는 '독'으로 인식했던 것과 같은 이치이다. 그래서 가능한 푸른(靑) 자연색을 견지한(爭) 화장이어야 맑고 조용하고 안정된(靜) 이미지를 가져 줄 수 있다. 그렇다면 爭 역시 의미의 결정에 관여하고 있다.

肅은 금문에서 손으로 붓을 쥔 모습(聿)과 그 아래로 수를 놓을 무늬 판이 그려져 있다. 정교하고 아름다운 수를 놓기 위해서는 그에 상응하는 밑그림이 필요하다. 肅은 이처럼 수를 놓을 밑그림을 붓으로 그리는 모습이며, 정교한 밑그림을 그리려면 정신을 집중해야만 한다. 이로부터 조심해서 일을 처리하다나 '엄숙한' 등의 의미가 나왔다.

그러므로 靜肅이란 단어가 지금은 성에 관계없이 널리 쓰이지만, 그 뿌리는 남성이 아닌 여성이다. 즉 화장을 거의하지 않은 듯 한 여인이 수를 놓고 있는 모습에서 생겨난 단어이다.

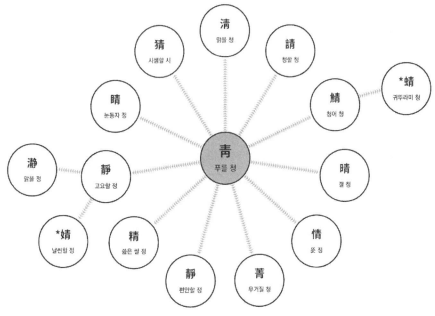

[표-69] '靑'으로 구성된 글자들

149

비조(鼻祖): 최초(鼻)의 조상(祖)

自 몸스스로 자
鼻 코 비
臭 냄새 취
息 숨 쉴 식
喘 헐떡거릴 천
皆 모두 개

自는 원래 코를 그린 글자다. 서양인들은 코를 그릴 때 보통 측면 모습을 그리지만 동양인들은 코가 납작해서 그런지 갑골문처럼 콧대와 콧방물이 갖추어진 정면 모습을 그렸다.

하지만 自는 이후 코라는 원래 뜻을 잃어버리고 '自身(자신)'을 뜻하게 되었다. 혹자는 중국인들이 自己(자기)를 가리킬 때 코에다 손가락을 갖다 대면서 自身을 지칭하기 때문에 1인칭 대명사로 쓰였다고 한다. 중국인들에게 이러한 습성이 존재하긴 하지만, 이것이 보편적인지 옛날부터 그러했는지는 알 수 없다. 여하튼 自가 대명사로 쓰이자 원래 뜻인 '코'는 소리부인 畀(줄 비)를 더하여 만들어진 鼻로 표현했다.

'코'라는 自의 원래 뜻은 臭와 息에서 그 흔적을 찾을 수 있다. 臭는 후각이 발달한 개(犬)의 코(自)라는 의미로부터 '냄새(맡다)'라는 뜻이 만들어졌다.

息은 금문에서부터 自와 心(마음 심)으로 구성되었다. 그것은 고대 중국인이 '숨쉬기'가 코(自)와 심장(心)에 의해 이루어진다고 생각했기 때문이다. 喘息이라는 단어에서 보듯, 喘이 빠르게 몰아쉬는 숨을 말한다면 息은 천천히 쉬는 숨을 뜻한다. 이 때문에 息에 '숨을 천천히 쉬다'나 '멈추다'는 뜻도 생겼다. 休息(휴식)은 쉬면서(休) 숨을 천천히 쉰다(息)는 뜻이요, 自强不息(자강불식)은 스스로 노력하여 멈추지 아니함을 말한다.

숨은 생명 유지의 필수 조건이기에 息에는 '자라다'나 '불어나다'의 뜻도 생겼다. 子息(자식)은 아이들이 부모로부터 '생겨났기' 때문에, 利息(이식·이자)은 원금으로부터 불어난 돈을 말하기 때문에 붙여진 이름이다. 또 消息(소식)은 사라지고(消) 생겨나는(息) 천지만물의 모든 변화를 말하는 것으로부터, 세상일에 대한 동정이나 사정을 뜻하는 지금의 용법으로 변했다.

한편 皆는 지금은 比(견줄 비)와 白(흰 백)의 결합이나 원래는 白이 自로 되어 있었다. 그래서 皆는 코(自)를 나란히 하여(比) 함께 숨을 같이 쉰다는 의미로, 함께 숨 쉬며 공동의 운명을 나누는 것을 말한다. 이로부터 '모두'나 '전부' 등의 뜻이 생겼다. 여기서 파생된 諧(화합할 해)는 말(言·언)이 잘 어우러지는(皆) 것을, 偕(함께 해)는 사람(人·인)이 함께 하는(皆) 것을 말한다.

150

변역(變易): 변화와 바뀜, 영원한 진리

易 바뀔 역쉬울 이
賜 줄 사
錫 주석 석
蜴 도마뱀 척
變 변할 변

『주역』에 이런 말이 있다. "궁하면 변하고, 변하면 통하고, 통하면 영원할 수 있다.(窮則變, 變則通, 通則久.)" 변화의 중요성을 역설한 말이다. 다른 말로 바꾸면 "편하면 변하지 않고, 변하지 않으면 통하지 않고, 통하지 않으면 망하고 만다."는 말이 될 것이다.

변화를 뜻하는 易에는 '바뀌다'는 뜻도 있고, '쉽다'는 뜻도 있다. 또 자주 쓰이지는 않지만 '무시하다'는 뜻도 있다. 이런 뜻을 가진 易은 간단한 글자이면서 상용자인데도 그 어원은 뜻밖에도 이론이 않다.

먼저, 도마뱀을 그렸다는 설인데, 허신의 『설문해자』에서 처음 주장되었다. 그는 소전체의 易에 근거해, 윗부분은 머리를, 아랫부분은 발과 꼬리가 함께 더해진 몸통을 그린 것으로 보았다. 도마뱀이 자신을 보호하기 위해 색깔을 잘 바꾼다는 뜻에서 '바꾸다'는 뜻이 생긴 것으로 보았다.

또 다른 해석은 易이 日(날 일)과 月(달 월)의 합성으로 되었다는 설인데, 허신의 시대에 이미 민간에서 유행했던 것으로 보인다. 뜨고 지는 해(日)와 차고 이지러지는 달(月)처럼의 변화를 '바뀜'의 본질로 보았으며, 이를 陰陽(음양)의 전화로 승화시켰다.

또 다른 한 가지 주장은, 금문에 등장하는 [그림] 등에 근거해 그릇에 담긴 내용물(물)을 다른 그릇으로 옮기다는 뜻에서 '바뀌다'는 뜻이 나왔다는 주장이다. 갑골학의 대가 곽말약의 주장인데, 이후 갑골문에서 찾아낸 [그림]은 두 손으로 그릇의 내용물을 다른 그릇으로 옮기는 모습을 더욱 형상적으로 그려, 이런 주장을 뒷받침 했다.

여하튼 이렇게 해서 만들어진 易은 여러 파생자를 낳았다. 賜나 錫이나 蜴을 비롯해 惕과 剔 등이 그렇다. 易에 貝(조개 패)가 더해진 賜는 '하사하다'는 뜻인데, 주나라의 천자가 제후들에게 상으로 내리던 주요 하사품이 청동(金)과 조개화폐(貝)임을 반영했다. 또 易에 金(쇠 금)이 더해진 錫은 '주석'을 뜻하는데, 주석은 납과 아연과 함께 황동(구리)을 청동으로 '변화'시키는데 가장 중요한 금속의 하나이다.

또 易에 虫(벌레 충)을 더한 蜴은 '도마뱀'을 뜻하는데, 몸 색깔을 잘 변화시키는 파충류(虫)라는 의미를 담았다. 나아가 剔은 칼(刀)로 '깎아내다'는 뜻인데, 어떤 물체를 칼로 잘라 내면 다른 물체로 '변한다'는 뜻을 담았고, 惕은 '두려워하다'는 뜻인데, '변화'를 두려워하는 인간의 심리상태(心)를 반영했다.

인간을 비롯한 모든 생물은 살아 있기에 변하기 마련이다. 변하지 않는 것은 생물이 아니다. 생물이라도 죽은 존재다. 이것은 상식이자 불변의 진리이다.

그러나 사람은 잘 변하지 않으려 한다. 그것이 인간의 속성이기도 하다. 인간이 가진 모순이 아닐 수 없다. 자신이 처한 환경에 안주하고, 새로운 환경으로 나가려 하지 않는다. 그래서 모험과 새로운 시작을 싫어하고 자꾸 과거로 이전으로 회귀하려 한다.

그런 의미에서 『주역』의 이 말은 이의 위험성을 선언한 경구가 아닐 수 없다. "궁하면 변하고, 변하면 통하고, 통하면 영원할 수 있다."

● 주나라 문왕이 상나라 말기 상왕에 의해 감금되어 『주역』을 편찬했다고 전해지는 羑里城(유리성). 중국 최초의 감옥으로 알려졌으며, 하남성 탕음에 있다.

참고
문헌

주요 참고문헌

加藤常賢, 『字源辭典』, 東京: 学校図書, 1987.

加藤常賢, 『漢字源』, 東京: 學習研究社, 1988.

江繼甚(편), 『漢畫像石選(漢風樓藏)』, 上海: 上海書店出版社, 2000.

高明, 『古文字類編』, 臺北: 大通書局, 1986.

古文字詁林編纂委員會, 『古文字詁林』(12冊), 上海: 上海敎育出版社, 1999-2004.

高樹藩, 『(中正)形音義綜合大字典』, 臺北: 中正書局, 1971.

谷衍奎, 『汉字源流字典』, 华夏出版社, 2003.

郭沫若(主編), 『甲骨文合集』, 北京: 中華書局, 1982.

郭錫良, 『漢字古音手冊』, 北京: 北京大學出版社, 1986.

金鍾塤, 『韓國固有漢字研究』, 서울: 集文堂, 1983.

金赫濟·金星元, 『明文漢韓大字典』, 서울: 明文堂, 1991.

紀德裕, 『漢字拾遺』, 上海: 復旦大學出版社, 2002.

檀國大學校 東洋學研究所, 『韓國漢字語辭典』(4冊), 서울: 檀國大學校
    出版部, 1997.

達世平·沈光海, 『古汉语常用字字源字典』, 上海: 上海书店, 1989.

羅志武, 『现代汉语7000通用(規範)字正形正音正义字典』, 貴陽: 贵州
    人民出版社, 2004.

尾崎雄二郎(편), 『訓讀說文解字注』, 東京: 東海大學出版部, 1981.

朴瑄壽(著)·金晩植(校閱), 『說文解字翼徵』, 漢城: 光文社, 1912.

方國瑜(編撰)·和志武(參訂), 『納西象形文字譜』, 昆明: 雲南人民出版
    社, 1995(第2版).

白川靜, 심경호(역), 『한자 이야기 백 가지』, 서울: 황소자리, 2003.

白川靜, 『金文通釋』, 白鶴美術館, 1962-.

白川靜, 『說文新義』(15책), 神戶: 五典書院, 昭和44(1969).

白川靜, 『字統』, 東京: 平凡社, 1984.

謝光輝,『漢語字源字典』, 北京: 北京大學出版社, 2000.

山田勝美·進藤英幸,『漢字字源辭典』, 角川書店, 1995.

商務印書館 編輯部,『學生識字字典』, 北京: 商務印書館, 1995.

徐中舒(主編),『甲骨文字典』, 成都: 四川辭書出版社, 1989.

孫云鶴,『常用漢字詳解字典』, 福州: 福建人民出版社, 1986.

王延林,『常用古文字字典』, 上海: 上海書畵出版社, 1987.

王延林,『漢字部首字典』, 上海: 上海書畵出版社, 1990.

于省吾,『甲骨文字詁林』, 北京: 中華書局, 1996.

于玉安·孫豫仁(주편),『字典彙編』, 北京: 國際文化出版公司, 1993.

李玲璞·臧克和·劉志基,『古漢字與中國文化源』, 貴陽: 貴州人民出
　　版社, 1997.

이병관,『(교육부 신지정 1800한자) 형음의자전』, 대전: 대경출판사, 2003.

이상은(감수),『漢韓大字典』, 서울: 민중서림, 1992(27쇄).

李卓敏,『李氏中文字典』, 上海: 学林出版社, 1981(影印本).

李孝定,『甲骨文字集釋』, 臺北: 中央研究院歷史語言研究所, 1982(제4
　　판).

臧克和,『說文解字的文化說解』, 武漢: 湖北人民出版社, 1995.

臧克和,『漢字單位觀念史考述』, 上海: 學林出版社, 1998.

장삼식,『大漢韓辭典』, 서울: 진현서관, 1981.

丁福保(편),『說文解字詁林(正補合編)』(13책), 臺北: 鼎文書局, 1983.

曹先擢·蘇培成,『漢字形義分析字典』, 北京大學出版社, 1999.

宗福邦(등)(편),『古訓匯纂』, 北京: 商務印書館, 2003.

左民安·王盡忠,『說文部首講解』, 福州: 福建人民出版社, 1998.

周法高,『金文詁林』(附索引), 京都: 中文出版社, 1981.

中國畵像石全集編輯委員會,『中國畵像石全集』, 鄭州: 河南美術出版
　　社, 2000.

中華書局 編輯部,『中華字海』, 北京: 中華書局, 1994.

陳初生,『金文常用字典』, 西安: 陝西人民出版社, 1987.

陳彭年(등),『(互註校正宋本)廣韻』, 臺北: 聯貫出版社, 1974.

湯可敬,『說文解字今釋』, 長沙: 岳麓書社, 1997.

何金松,『漢字文化解讀』, 武漢: 湖北人民出版社, 2004.

何金松,『漢字形義考源』, 武漢: 武漢大學出版社, 1996.

夏錫駿(등),『常用漢字形音義字典』, 南京: 江蘇文藝出版社, 1992.

하영삼,『연상한자: 문화 속에 녹아있는 한자 뿌리 읽기』, 서울: 예담차이나, 2004.

하영삼,『한자어원사전』, 부산: 도서출판3, 2018(개정 1쇄)

하영삼,『한자와 에크리튀르』, 서울: 아카넷, 2011.

漢語大辭典編輯委員會,『漢語大辭典』(3冊, 縮印本), 上海: 漢語大辭典出版社, 1997.

許愼・段玉裁(注),『說文解字注』, 臺北: 漢京文化事業公司, 1983.

許進雄, 홍희(역),『중국고대사회』, 서울: 동문선, 1991.

許進雄,『古文諧聲字根』, 臺北: 臺灣商務印書館, 1995.

漢語大字典普及本編輯委員會,『漢語大字典』, 武漢: 湖北辭書出版社, 2003.

漢語大字典字形組(編),『秦漢魏晉篆隸字形表』, 成都: 四川辭書出版社, 1985.

찾아
보기

흡

하영삼 교수의 **한자정복** 삼부작

『연상한자』 문화를 따라 꼬리에 꼬리를 무는 한자
『부수한자』 어원으로 읽는 214부수 한자
『뿌리한자』 150개 문화어휘에 담긴 지혜의 깊이

하영삼(河永三)

경남 의령 출생으로, 경성대학교 중국학과 교수, 한국한자연구소 소장, 인문한국플러스(HK+)사업단 단장, 세계한자학회(WACCS) 상임이사로 있다. 부산대학교 중문과를 졸업하고, 대만 정치대학에서 석·박사 학위를 취득했으며, 한자에 반영된 문화 특징을 연구하고 있다.

저서에 『한자어원사전』, 『100개 한자로 읽는 중국문화』, 『한자와 에크리튀르』, 『한자야 미안해』(부수편, 어휘편), 『연상 한자』, 『한자의 세계: 기원에서 미래까지』, 『제오유의 정리와 연구(第五游整理與研究)』, 『한국한문자전의 세계』 등이 있고, 역서에 『중국 청동기 시대』(장광직), 『허신과 설문해자』(요효수), 『갑골학 일백 년』(왕우신 등), 『한어문자학사』(황덕관), 『한자왕국』(세실리아 링퀴비스트, 공역), 『언어와 문화』(나상배), 『언어지리유형학』(하시모토 만타로), 『고문자학 첫걸음』(이학근), 『수사고신록(洙泗考信錄)』(최술, 공역), 『석명(釋名)』(유희, 선역), 『관당집림(觀堂集林)』(왕국유, 선역)등이 있으며, "한국역대자전총서"(16책) 등을 공동 주편했다.